U0617716

权威·前沿·原创

皮书系列为
"十二五""十三五"国家重点图书出版规划项目

BLUE BOOK

智库成果出版与传播平台

中国社会科学院创新工程学术出版资助项目

金融蓝皮书

BLUE BOOK OF FINANCE

中国金融发展报告 （2020）

ANNUAL REPORT ON CHINA'S FINANCIAL
DEVELOPMENT(2020)

主 编／胡 滨 杨 涛

社会科学文献出版社
SOCIAL SCIENCES ACADEMIC PRESS（CHINA）

图书在版编目（CIP）数据

中国金融发展报告.2020 / 胡滨，杨涛主编. -- 北
京：社会科学文献出版社，2020.5
　（金融蓝皮书）
　ISBN 978 - 7 - 5201 - 6507 - 5

　Ⅰ.①中… 　Ⅱ.①胡… ②杨… 　Ⅲ.①金融事业 - 经
济发展 - 研究报告 - 中国 - 2020 　Ⅳ.①F832

中国版本图书馆 CIP 数据核字（2020）第 058530 号

金融蓝皮书
中国金融发展报告（2020）

主　　编 / 胡　滨　杨　涛

出 版 人 / 谢寿光
组稿编辑 / 周　丽
责任编辑 / 张丽丽

出　　版 / 社会科学文献出版社·城市和绿色发展分社（010）59367143
　　　　　　地址：北京市北三环中路甲 29 号院华龙大厦　邮编：100029
　　　　　　网址：www.ssap.com.cn
发　　行 / 市场营销中心（010）59367081　59367083
印　　装 / 天津千鹤文化传播有限公司

规　　格 / 开　本：787mm × 1092mm　1/16
　　　　　　印　张：21.75　字　数：325 千字
版　　次 / 2020 年 5 月第 1 版　2020 年 5 月第 1 次印刷
书　　号 / ISBN 978 - 7 - 5201 - 6507 - 5
定　　价 / 158.00 元

本书如有印装质量问题，请与读者服务中心（010 - 59367028）联系

金融蓝皮书编委会

主　　编　胡　滨　杨　涛

编委会成员　（以文序排列）

费兆奇　杨晓龙　林　楠　李广子　高宇璐

姚　云　郭金龙　王桂虎　袁增霆　何海峰

杨博钦　李　刚　尹中立　张运才　王增武

马晓旭　谢小卉　付　蓉　范堃基　陈　茜

宣晓影　唐嘉伟　尹振涛　康佳琦　董　昀

李　鑫　徐　枫　郭　楠　崔　玉　蔡　真

程　炼

主编简介

胡　滨　法学博士，金融学博士后，研究员，博士生导师。现任中国社会科学院金融研究所副所长、党委副书记，国家金融与发展实验室副主任，中国社会科学院金融法律与金融监管研究基地主任，兼任中国开发性金融促进会副秘书长。先后主持国家社会科学基金重点课题、中国社会科学院重大课题等40多项；撰写的多篇要报获得中央领导批示；主编《中国金融监管报告》（蓝皮书）11部；在《法学研究》《财贸经济》等刊物发表学术论文80余篇；出版英文专著2部，译著1部。先后获得中央国家机关青年"创新奖"，中国社会科学院优秀决策信息对策研究类一等奖、二等奖和三等奖，中国青年经济学者优秀论文提名奖，优秀皮书奖一等奖，金融研究所优秀科研成果奖，并获得中国社会科学院优秀青年等荣誉称号。2014年入选国家百千万人才工程并被授予有突出贡献中青年专家称号，享受政府特殊津贴。主要研究领域为金融监管、金融风险、金融科技及普惠金融等。

杨　涛　研究员，博士生导师，拥有中国注册会计师与律师资格证书。现为中国社会科学院金融研究所所长助理、产业金融研究基地主任、支付清算研究中心主任，兼任国家金融与发展实验室副主任。主要研究领域为宏观金融与政策、产业金融、金融科技、支付清算等。

摘　要

　　《中国金融发展报告（2020）》是中国社会科学院金融研究所组织编写的年度性研究报告，旨在对 2018 年第四季度至 2019 年第三季度中国货币金融政策、金融运行、金融改革与发展的主要情况进行概括和分析，对此期间的主要金融事件进行剖析和评论，以期厘清中国货币金融运行的内在机理和运作机制。本报告由四部分组成，其中"总报告"探讨了 2019 年我国的宏观金融形势和国际收支状况。第二部分和第三部分为综合性报告，分别对 2019 年的"金融业发展"和"金融市场运行"进行了系统回顾和梳理。第四部分以"专题报告"的形式对部分热点、焦点问题进行了深入研究。此外，各篇报告还对 2020 年的情况进行了简要展望。本书可为金融监管部门、各类金融机构、院校与科研机构提供重要的研究参考，也有助于国际机构和海外学者及时了解中国金融体系的最新改革进展。

　　关键词：金融改革　金融市场　金融政策

目　录　

Ⅰ　总报告

Ⅱ　金融业发展篇

Ⅲ　金融市场运行篇

Ⅳ 专题报告篇

皮书数据库阅读使用指南

总 报 告

General Report

B.1
2019年中国宏观金融形势
分析及2020年展望

费兆奇　杨晓龙*

摘　要： 2019年，中国经济增速逐季回落，下行压力依旧较大。从金融运行情况看，货币供给量保持适度增长，M1、M2剪刀差收缩；表外融资下降幅度收窄，社会融资规模回升；金融机构贷款结构持续改善，对实体经济支持力度边际增强；上市银行资产质量整体表现趋于稳定，但内部仍然持续分化；改革LPR形成机制，"利率并轨"迈出重要一步；理财子公司扬帆起航，资管新规落地迈出重要步伐；股票市场指数回弹，地方债发行提速；人民币汇率波动加大，CFETS人民币汇率

---

* 费兆奇，经济学博士，中国社会科学院金融研究所货币理论与货币政策研究室主任，副研究员，主要研究方向为宏观金融、货币政策；杨晓龙，经济学博士，中国工商银行现代金融研究院。

指数震荡下行。进入 2020 年，我国宏观经济政策应通过多方合力，促成稳健偏宽松的宏观金融环境。货币政策在保持整体稳健的基础上，更加重视结构性货币政策工具的使用：一是加大对基建和民营企业的定向宽松；二是在 CPI 和 PPI 分化的背景下，采取定向降息的方式支持实体经济发展；三是加大对中小金融机构的定向支持。

关键词：　宏观经济　金融形势　货币政策

一　2019年的宏观经济形势

全球经济于 2018 年触及短周期的顶点之后，在 2019 年呈现较大的下行压力，主要宏观指标均出现了大幅回落。根据 IMF 预测，2019 年全球经济增速将下探至 3%，为次贷危机以来的最低值；全球贸易增速从 2018 年的 3.6% 大幅下滑至 2019 年的 1.1%，再次落入经济增速的下方；原油价格增速从 2018 年的 29.4% 断崖式下跌至 2019 年的 -9.6%，增大了未来的"通缩"压力；非燃油价格增速也呈现显著的下滑趋势（见图 1）。其主要原因在于，从长期看，人口老龄化、全要素生产率对经济增长的贡献率显著下滑等问题在次贷危机之后的十年里并没有得到改善；从短期看，主要经济体债务高企，中美贸易争端的反复性、地缘政治冲突等因素进一步拉低了全球经济的增长预期。

主要经济体中，美国经济在总体上延续了相对稳健的复苏态势，但增长持续放缓。受就业市场和消费者信心的支撑，美国私人消费在 2019 年以来保持了稳定的增长，从而缓解了美国经济增速快速下行的压力。但是，受全球经济放缓引致的需求下行和贸易摩擦的影响，美国制造业全面放缓，工业生产指数同比增速在 2019 年以来快速下行，并在 9 月陷入负增长区间。此外，私人投资和净出口也成为美国经济增长的拖累项。然而，美国政府债务在近些年的快速增长使其进一步加大财政支出以托底经济增长的空间非常有限。受特朗普减税和增支的影响，美国政府债务在近些年快速增长：美国联邦预算赤字从2014年的4850亿美元连续激增至2019年的10920亿美元；截至2019年9月末，美国政府债务已增至22.7万亿美元，相当于上年度美国名义GDP的110.4%。在此背景下，美联储分别于7月和9月两次降息；同时，为了缓解短端的流动性压力和当前货币政策框架下的结构性矛盾，美联储在10月重启了隔夜回购操作、延长回购计划，并重启扩表。

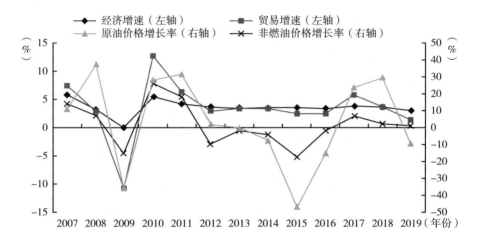

图1 全球经济运行情况

注：根据IMF数据整理；2019年数据为IMF预测值。

从国内经济来看，在宏观政策强化逆周期调节的有效对冲下，GDP在2019年前三季度实现了6.2%的增长，保持在预定的增长目标区间之内；但是，经济增速逐季回落，并在第三季度落到6.0%，下行压力依旧较大。具体表现为，一是在中美贸易争端不确定性和全球经济不振导致内外需同时回落的背景下，进出口增速下滑再度成为经济增长的拖累项。需要说明的是，当前国内的进出口具有鲜明的"衰退型贸易顺差"的特征。二是上半年的房地产投资在建安投资的带动下，高速增长得以延续；但低迷的商品房销售与新开工项目增速，导致房地产投资后继乏力；此外，前三季度针对房地产

企业融资的监管措施逐步趋严，从融资端进一步拉低了房地产投资增速。三是在内、外需同时减弱，工业企业利润增速和PPI大幅下滑的背景下，制造业投资增速快速下行。四是价格分化为经济运行带来新扰动。一方面，PPI快速下行。PPI作为上游企业产成品价格指数，是决定企业利润的重要因素，PPI连续走低甚至为负值，会导致上游企业的利润减少，尤其是加大上游僵尸企业的债务负担；此外，PPI的快速下行还会从推高实际利率的角度，加重一般企业的债务负担，因此由PPI引发的通缩压力值得关注。另一方面，受非洲猪瘟和国内生猪产业供给侧出现周期性短缺的双重影响，猪肉价格一路飙升，并带动整体CPI持续快速上行。虽然PPI和核心CPI处于负增长或下行区间，但包含猪肉价格在内的整体CPI事关民生，从而对货币政策带来一定的掣肘。

二 2019年中国金融运行态势

（一）货币供给和社会融资规模概况

2019年以来，人民银行深入贯彻落实中央关于服务实体经济的部署要求，实施了稳健的货币政策，保持货币和社会融资规模平稳增长，为实现"六稳"和经济高质量发展营造了适宜的货币金融环境。货币供给和社会融资规模呈现如下鲜明特点。

第一，货币供给量保持适度增长，M1、M2增速剪刀差收缩。截至2019年9月末，M2余额为195.23万亿元，较2018年同期增长8.4%。M1余额为55.71万亿元，较2018年同期增长3.4%。2019年以来M2增速均大于M1，二者的剪刀差由年初的8个百分点缩小至9月末的5个百分点（见图2、图3）。

我们预计未来M1、M2增速剪刀差会进一步收缩。M2作为央行货币政策重要的中介目标，变化相对稳定，而M1增速波动更大，M1增速的变化将决定M1、M2增速剪刀差的变化。我们预计M1增速大概率会温和回升，理由如下：一是银行通过降准、创设CBS等鼓励银行补充资本金等方式支

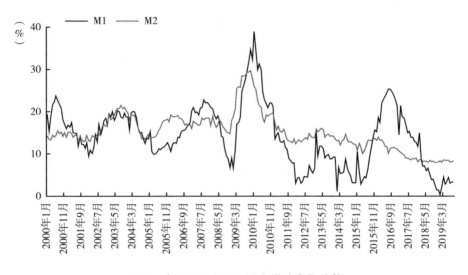

图2 我国 M1 和 M2 同比增速变化趋势

持银行向民营企业、小微企业投放贷款，企业融资环境的改善将会对企业现金流形成有力支撑。二是政府大力支持企业发债，债券融资情况会进一步改善，企业债券和地方政府的活期资金增加同样有利于 M1 增速的提高。三是减费降税等政策也会激发中小企业的经营活力。

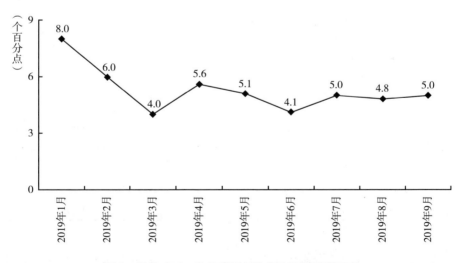

图3 2019 年 1～9 月我国 M2 与 M1 增速剪刀差

第二，表外融资下降幅度收窄，社会融资规模回升。2019 年以来，社会融资规模处于弱复苏状态，增速出现持续性回升。前三季度新增社会融资 18.74 万亿元，同比多增 3.28 万亿元（见表 1）。社会融资规模结构呈现如下特点：一是持续加大对实体经济的信贷支持。前三季度对实体经济发放的人民币贷款增加 13.9 万亿元，同比多增 1.1 万亿元，是对经济增长贡献最大的单项。二是债券发行力度加大。2019 年以来，市场利率总体下行，债券融资成本较低，更多企业通过发行债券融资，企业债券净融资 2.39 万亿元，同比多增 6955 亿元，在社会融资规模中的占比为 12.8%，同比提高 1.8 个百分点；地方政府专项债券净融资 2.17 万亿元，同比多增 4704 亿元，在社会融资规模中的占比为 11.6%，同比上升 0.6 个百分点。三是表外融资规模下降的态势明显好转。虽然表外融资规模绝对量仍在下降，但同比看仍有显著正贡献。前三季度，委托贷款、信托贷款、未贴现银行承兑汇票分别减少 6454 亿元、1078 亿元、5224 亿元，同比分别少减 5138 亿元、3589 亿元、1562 亿元，占社会融资规模的比重分别提高 4.1 个、2.4 个、1.6 个百分点。资管新规出台后，在减少嵌套、防止资金空转、降低企业融资成本等方面产生明显效果，在这一过程中，表外融资规模出现下降，属于正常现象。前三季度，表外融资规模降幅在收窄，说明影响正在趋于平稳。四是实现股票融资 2343 亿元，同比少 756 亿元，占社会融资规模的比重下降 0.7 个百分点。

表 1 2019 年前三季度社会融资规模增量

单位：万亿元

指标	社会融资增量	人民币贷款	外币贷款	委托贷款	信托贷款	未贴现银行承兑汇票	企业债券融资	地方政府专项债券融资	股票融资
前三季度	18.7400	13.9000	-0.0811	-0.6454	-0.1078	-0.5224	2.39	2.17	0.2343
同比增减	3.2800	1.1000	0.1102	0.5138	0.3589	0.1562	0.6955	0.4704	-0.0756

总的看，从社会融资规模结构看，表内贷款、表外非标、企业债券是社会融资规模增速的主要支撑。我们预计，社会融资规模增速可能会延续 6 月

以来的小幅回落趋势，但是回落幅度有限，仍将保持相对稳定态势。理由如下：一是随着5G基站建设的不断铺开，5G设备投产增加，人民币贷款需求进一步加大。二是随着利率保持低位运行，企业债继续回暖，债券融资将保持上涨态势。三是随着国家对民营、小微企业的信贷支持政策不断强化，民营、小微企业的信贷投放空间依然较大。四是稳定消费的政策频出，利好居民消费信贷的增长。五是部分2020年新增地方政府专项债额度可能提前下达，对社会融资规模增长形成有力支撑。

（二）金融机构贷款结构持续改善，对实体经济支撑力度边际增强

截至2019年9月末，本外币贷款余额155.58万亿元，同比增长12%。贷款结构持续改善，金融机构服务实体经济的能力进一步提升。2019年以来，金融机构贷款结构呈现如下特点。

第一，企事业单位贷款增速回升。截至第三季度末，企事业单位贷款余额97.2万亿元，同比增长10.4%。分期限看，中长期贷款余额56.25万亿元，同比增长10.9%，较短期贷款及票据融资余额增速高1.2个百分点。分用途看，固定资产贷款余额41.97万亿元，同比增长10.6%，较经营性贷款增速高5.3个百分点。

第二，普惠金融领域贷款和绿色贷款增速保持较快增长。截至第三季度末，普惠金融领域人民币贷款余额16.99万亿元，同比增长16.8%。绿色贷款余额9.85万亿元，比年初增长11.2%，其中，绿色交通运输项目贷款是绿色贷款中占比最大的一类贷款，交通运输、仓储和邮政业绿色贷款是绿色贷款中增速最快的一类贷款。

第三，房地产贷款增幅延续回落态势。截至第三季度末，房地产贷款余额43.29万亿元，同比增长15.6%，增速比上月末低0.6个百分点，连续14个月回落。原因在于：一方面，央行加大了对贷款投放的检查力度，严格控制涉房贷款，严禁银行向房地产市场违规发放贷款；另一方面，楼市调控没有放松迹象，房地产市场低迷状况没有改变，房地产开发企业融资难度加大。

第四，住户经营性贷款平稳增长。截至第三季度末，本外币住户贷款余

额 53.58 万亿元，同比增长 15.9%，增速比上季度末低 1.2 个百分点。其中，本外币住户经营性贷款、住户消费性贷款余额分别为 11.19 万亿元、42.39 万亿元，同比分别增长 12.1%、17%，增速比上季度末分别低 0.1 个、1.4 个百分点。

此外，前三季度，从期限看，中长期贷款新增 8.98 万亿元，同比多增 2200 亿元，但企业中长期贷款同比少增，民营企业融资成本仍处于高位，企业融资难融资贵问题仍然突出。一是企业中长期贷款同比少增。虽然居民中长期贷款同比多增 3100 亿元，但企业中长期贷款同比少增 900 亿元。2019 年前三季度，全部新增中长期贷款占全部贷款比重为 65.88%，较上年同期下降 0.78 个百分点。二是民营企业融资成本仍处于高位。9 月，同业拆借加权平均利率为 2.55%，质押式回购加权平均利率为 2.56%，均比上年同期下降 0.04 个百分点，金融体系流动性合理充裕。

表2 2019 年 1~9 月金融机构信贷收支统计

单位：万亿元

项目	1 月	2 月	3 月	4 月	5 月	6 月	7 月	8 月	9 月
各项贷款	145.10	146.00	147.77	148.64	150.01	151.60	152.58	153.94	155.58
（一）境内贷款	141.21	142.08	143.78	144.77	146.03	147.68	148.70	149.96	151.60
1. 住户贷款	48.89	48.82	49.71	50.23	50.90	51.66	52.17	52.82	53.58
（1）短期贷款	13.77	13.48	13.91	14.02	14.21	14.48	14.55	14.75	15.01
消费贷款	8.67	8.42	8.71	8.82	8.97	9.14	9.21	9.36	9.53
经营贷款	5.10	5.06	5.20	5.20	5.24	5.34	5.34	5.39	5.48
（2）中长期贷款	35.12	35.34	35.80	36.22	36.69	37.18	37.62	38.07	38.56
消费贷款	29.91	30.15	30.53	30.89	31.28	31.68	32.05	32.44	32.86
经营贷款	5.21	5.20	5.27	5.33	5.41	5.50	5.57	5.63	5.70
2. 非金融企业及机关团体贷款	91.58	92.40	93.48	93.79	94.39	95.29	95.57	96.26	97.22
（1）短期贷款	29.96	30.10	30.42	30.25	30.42	30.87	30.63	30.61	30.84
（2）中长期贷款	52.81	53.32	53.97	54.25	54.51	54.89	55.25	55.70	56.25
（3）票据融资	6.30	6.47	6.56	6.75	6.86	6.96	7.09	7.33	7.51
（4）融资租赁	2.31	2.31	2.32	2.33	2.36	2.39	2.40	2.42	2.43
（5）各项垫款	0.20	0.20	0.21	0.21	0.22	0.19	0.20	0.20	0.20
3. 非银行业金融机构贷款	0.74	0.86	0.60	0.74	0.75	0.74	0.96	0.88	0.80
（二）境外贷款	3.90	3.92	3.99	3.87	3.98	3.91	3.87	3.98	3.98

资料来源：Wind 资讯。

（三）上市银行资产质量整体表现趋于稳定，但内部仍然持续分化

截至 2019 年 6 月末，50 家上市银行（A/H 股上市银行）信贷资产质量整体表现趋于稳定，其中，不良率为 1.48%，较 2018 年末下降 0.04 个百分点；逾期率为 1.80%，较 2018 年末下降 0.07 个百分点，但不同类型银行在信贷资产质量及拨备方面的表现出现分化。一是大型商业银行资产质量继续改善，不良率与逾期率进一步下降。2019 年 6 月末，6 家大型商业银行不良率和逾期率分别为 1.40% 和 1.50%，较 2018 年末分别下降 0.06 个和 0.11 个百分点（见图 4）；拨备覆盖率为 219.42%，较 2018 年末上升 12.38 个百分点；拨贷比较 2018 年末上升 0.05 个百分点至 3.06%。二是股份制银行信贷资产质量提升仍有压力。近年来，股份制银行加大不良贷款核销力度，不良率和逾期率均有所下降，但资产质量仍存在一定上升空间，截至 2019 年 6 月末，9 家股份制银行不良贷款余额为 4146.8 亿元，较 2018 年末增长 3.84%。此外，股份制银行信用卡业务近年来呈现高速扩张的趋势，随着业务规模的持续扩大，部分银行信用卡不良率有所攀升。三是城商行、农商行资产质量风险持续暴露。截至 2019 年 6 月末，35 家城商行和农商行不良贷款余额为 1752.1 亿元，较 2018 年末增长 17.07%；不良率和逾期率均呈持续上升趋势，不良率和逾期率分别为 1.66% 和 2.63%，较 2018 年末分别上升 0.09 个和 0.24 个百分点，其中，东北地区资产质量劣变较快，不良率和逾期率分别上升了 0.74 个和 0.93 个百分点。

我们预计，一是未来在宏观经济下行压力有所加大、外部环境不稳定性和不确定性上升的背景下，商业银行资产质量依旧面临不小压力。二是随着我国经济结构调整不断加快，新旧动能转换加速和供给侧改革持续深化将为商业银行稳健发展提供良好的经营环境和基础。三是商业银行较为稳定的盈利能力和较高的拨备水平，为核销不良贷款提供了充足的财务资源。总体上，我们认为 2019 年 50 家上市银行不良率仍能控制在 1.6% 以内。

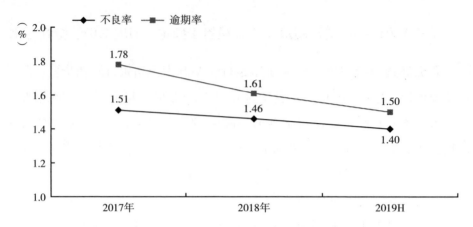

图4 大型商业银行不良率和逾期率变化

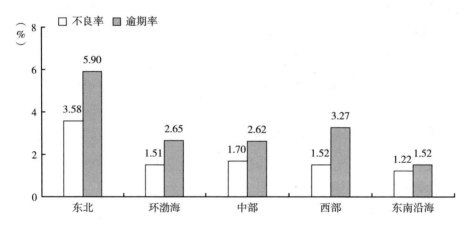

图5 按区域划分的城商行和农商行不良率及逾期率

（四）改革 LPR 形成机制，"利率并轨"迈出重要一步

2019 年第一季度，人民银行货币政策报告提出要稳妥推进利率"两轨合一轨"。所谓"利率两轨"指的是存贷款基准利率和市场化利率并存。一方面，存贷款基准利率是我国商业银行存贷款市场利率定价的锚；另一方面，质押式回购利率、国债收益率和公开市场操作利率等对金融机构利率定价的参考作用日益增强。当前市场利率下行较快，但实体经济对利率

回落感觉并不明显，主要原因是商业银行定价采用的是贷款基准利率，制约了货币政策传导。在当前经济发展背景下，要稳增长、切实降低实体经济融资成本，就需要对利率报价机制继续改革，进一步推动利率市场化，畅通货币政策传导机制。

2019年8月，人民银行发布关于改革完善贷款市场报价利率（LPR）形成机制的公告，推动贷款利率市场化，迈出了"利率并轨"的重要一步。一是从机制设计看，本次LPR形成机制优先打破中小企业融资瓶颈，推动企业融资成本进入下行轨道，如9月发放的企业贷款利率较2018年高点下降0.36个百分点，有利于在当前内外部压力下提振经济的微观活力。二是从改革脉络看，后续将有更多改革推进，如通过多种方式进一步拓宽中小金融机构资本金补充渠道。三是从政策全局看，以MLF、OMO利率为抓手的"新式降息"将成为下一阶段的核心政策工具。

未来"利率并轨"仍然任重而道远。一是需要构建利率走廊，完善利率调控体系。二是疏通货币市场利率到信贷利率的传导渠道，一方面要疏通货币市场利率到银行负债端利率的传导渠道，另一方面要疏通银行负债端利率到资产端利率的传导渠道。三是逐步放开存款利率的上限约束，推进存款利率市场化。但值得注意的是，由于存款端利率市场化对银行体系冲击较大，如银行存款竞争加剧会抬高负债成本、银行会加大资产端的高风险资产配置比例等，因此存款利率的市场化需要逐步推进、分类放开。

（五）理财子公司扬帆起航，资管新规落地迈出重要步伐

设立理财子公司是大资管转型的关键着力点。2018年12月2日，《商业银行理财子公司管理办法》正式出台，之后累计已有超过30家银行业金融机构宣布成立理财子公司，其中12家已经获批，7家已正式开业运营（见表3）。理财子公司在2019年正式落地，开启了银行理财市场的新征程。

表3 申请筹建的银行理财子公司

银行性质	银行名称	出资金额	获批日期	是否开业
国有银行	工商银行	160亿元	2019年2月15日	开业
	农业银行	120亿元	2019年1月4日	开业
	建设银行	150亿元	2018年12月26日	开业
	中国银行	100亿元	2018年12月26日	开业
	交通银行	80亿元	2019年1月4日	开业
	邮储银行	80亿元	2019年5月	
股份制银行	招商银行	50亿元	2019年4月	开业
	华夏银行	50亿元		
	中信银行	20亿元		
	光大银行	50亿元	2019年4月	开业
	平安银行	50亿元		
	民生银行	50亿元		
	广发银行	50亿元		
	浦发银行	50亿元		
	兴业银行	50亿元	2019年6月	
城商行	北京银行	50亿元		
	宁波银行	10亿元	2019年6月	
	江苏银行	40亿元		
	徽商银行	20亿元	2019年8月	
	南京银行	20亿元		
	杭州银行	10亿元	2019年6月	
	重庆银行	10亿元		
	青岛银行	10亿元		
	吉林银行	10亿元		
	长沙银行	10亿元		
	成都银行	10亿元		
	上海银行	30亿元		
	天津银行	10亿元		
	威海商业银行	—		
	朝阳银行	—		
	甘肃银行	10亿元		
农商行	顺德农商行	—		
	广州农商行	20亿元		

理财子公司设立的原因主要包括：一是实现风险的真正隔离。资管业务是银行的表外业务，设立子公司可以在表外业务和表内业务之间建立一道"防火墙"，防止表外的风险影响表内其他业务。二是实现资管业务的专业化经营。理财子公司作为独立法人机构，一方面法律地位更加明确；另一方面在管理和资源配置等方面享有更加自由的决策权，同时也以"独立"的身份进入市场，更有利于资管业务的开展，推动理财业务专业化运营。三是使商业银行真正回归服务经济本源。设立子公司有助于商业银行回归服务实体经济的初心，回归资管业务的本源，引导理财资金进入实体经济，从而疏通资金向实体经济的传导渠道。

需要指出的是，商业银行设立理财子公司对其投研能力、资本实力等都有着很高的要求。对一些投研能力和资本实力较弱的中小型银行来说，在考虑是否设立理财子公司时务必结合自身实际情况，审慎决策，如果投研能力和资本实力跟不上，设立理财子公司反而会使自身背上沉重的包袱。

从未来的发展趋势看，一是将会有越来越多的银行陆续设立理财子公司。二是银行系理财子公司相较于公募基金更有优势，尤其在客户、渠道和资产等方面。三是不设立理财子公司的商业银行开展理财业务的空间将会越来越窄。同时，银行理财子公司也会面临较大挑战：一是与总行、其他子公司如何实现战略协同。二是净值化产品难以在短期内快速上量。三是理财子公司缺少独立化、市场化的经营管理经验，如何确保在市场竞争中发挥优势、弥补短板仍是需要研究的重要课题。

（六）股票市场指数回弹，地方债发行提速

第一，股票市场指数回弹（见图6、表4）。2019年第三季度末，上证综指收于2905.19点，分别较第一季度末、第二季度末下跌185.57点和73.69点；沪深300指数收于3814.5点，分别较第一季度末、第二季度末下跌57.81点和11.06点；深证综合指数收于1595.21点，较第一季度下降99.93点，但较第二季度上涨32.78点；深证成指收于9446.24点，较第一季度下跌460.6点，但较第二季度上涨267.9点。2019年第三季度末上证所A股总市值32.25万亿元，较

2018 年末增加 5.38 万亿元；上证所 B 股总市值 840 亿元，较 2018 年末增加 16 亿元。深交所 A 股总市值 21.62 万亿元，较 2018 年末增加 5.14 万亿元；深交所 B 股总市值 517 亿元，较 2018 年末下降 35 亿元。

我们预计未来股票市场将会继续回弹。理由如下：一是"全面 + 定向"降准将向市场释放约 9000 亿元流动性，有助于资金流向股市。二是随着 A 股在 MSCI、标普、道琼斯等指数构成中占比的增加，股票市场将迎来大量增量资金。三是随着银行理财子公司陆续设立，未来预计会有更多理财资金进入股市；社保基金、养老基金、险资等长线资金也在提速入市。

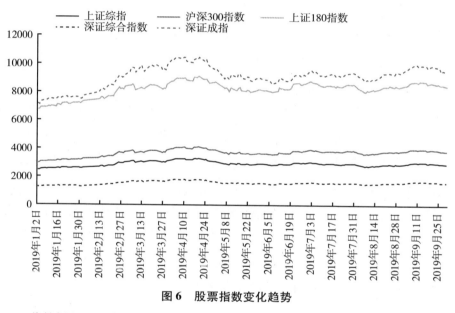

图 6　股票指数变化趋势

资料来源：Wind 资讯。

表 4　A 股、B 股总市值

单位：亿元

时间	上证所 A 股 总市值	上证所 B 股 总市值	深交所 A 股 总市值	深交所 B 股 总市值
2019 年 1 月 31 日	280207	817	167307	555
2019 年 2 月 28 日	319309	885	204037	632
2019 年 3 月 29 日	336288	906	225002	661
2019 年 4 月 30 日	335665	925	218032	636

续表

时间	上证所 A 股总市值	上证所 B 股总市值	深交所 A 股总市值	深交所 B 股总市值
2019 年 5 月 31 日	317460	862	204127	518
2019 年 6 月 28 日	327084	888	207805	520
2019 年 7 月 31 日	323905	850	209621	521
2019 年 8 月 30 日	319386	810	213220	513
2019 年 9 月 30 日	322461	840	216228	517

资料来源：Wind 资讯。

第二，地方债发行提前，期限更长且成本更低。2019 年 9 月 4 日，国务院常务会议确定加快制定地方政府专项债券发行使用措施；9 月 6 日，财政部表示将继续指导和督促地方加大工作力度，确保 2019 年地方政府专项债券限额在 9 月末前全部发行完毕，同时按规定提前下达 2020 年专项债券部分新增额度。在政策暖风频吹的背景下，2019 年以来我国地方政府专项债券发行呈现较为明显的特点。一是进度更快。前三季度累计发行地方债券 41821.91 亿元（见图 7），其中发行一般债券 16675.74 亿元，发行专项债券 25146.17 亿元，发行进度达 99.43%。可以说 2019 年新增债券发行基本收官，比上年提前了 2 个月。二是期限更长。前三季度，新增债券平均发行期限为 8.9 年，比上年的 6.3 年延长 2.6 年。其中，10 年期及以上债券发行 12385 亿元，占比 40.2%。尤其是 30 年期的超长期债券从上年的 1 只 20 亿元扩大到了 2019 年的 34 只合计 1594 亿元。三是成本更低。前三季度，新增地方政府债券平均发行利率为 3.42%，比 2018 年的 3.87% 下降了 45 个基点，体现出财政、货币、金融政策协同性不断加强的成效。

我们预计债券市场牛市格局将会持续。理由如下：一是在全球降息潮来临和货币政策稳健偏宽松的预期下，市场利率有继续下行的空间。二是商业银行等机构配置债券的力度明显增加，将进一步利好债券市场发展。

（七）人民币汇率波动加大，CFETS 人民币汇率指数震荡下行

第一，人民币兑美元汇率波动加大，跌破"7"这个整数关口。第三季

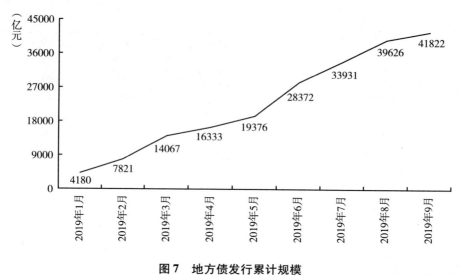

图7 地方债发行累计规模

资料来源：Wind 资讯。

度，人民币兑美元汇率整体贬值，且幅度有所加大。8月初，美元兑人民币汇率近十年来首次"破7"，其后至季末，始终在 7 的上方震荡，9月最后一个工作日，美元兑人民币中间价收于 7.07 左右，较年初贬值 2.97%。第三季度，人民币兑美元贬值加剧，主要是因为8月和9月中美贸易摩擦预期进一步恶化，对市场情绪产生较大冲击。与此同时，美元指数较上半年有所上升，也对人民币兑美元贬值产生助推作用。需要指出的是，尽管人民币兑美元汇率弹性进一步加大，但如果拉长观察的时间和空间，可以发现当前的人民币汇率水平并未脱离合理区间，且在美元指数上升明显的情况下，人民币汇率相较于其他货币贬值幅度较小，表现出较强的韧性。与此同时，我国跨境资金流动保持平稳，这更加印证了当前我国汇率市场化改革稳步推进且成效不断显现、市场主体心态愈发成熟的事实。

第二，CFETS 人民币汇率指数震荡下行。第三季度，CFETS 人民币汇率指数呈前高后低走势，主要是因为受到金融市场情绪波动的影响。7月，对中美贸易摩擦的担忧情绪有所释放，带动市场对我国经济预期偏乐观，支撑 CFETS 人民币汇率指数结束连续三个月的跌势，环比小幅走强。8月开始，中美贸易摩擦升级放大市场悲观情绪，导致 CFETS 人民币汇率指数整体下跌，但9月中下旬又在较低基础上出现小幅上扬。

我们预计人民币汇率将逐步企稳，可能在7.0~7.2的区间波动。理由如下：一是宽松的国际货币环境有利于保持人民币汇率的稳定。2019年以来，美联储、欧央行等均宣布降息，"降息潮"的出现反映出国际货币环境开始全面宽松，未来还有继续宽松的可能，这为我国汇率市场的稳定创造了有利条件。二是金融开放有利于保持人民币汇率的稳定。9月10日，国家决定取消 QFII 和 RQFII 投资额度限制，这无疑将允许更多外资进入中国资本市场，有利于平衡外汇市场供求。三是中美贸易摩擦暂时缓和有利于保持人民币汇率的稳定。四是我国经济基本面韧性较强，逆周期外汇管理政策持续发力，这些因素都有利于防止大幅单边贬值预期的形成。

第三，外汇储备规模总体保持稳定（见图8）。截至2019年9月末，我国外汇储备规模为30924亿美元，较年初增长197亿美元，增幅为0.6%。从结构上看，一是外汇储备是我国官方储备资产最为重要的构成部分，占比长期维持在90%以上，截至9月末，外汇储备占官方储备资产的比重为

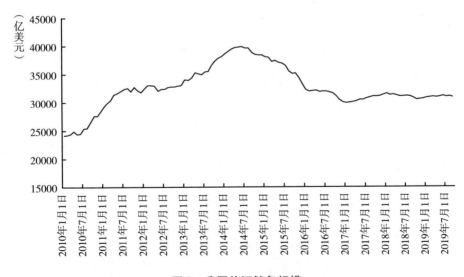

图8 我国外汇储备规模

资料来源：Wind 资讯。

96.5%。二是证券外汇是我国外汇储备中最为重要的构成部分，截至9月末，证券外汇占我国外汇储备的比重为99.46%（见表5）。

虽然当前国际经济金融形势不稳定且不确定性因素增多，全球经济增长明显放缓，贸易保护主义和单边主义持续上升，国际金融市场加剧波动，但中国经济发展有巨大的韧性、潜力和回旋余地，继续推进全方位改革开放，长期向好的发展态势没有改变，等等，我们预计未来一段时间内外汇储备规模仍将保持稳定。

表5　外汇储备结构

单位：亿美元，%

时间	官方储备资产	外汇储备		外汇储备：证券		外汇储备：货币和存款	
		规模	占比	规模	占比	规模	占比
2018年1月	32606.8	31614.6	96.96	31477.5	99.57	137.0	0.43
2018年2月	32319.2	31344.8	96.99	31130.3	99.32	214.5	0.68
2018年3月	32403.4	31428.2	96.99	31197.8	99.27	230.4	0.73
2018年4月	32215.7	31248.5	97.00	31143.1	99.66	105.5	0.34
2018年5月	32068.2	31106.2	97.00	30948.0	99.49	158.2	0.51
2018年6月	32061.2	31121.3	97.07	30893.6	99.27	227.7	0.73
2018年7月	32100.5	31179.5	97.13	30992.4	99.40	187.1	0.60
2018年8月	32006.2	31097.2	97.16	30937.3	99.49	159.9	0.51
2018年9月	31770.9	30870.3	97.17	30673.9	99.36	196.4	0.64
2018年10月	31449.5	30531.0	97.08	30356.0	99.43	175.0	0.57
2018年11月	31530.6	30617.0	97.10	30393.6	99.27	223.4	0.73
2018年12月	31679.9	30727.1	96.99	30529.1	99.36	198.1	0.64
2019年1月	31863.5	30879.2	96.91	30737.1	99.54	142.1	0.46
2019年2月	31887.9	30901.8	96.91	30804.4	99.68	97.4	0.32
2019年3月	31961.2	30987.6	96.95	30778.3	99.32	209.3	0.68
2019年4月	31924.6	30949.5	96.95	30839.6	99.64	109.9	0.36
2019年5月	31998.1	31010.0	96.91	30814.7	99.37	195.3	0.63
2019年6月	32252.4	31192.3	96.71	31009.1	99.41	183.2	0.59
2019年7月	32115.0	31037.0	96.64	30951.5	99.72	85.4	0.28
2019年8月	32215.0	31071.8	96.45	30815.5	99.18	256.3	0.82
2019年9月	32044.5	30924.3	96.50	30758.5	99.46	165.8	0.54

资料来源：Wind资讯。

三 2019年的货币政策操作

2019年以来，中国人民银行坚持服务实体经济，深化供给侧改革，实施稳健的货币政策，继续保持货币供给平稳增长，加快推进信贷结构调整，为我国经济高质量发展营造了适宜的货币金融环境。

（一）灵活开展公开市场操作

第一，运用公开市场操作保持流动性合理充裕。2019年以来，人民银行密切关注国内外经济金融变化趋势，灵活运用公开市场操作增加流动性供给。2019年以来公开市场操作的主要特点如下：一是公开市场操作以净回笼基础货币为主，前三季度货币净回笼2840亿元，其中，货币投放和货币回笼规模分别为6.03万亿元和6.31万亿元（见图9）。二是适时熨平流动性波动，如面对包商银行被接管①后的市场波动，从5月下旬开始人民银行加大公开市场逆回购操作力度，从5月24日至6月21日，实现货币投放14550亿元，有效满足了市场流动性需要，平抑了市场波动，为包括中小银行在内的各类市场主体平稳渡过半年时点提供了适宜的流动性支持。三是投放和回笼的波动幅度明显收窄，与2018年净回笼的6400亿元相比，2019年前三季度2840亿元的净回笼规模明显收窄。

第二，实施公开市场操作引导货币市场利率平稳运行。2019年以来，公开市场7天、14天、28天逆回购操作利率一直分别保持在2.55%、2.7%、2.85%的水平上。截至9月30日，1天、7天、14天银行间同业拆借利率分别为2.7936%、3.3857%、3.0191%，较2018年同期分别下降5.22个、28.43个、56.81个基点。货币市场利率总体保持平稳，有助于提高货币政策利率传导效率，降低实体经济特别是民营企业和小微企业的融资成本。

---

① 2019年5月24日，央行和银保监会组建接管组对包商银行实施接管，接管的主要原因是包商银行出现严重的信用风险。

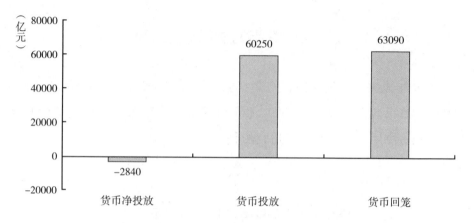

图9 2019年前三季度货币投放与回笼情况

资料来源：Wind 资讯。

第三，开展四期央行票据互换（CBS）操作提升银行永续债市场流动性。为支持银行发行永续债补充资本，2019年前三季度人民银行共开展四次 CBS 操作。2月20日，人民银行开展2019年首次 CBS 操作，操作量15亿元；6月27日，开展第二次 CBS 操作，操作量25亿元；8月9日，开展第三次 CBS 操作，操作量50亿元；9月11日，开展第四次 CBS 操作，操作量50亿元（见图10）。通过开展 CBS 操作，市场认购银行永续债的意愿有效提升了，银行永续债的流动性增强，银行的一级资本充足率水平也提升了。

（二）适时开展中期和常备借贷便利操作

第一，通过常备借贷便利操作提供足额短期流动性支持。2019年前三季度，累计开展常备借贷便利操作3182亿元，其中隔夜、7天和1个月操作量分别为36.3亿元、438.7亿元、2707.0亿元。截至9月30日，常备借贷便利余额为600亿元。隔夜、7天和1月利率均保持不变，仍分别为3.4%、3.55%、3.90%。其中，2019年6月为缓解商业银行特别是中小银行的流动性压力，人民银行开展常备借贷便利操作842.5亿元，6月为前三季度开展常备借贷便利操作规模最大的月份，其中，操作期限以1个月为主，操作量607亿元，占比72%（见表6）。之所以加强对中小银行的流动

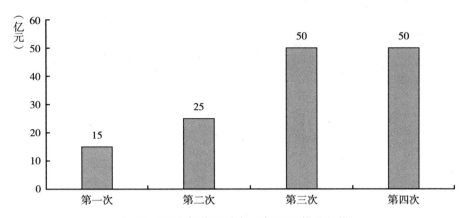

图10　2019年前三季度四次 CBS 操作规模

资料来源：Wind 资讯。

性支持，主要是因为：一是部分中小银行违约事件对中小银行同业业务产生较大负面影响，市场流动性压力较大。二是中小银行本身吸储能力较弱，资金稳定性比较差，且资金成本比较高。总体上看，常备借贷便利利率有效发挥了利率走廊的作用，对于市场短期资金供给进行了及时的调节，有效熨平了市场波动导致的经济波动，从而保持货币市场利率平稳运行。

表6　常备借贷便利操作

单位：亿元

时间	隔夜	7天	1个月	合计
2018 年 1 月	0	31.8	222.7	254.5
2018 年 2 月	1.5	105	167.3	273.8
2018 年 3 月	0	217.2	323.4	540.6
2018 年 4 月	10	355	102	467
2018 年 5 月	120	121.6	106	347.6
2018 年 6 月	0	288.8	321.5	610.3
2018 年 7 月	5	15.1	16.8	36.9
2018 年 8 月	1	6.9	0	7.9
2018 年 9 月	0.2	134.5	340	474.7
2018 年 10 月	2	0	290	292
2018 年 11 月	2	1	150	153
2018 年 12 月	1	643.8	284	928.8
2019 年 1 月	0	0	160	160

续表

时间	隔夜	7 天	1 个月	合计
2019 年 2 月	33.5	0	232	265.5
2019 年 3 月	0	95.2	232	327.2
2019 年 4 月	0	3.5	137	140.5
2019 年 5 月	0.2	44	212	256.2
2019 年 6 月	1.5	234	607	842.5
2019 年 7 月	1.1	24	330	355.1
2019 年 8 月	0	9	215	224
2019 年 9 月	0	29	582	611

资料来源：Wind 资讯。

第二，通过中期借贷便利操作增加中长期流动性。人民银行通过中期借贷便利操作为商业银行等金融机构提供中长期流动性，同时稳定中期利率政策，引导商业银行降低贷款利率，促进实体经济发展。2019 年前三季度，累计开展中期借贷便利操作 22900 亿元，期限均为 1 年。其中，第一季度未进行操作；第二季度操作 4 次，操作额 11400 亿元；第三季度操作 5 次，操作额 11500 亿元。9 期操作利率均为 3.3%，与上年末持平。截至 2019 年 9 月末，中期借贷便利余额为 3.17 万亿元（见图 11），较 2019 年初减少 1.76 万亿元。

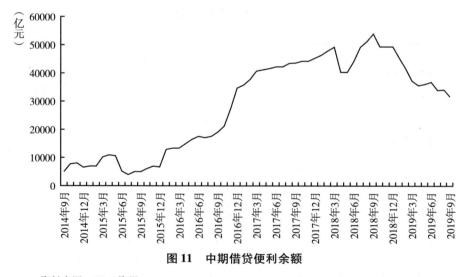

图 11　中期借贷便利余额

资料来源：Wind 资讯。

（三）构建"三档两优"的存款准备金新框架

"三档"是指根据商业银行规模大小的不同，划分三档存款准备金率，第一档是 6 家大型商业银行；第二档是中型银行，主要包括股份制银行、城商行及部分规模较大的农村商业银行；第三档为县域农商行等农村金融机构。"两优"是指普惠金融定向降准政策和贷款比例考核政策。2019 年以来，我国持续构建"三档两优"的存款准备金新框架。

第一，下调金融机构存款准备金率。为加大对小微企业、民营企业的支持力度，优化流动性结构，人民银行分别于 2019 年 1 月 15 日和 1 月 25 日下调存款准备金率 0.5 个百分点。9 月 16 日，人民银行在此基础上全面下调金融机构存款准备金率 0.5 个百分点，持续降低企业融资成本。

第二，扩大普惠金融定向降准优惠政策覆盖面。从 2019 年开始，普惠金融定向降准小型和微型企业贷款，考核标准由"单户授信小于 500 万元"调整为"单户授信小于 1000 万元"，从而进一步扩大了优惠政策覆盖面，让更多的企业受益。

第三，引导农村金融机构加强对"三农"和小微企业的支持。从 5 月 15 日开始，人民银行将农村商业银行与农村信用社的存款准备金率并档，对仅在本县内经营或在其他县设有分支机构但上年末资产规模小于 100 亿元的农商行准予降低存款准备金率 2 ~ 3.5 个百分点至 8%。本次调整分三次进行，共释放流动性约 3000 亿元。

（四）继续完善宏观审慎监管政策框架

第一，继续强化宏观审慎评估（MPA）的逆周期调节作用。第一季度，人民银行在 MPA 考核中纳入制造业中长期贷款和信用贷款，以加大对先进制造业和高技术制造业的支持力度。第二季度，人民银行在 MPA 考核中相应调整了小微和民营企业贷款指标，引导金融机构将降准资金用于小微和民营企业贷款。第三季度，人民银行在 MPA 考核中纳入 LPR 运用情况及贷款利率竞争行为，发挥 LPR 对贷款利率的引导作用。对于 LPR 提出考核要求，9 月末，全国性银行

业金融机构新发贷款中，应用 LPR 作为定价基准的比例不少于30%；截至12月末，该比例不少于50%；截至 2020 年 3 月末，该比例不少于80%。

第二，继续完善系统重要性金融机构监管框架。2018 年 11 月，人民银行、银保监会、证监会联合印发《关于完善系统重要性金融机构监管的指导意见》，开始启动系统重要性金融机构的"圈定"工作。2019 年以来，人民银行加快推进制定系统重要性银行的评估办法，未来将适时发布系统重要性银行名单。总的看，该指导意见属于一个宏观政策框架，未来将会有实施细则配套出台。

第三，研究制定金融控股公司监管规则。7 月 26 日，人民银行就《金融控股公司监督管理试行办法（征求意见稿）》向社会公开征求意见。该试行办法之所以出台，是因为部分金融控股公司尤其是非金融企业投资形成的金融控股公司盲目向金融业扩张，导致金融风险不断累积和暴露。主要表现为：一是风险隔离机制不完善，导致金融风险和实体经济风险相互交叉传染。二是部分企业控制关系较为复杂，风险隐蔽性强。三是缺少集团整体资本约束机制，部分企业缺乏能够真正抵御风险的资本金。

四　2020年总体趋势及建议

进入 2020 年，从国际因素看，全球经济下行的压力将会进一步凸显：美国受债务制约、制造业全面放缓、私人投资下降等因素的影响，经济增长的下行速率可能逐步上升；英国脱欧的延期和不确定性，以及德国经济增长大幅放缓都将继续拖累欧洲经济；随着安倍经济学效应的逐步减弱，日本经济陷入衰退的压力陡增。上述因素将进一步拖累我国的出口贸易。此外，美国经济在 2020 年的下行压力和"大选"行情可能会在短期内对中美之间的贸易紧张关系起到一定的缓解作用，但需要高度警惕美国将"经济制裁"转向"金融制裁"。

从国内因素看，消费和房地产投资增速由于下滑速度较慢，在客观上将发挥稳定经济增长的作用。考虑到 PPI 在 2020 年第二季度可能止跌企稳，以及减税降费对企业利润的支撑，工业企业的利润增速可能在 2020 年上半年逐步恢复并企稳。在专项债发行提速和财政赤字率可能突破3%的背景下，基建投资有望提速并支撑经济增长。

从宏观金融的运行趋势看，应继续通过多方合力，促成稳健偏宽松的宏观金融环境。如图12所示，与前些年相比，2019年以来中国宏观金融形势的波动水平有所收敛，并在整体上处于稳健偏宽松的状态，即金融形势指数的波动中枢多数时间在0~0.5的区间之内。虽然"包商银行事件"导致了流动性分层，对宏观金融形势造成了短期的扰动，但在监管层综合施策之下，金融形势指数在经历5月的下跌之后，在6月中旬得以快速回升，"包商银行事件"并未引起金融指数过大幅度的波动，未触发系统性金融风险；但2019年8月、9月，受美联储降息影响，金融形势出现了快速放松的迹象；从9月中旬开始逐步下降，并在事件末期的10月下旬回落至0.5附近。进入2020年，应密切关注宏观金融形势的短期波动，既要避免如"包商银行事件""资产新规冲击"等因素引致的短期流动性衰竭，从而使金融形势在短期内快速收紧，也要避免过度宽松的货币政策引致的金融形势指数快速上行。2019年偏宽松的宏观金融形势与实体融资困境并存，例如广义货币供应量（M2）与GDP同比增速之差处于历史低位，金融机构贷款加权平均利率与核心CPI之差逐步抬升等，这说明实体融资困境的问题主要源于总需求偏弱和货币政策传导机制尚未完全理顺，并非货币政策偏紧。为此，2020年我国应该继续疏通货币政策的传导机制，并通过深入推进利率市场化改革的方式，降低实体经济的融资成本；同时，基于多方合力（例如财政政策、产业政策和结构性货币政策）定向扩大实体经济的总需求。

在将"稳增长"放在更加突出的位置和加大"逆周期"调节力度的政策背景下，货币政策应当在保持整体稳健的基础上，更加重视结构性货币政策工具的使用。结构性货币政策工具的发力点将主要体现在三个方向：一是加大对基建和民营企业的定向宽松。一方面，在地方政府严控隐性债务的背景下，2019年以来的财政支出前移，并没有带动基建投资增速的反弹。考虑到基建投资是2020年稳增长的一个重要的支撑力量，为了补充基建的融资缺口，货币政策也应配合财政政策，加大对基建相关领域的定向贷款支持

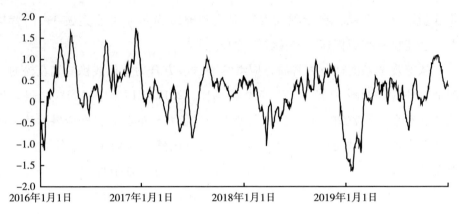

图12　中国金融形势指数（2016 年 1 月 1 日至 2019 年 10 月）

注：（1）构建金融形势指数的指标包括利率、汇率、股价、房价、大宗商品价格和货币供应量。（2）由于高频金融形势指数波动性较大，为了更为清晰地描述金融形势的短期波动和运行趋势，本图只截取了 2016 年 1 月 1 日至 2018 年 10 月的金融形势指数。（3）指数的研究团队人员包括费兆奇（中国社会科学院金融研究所）、Wang, Jiaguo（University of Manchester, UK）、刘康（中国工商银行金融市场部）、Jacob B., Schumacher（University of Oxford, UK）、Ksenia & Gerasimova（University of Cambridge, UK）。

（例如抵押补充贷款）和资金引导。另一方面，持续加大对民营企业定向宽松的力度，人民银行会继续通过对民企"增信"的方式加码"宽信用"。其中，"增信"包含既可能不断扩展相关抵押品的范围，也可能在特殊时期间接地为融资方提供相关担保。二是定向降息。当前通胀出现了一定的背离：CPI 和 PPI 走势分化。其中，CPI 快速上行是由供给端因素引发的结构性物价上涨，在需求端持续走弱及 PPI、核心 CPI 低位运行的背景下，CPI 对货币政策带来的掣肘在时间和力度上都会较为有限。虽然当前货币端的短端利率已持续处于较低水平，但由于长、短端利率传导不畅，人民银行可能会对民营企业特别是受 PPI 负增长影响较大的上游企业进行定向降息，例如定向中期借贷便利（TMLF）中的相关利率下调就属于定向降息的一种形式。三是加大对中小金融机构的定向支持。在"包商银行事件"引发的流动性分层现象有所持续的情形下，人民银行会加大对中小金融机构的定向支持，其发力点可能是在负债端有针对性地投放流动性，例如定向降准等；此外，还会为中小金融机构同业负债及其他债务性融资进行增信操作等。

B.2

2019年中国国际收支运行
分析及趋势展望

林 楠[*]

摘 要： 2019年，中国国际收支整体上趋向基本平衡，对外金融净债
权呈现稳中略降态势。"稳外贸"下经常账户顺差稳中有升，
"稳外资"下资本和金融账户保持基本稳定且趋向平衡。伴
随资本市场金融开放稳步推进，结合人民币国际化风险监测，
应关注并处理好以下四个关系：①国际经贸摩擦下大国货币
博弈的复杂性与人民币国际化的关系；②国际收支结构可维
持下国际收支格局演进与人民币国际化的关系；③国际收支
基本平衡下人民币计价本币外债与人民币国际化的关系；
④国际收支安全下跨境短期资本流动、汇率动态与人民币国
际化的关系。从国际收支安全与人民币国际化战略出发，防范
化解金融开放风险，要在习近平新时代中国特色社会主义思想
的指引下，实现国际收支安全、人民币国际化、"一带一路"
建设和金融有序开放在"新时代"形成良性循环。

关键词： 国际收支 开放型经济新体制 人民币国际化

党的十九届四中全会指出，"当今世界正经历百年未有之大变局，我国

---

* 林楠，经济学博士，金融学博士后，中国社会科学院金融研究所国际金融与国际经济研究室
副主任，副研究员，主要研究方向为人民币汇率和国际化战略、国际货币体系改革等。

正处于实现中华民族伟大复兴关键时期"。新中国成立七十年来，中国已成为全球第二大经济体，成为世界经济发展的主要动力源和稳定器。从党的十九大报告指出"开放型经济新体制逐步建立"，到十九届四中全会进一步提出"建设更高水平开放型经济新体制"；从十八届三中全会提出"促进国际国内要素有序自由流动、资源高效配置、市场深度融合"，到十九届四中全会进一步明确"必须统筹国内国际两个大局"；从十九大报告首次提出"要坚决打好防范化解重大风险"攻坚战，到十九届四中全会进一步提出"有效防范化解金融风险"，党中央针对开放经济和防范金融风险做出一系列部署。从国际收支来看，内外均衡须统筹兼顾，金融开放下稳步推进人民币国际化与应对外部冲击须审慎有为。

一　2019年总体情况：基于国际收支平衡表和国际投资头寸表

国际收支平衡表（见表1）与国际投资头寸表（见表2）体现了流量与存量的统计关系，国际收支平衡表中的金融交易是引起国际投资头寸变化的主要原因，构成两者间的主要联系。

表1　中国国际收支平衡表（BPM6季度表，当季值）

单位：亿美元

项目 国际收支差额	2018年第一季度	2018年第二季度	2018年第三季度	2018年第四季度	2019年第一季度	2019年第二季度	2019年第三季度
1. 经常账户	-341.00	53.29	232.63	545.99	420.74	461.67	549.00
1.1 货物和服务	-218.38	298.87	199.41	749.32	242.89	547.84	628.00
1.1.1 货物	517.14	1036.01	1008.01	1390.54	877.36	1206.17	1352.00
1.1.2 服务	-735.52	-737.14	-808.60	-641.22	-634.47	-658.33	-724.00
1.2 初次收入	-96.58	-206.74	17.17	-228.04	156.20	-118.92	-100.00
1.3 二次收入	-26.04	-38.83	16.05	24.72	21.64	32.75	22.00
2. 资本和金融账户	725.39	59.88	168.25	157.59	215.85	213.65	-549.00
2.1 资本账户	-1.33	-0.51	-1.71	-2.13	-0.26	-0.59	-2.00
2.2 金融账户	726.72	60.39	169.96	159.72	216.11	214.24	-547.00

项　　目＼国际收支差额	2018年第一季度	2018年第二季度	2018年第三季度	2018年第四季度	2019年第一季度	2019年第二季度	2019年第三季度
2.2.1 非储备性质的金融账户	988.68	299.53	140.13	-122.68	316.27	138.10	-701.00
2.2.1.1 直接投资	550.28	247.86	0.72	271.34	265.43	86.11	-75.00
2.2.1.2 证券投资	102.70	609.91	339.19	15.18	194.71	35.78	
2.2.1.3 金融衍生工具	-0.63	-18.86	-2.53	-39.52	-9.13	9.63	
2.2.1.4 其他投资	336.32	-539.37	-197.24	-369.68	-134.74	6.58	
2.2.2 储备资产	-261.95	-239.15	29.83	282.40	-100.15	76.13	154.00
3. 净误差与遗漏	-384.39	-113.17	-400.88	-703.58	-636.59	-675.32	0.00

注：2019年第三季度数据为初步数（其中非储备性质的金融账户包含了净误差与遗漏）。

资料来源：国家外汇管理局，Wind 数据库。

表2　中国国际投资头寸表（季度表）

单位：亿美元

项目	2016年第二季度末	2017年第二季度末	2018年第二季度末	2019年第二季度末
净头寸	19102	19170	20658	20252
资产	63182	67222	72647	74427
1. 直接投资	12359	14162	18556	19522
1.1 股权	10261	11876	15957	16822
1.2 关联企业债务	2097	2286	2600	2701
2. 证券投资	3171	4194	5183	5602
2.1 股权	1865	2460	3076	3034
2.2 债券	1306	1734	2107	2568
3. 金融衍生工具	58	60	66	80
4. 其他投资	14563	17302	16781	16970
4.1 其他股权	1	55	54	69
4.2 货币和存款	3569	3876	4186	3982
4.3 贷款	5006	6566	6836	6895
4.4 保险和养老金	132	105	109	118
4.5 贸易信贷	4937	5849	5192	5382
4.6 其他应收款	919	851	404	524
5. 储备资产	33032	31504	32061	32252
5.1 货币黄金	774	736	741	873
5.2 特别提款权	104	100	109	108
5.3 在国际货币基金组织的储备头寸	104	95	85	82
5.4 外汇储备	32052	30568	31121	31192

续表

项目	2016 年第二季度末	2017 年第二季度末	2018 年第二季度末	2019 年第二季度末
5.5 其他储备资产	−3	5	5	−3
负债	44080	48052	51990	54175
1. 直接投资	27109	27897	27870	28348
1.1 股权	25298	25765	25655	26066
1.2 关联企业债务	1811	2132	2215	2282
2. 证券投资	7476	8931	11287	12633
2.1 股权	5286	6390	7260	8019
2.2 债券	2190	2541	4028	4614
3. 金融衍生工具	72	49	67	77
4. 其他投资	9423	11175	12765	13117
4.1 其他股权	0	0	0	0
4.2 货币和存款	3390	4239	4629	4417
4.3 贷款	3030	3930	4154	4799
4.4 保险和养老金	94	95	99	125
4.5 贸易信贷	2414	2544	3538	3463
4.6 其他应付款	396	269	246	216
4.7 特别提款权	98	97	98	97

注：根据《国际收支和国际投资头寸手册（第六版）》编制。2017 年以来贸易信贷数据根据最新调查结果修订，未追溯调整之前的数据。

资料来源：国家外汇管理局，Wind 数据库。

1. 国际收支概览

2019 年，中国国际收支整体上趋向基本平衡，呈现经常账户顺差和非储备性质的金融账户（含净误差与遗漏）逆差。按 BPM6 国际收支统计口径（见表 1）①，我国国际收支概览如下。

（1）经常账户顺差稳步回升。2019 年面对中美贸易摩擦，"六稳"政策积极应对，其中的"稳外贸"政策初见成效。2019 年第一季度，我国经常账户当季值为 420.74 亿美元，延续了 2018 年第四季度经常账户顺差 546 亿美元（当季值）的态势，较 2018 年第一季度的逆差 341 亿美元，同比变

---

① 按照《国际收支和国际投资头寸手册（第六版）》标准编制的国际收支数据。

化率为223.4%。2019年前三季度，经常账户（累计值，初步数据）为顺差1431.41亿美元，较2018年前三季度的逆差55.08亿美元，同比变化率为2698.8%。

（2）资本和金融账户顺差或有改变。2019年上半年，我国资本和金融账户顺差（当季值）基本稳定，且比2018年下半年顺差有所提升。2019年第三季度转为逆差549亿美元（当季值，其原因是该数据为初步数且净误差与遗漏为0）。从累计值看，2019年上半年资本和金融账户顺差为429.5亿美元。其中，非储备性质的金融账户顺差454.37亿美元。

（3）储备资产再次出现下降。2019年前三季度，储备资产（当季值）增减不一，其中，第一季度增加100.15亿美元，而第二、三季度储备资产再次出现下降。截至2019年第二季度末，外汇储备余额为31192亿美元，同比增长0.2%。截至2019年10月末，我国外汇储备规模为31051.61亿美元，环比增加127亿美元，同比增加521亿美元。

（4）基础账户主导国际收支。比较国际收支总差额占GDP比重与基础账户差额（经常账户和直接投资差额）占GDP比重发现，两者在走势上2019年基本重合（见图1）。当前，中国对外失衡幅度较小，基础账户（及其分项）较平稳，国际收支整体上趋向基本平衡。

2.经常账户概览

2019年，"稳外贸"下中国经常账户呈现稳中有升态势，整体趋于基本平衡。

（1）经常账户差额与当期GDP之比（CA/GDP）基本稳定在1.5%上下，对外贸易依存度稳定在41%的水平上。从总量看，CA/GDP在2019年前三季度（当季值）分别为1.55%、1.32%和1.55%，基本稳定在1.5%上下，实体经济外部失衡调整趋稳，相对于国际金融危机前（2006年12月）的历史峰值（11.23%）已大幅回落。与此同时，对外贸易依存度（经常账户进出口总和占GDP比重）在前期下滑调整后2019年已在41%的水平上趋于稳定。

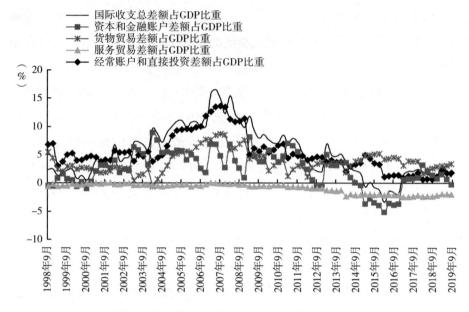

图1 我国国际收支差额主要构成的基本走势

注：国际收支总差额、资本和金融账户差额、货物贸易差额、服务贸易差额、经常账户和直接投资差额均为累计值。

资料来源：Wind 数据库。

（2）货物贸易顺差增大，服务贸易逆差和投资收益逆差均趋于稳定。从结构看，中国经常账户顺差主要来源于货物贸易顺差，而近十年来服务贸易逆差和投资收益逆差成为我国货物贸易顺差的"抵消项"（见图2）。2019 年中美贸易摩擦下经常账户尽管压力较大，但无论是货物贸易还是服务贸易，也无论是进出口差额还是总和，它们占 GDP 比重都较为稳定。

2019 年前三季度，货物贸易顺差（累计值）3435.53 亿美元，较上年同期的顺差 2561.16 亿美元，增长 34%。2019 年前三季度，服务贸易逆差（累计值）2017 亿美元，较上年同期的逆差 2281 亿美元，变化率为 –12%。2019 年前三季度，初次收入（累计值）逆差 63 亿美元，较上年同期的逆差 286 亿美元，变化率为 –78%；二次收入（累计值）顺差 76 亿美元，较上年同期的逆差 49 亿美元，变化率为 255%。

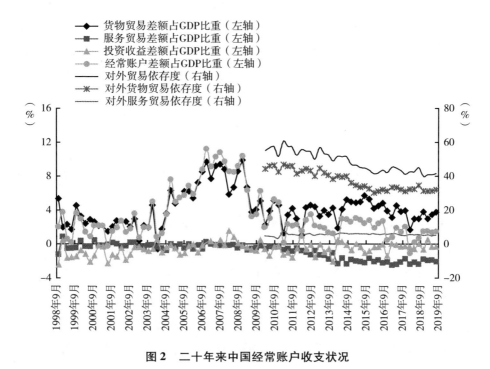

图2 二十年来中国经常账户收支状况

注：货物贸易差额、服务贸易差额、投资收益差额、经常账户差额、对外贸易依存度、对外货物贸易依存度、对外服务贸易依存度均为当季值。

资料来源：Wind 数据库。

（3）对外贸易依存度稳中有升，"稳外贸"政策有成效。2019 年，在经常账户顺差稳中有升的同时，对外贸易依存度（以及对外货物贸易依存度和对外服务贸易依存度）也较稳定。其中，对外货物贸易依存度是对外贸易依存度的主导因素，两者走势相似且较一致。

3. 资本和金融账户概览

2019 年，中国资本和金融账户基本稳定且趋于平衡，跨境长短期资本流动呈放缓态势。

（1）直接投资顺差和证券投资顺差均有所下降。2019 年第一、二季度，直接投资以及证券投资的当季值差额均下降（净流入放缓），与此同时，储备资产的当季值也有所下降。资本和金融账户差额（累计值）占 GDP 比重呈现下降态势。

（2）非储备性质的金融账户总体上呈现顺差下降态势。从非储备性质的金融账户看①，2019 年上半年（当季值）均为顺差，其中，2019 年第一季度和第二季度的当季值分别为 316 亿美元和 138 亿美元。截至 2019 年第三季度，非储备性质的金融账户（估计值，含当季净误差与遗漏）为逆差 701 亿美元，与上年同期顺差 140 亿美元，净误差与遗漏逆差 401 亿美元相对比，结合全年走势来看，非储备性质的金融账户（不含当季净误差与遗漏）实际逆差的可能性不大，但净误差与遗漏仍可能呈现单边较大负值（逆差）。

（3）跨境长短期资本流动较平稳。2019 年非储备性质的金融账户与其下的直接投资和其他投资在当季值差额走势上基本一致（见图 3），表明跨境长期资本流动和跨境短期资本流动趋稳。但是，净误差与遗漏项差额负值仍持续较大，是否表明存在资本外流？对此，作为本质上是统计的残差项，净误差与遗漏项对国际收支形势判断所产生的"噪音"效应如何降低，值得引起关注。同时，对于净误差与遗漏数据长期为负值，可能并不能简单理解为资本外流。②

（4）资本市场金融开放稳步推进。2019 年 QFII 和 RQFII 投资额度限制取消，有利于吸引更多长期资金进入我国资本市场。截至 2019 年 6 月末，外资持有境内证券市值较上年同期增长 25%，其中持有境内股票市值增长 28%，占 A 股流通总市值的 3.8%；持有境内债券市值增长 22%，占债券市场托管总量的 2.2%。

4. 国际投资头寸概览

2019 年，中国国际投资头寸呈现对外净资产（对外金融净债权）稳中略降态势。

---

① 值得注意的是，从"十三五"规划纲要提出"有序实现人民币资本项目可兑换"，到 2017 年 7 月召开的第五次全国金融工作会议明确"稳步实现资本项目可兑换"，其中的资本项目（以及本篇报告中所涉及的）所对应的是国际收支平衡表中的非储备性质的金融账户，参见《国际收支和国际投资头寸手册（第六版）》。

② 相关分析可见本篇报告第二部分"2019 年运行评价与趋势展望：人民币走向国际化之风险监测"，其中的国际收支结构可维持下的相关论述。

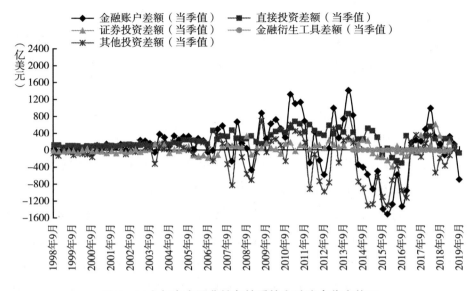

图3 二十年来中国非储备性质的金融账户收支状况

资料来源：Wind 数据库。

（1）对外资产和对外负债存量都稳中有升。国际投资头寸表是国家对外资产负债表，是一国对外金融资产和负债状况的整体反映。截至 2019 年上半年，我国对外金融资产 74427 亿美元，较上年同期 72647 亿美元增长 2.45%；对外负债 54175 亿美元，较上年同期 51990 亿美元增长 4.20%；对外净资产为 20252 亿美元，较上年同期 20657 亿美元下降 2%。其中，对外资产中储备资产仍居首位，对外负债仍以外国来华直接投资为主。

（2）储备资产居于对外资产首位，外汇储备居于储备资产首位。截至 2019 年上半年，我国储备资产余额为 32252 亿美元，同比增长 0.6%；其中，外汇储备余额为 31192 亿美元，同比增长 0.23%。截至 2019 年 10 月，我国外汇储备余额为 31051.61 亿美元，环比增长 0.41%，同比增长 1.7%。外汇储备余额稳中有升，体现了我国外汇储备趋于对外平衡下的稳定性与适应性。

（3）直接投资居于对外负债首位，股权投资居于直接投资首位。截至

2019 年上半年，外国来华直接投资 28348 亿美元，同比增长 1.7%；其中，股权投资 26066 亿美元，同比增长 1.6%。中美贸易摩擦下外国来华直接投资仍保持基本稳定（大致在 2.8 万亿美元），表明"六稳"政策中"稳外资"政策效果也较为显著。

（4）短期外债占比有所下降，人民币计价本币外债稳中有升。2019 年 6 月，我国短期外债占外债总额比重为 61%，较之前一段时间 64% 的水平已有所下降。与之相应，短期外债与外汇储备之比也相应下降到 38.9%。此外，上述短期外债与外汇储备之比与短期外债余额两者走势基本相同（见图 4）。与此同时，外债总额中人民币计价本币外债近期也稳中有升。这一方面契合了人民币国际化初期的境外人民币回流需求；另一方面，也降低了外币外债易受汇率波动影响所产生的风险（在发生危机时可能加重债务人的偿债负担），即人民币计价本币外债不存在货币错配和汇率风险，从而有利于推动人民币国际化。

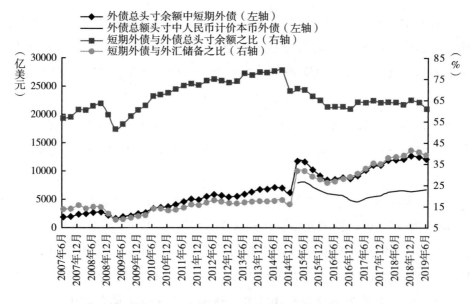

图 4　中国全口径外债总额头寸及其期限结构和币种结构占比

资料来源：Wind 数据库。

二 2019年运行评价与趋势展望：人民币走向国际化之风险监测

2019 年是新中国成立七十周年，也是人民币国际化十周年。人民币国际化始于 2009 年跨境贸易人民币结算试点，十年来人民币主要是通过贸易渠道，以进口支付形式对外输出，同时通过资本项目适度回流。"十三五"规划纲要明确提出，要"有序实现人民币资本项目可兑换，提高可兑换、可自由使用程度，稳步推进人民币国际化，推进人民币资本走出去"。党的十九届四中全会进一步提出要"稳步推进人民币国际化"。2019 年，面对中美贸易摩擦，尽管我国对外贸易出口承受压力，但从人民币直接投资结算金额、跨境贸易人民币业务结算金额、人民币计价本币外债、人民币结算跨境收付总额来看（见图5），以上不同口径跨境人民币使用数额渐次扩大，人民币国际化在经历短期调整后再次企稳且"稳中有进""稳中有升"。

1. 国际经贸摩擦下大国货币博弈的复杂性与人民币国际化的关系

2019 年央行继续营造与维护人民币国际使用的政策环境，坚持本币优先，加大政策支持力度，保持政策连续性和稳定性，这有利于以投资带动产业开发，促进贸易发展，提高人民币的国际使用率。实践中，人民币国际化的稳步推进过程，也是"去美元化"过程。近来"去美元化"在俄罗斯、欧盟也都有所展开。对于非美元大国货币而言，大国博弈的影响也在超越各方的内在需求，使得货币博弈与货币合作趋向复杂。此外，在美元国际核心货币惯性下，美元霸权特别是其在石油等大宗商品定价上的主导地位，短期内实际上仍难以撼动。

值得注意的是，①大国博弈的复杂性使得人民币的国际使用并非坦途。中美贸易摩擦从中短期看是中美贸易纠纷，从长期来看却是大国博弈，其中，捍卫美元霸权、维持石油美元地位，延缓人民币国际化进程，是其题中应有之义。②主要核心货币储备的占比均较为稳定，如何保持人民币在全球货币体系中的稳定地位任重而道远。从外汇储备来看，据 IMF 官方外汇储

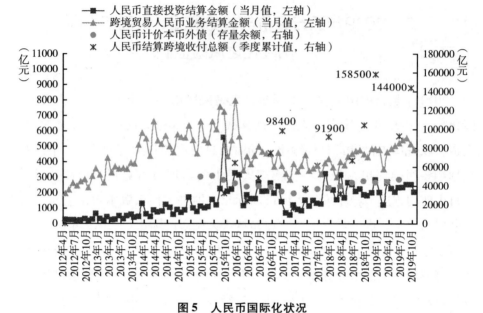

图5 人民币国际化状况

资料来源：Wind 数据库。

备货币构成（COFER）数据，截至 2019 年 6 月，人民币储备占比为
1.855%且基本稳定，但与美元储备占比（57.89%）和欧元储备占比
（19.11%）相差仍较大，相比日元储备占比（5.085%）也有待进一步提升
（见图6）。③完善外汇市场压力缓释、风险防范长效机制是世界市场良性发
展的必要保障。从防范化解重大风险看，外汇储备既是"防火墙"又是
"连接器"，在防范"黑天鹅"和"灰犀牛"风险中发挥着重要作用，即作
为重要调控工具，外汇储备对跨境资本流动有"压舱石"作用。

2. 国际收支结构可维持下国际收支格局演进与人民币国际化的关系

2019 年 11 月发布的《中共中央国务院关于推进贸易高质量发展的指导
意见》，明确提出要"促进国际收支基本平衡"，及"稳步提高跨境贸易人
民币结算比例，扩大经常项目人民币跨境使用，拓宽人民币跨境投融资渠
道"。从人民币国际化与中国国际收支之间的关系的内在逻辑来看，人民币
国际化本质上需要我国出现国际收支局部缺口来实现。例如，当本国经常账

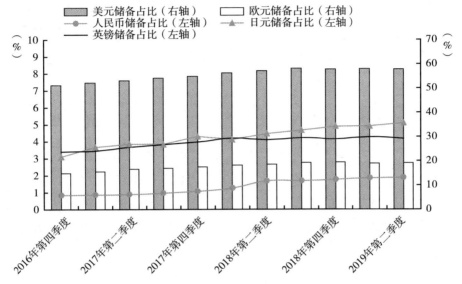

图6　主要货币占标明币种的外汇储备总额的比重

资料来源：IMF 数据库。

户逆差（若跨境贸易本币结算，则本币输出）时，本币国际化，资本项目顺差（在本币跨境投融资渠道下本币回流）；反之，当本国经常账户顺差（若跨境贸易本币结算，则本币回流）时，本币国际化，资本项目逆差（在本币跨境投融资渠道下本币输出），从而关系本国的国际收支格局演变。需要指出的是，2019 年中国国际收支整体趋稳、保持平衡，表 1 中的 2019 年第三季度数据为初步数（其中非储备性质的金融账户包含了净误差与遗漏项），其中经常账户、非储备性质（且不含净误差与遗漏项）的金融账户都出现小幅顺差，在人民币国际化大背景下，净误差与遗漏项出现单边逆差，可能并非意味着资本外逃而与人民币国际化本币输出有关。

值得注意的是，①对于国际收支结构可维持，即在不发生内外均衡冲突条件下，一方面，从国际收支差额可维持看，如上文所述，一定时期某类账户差额可被另一类账户的反向差额所弥补；另一方面，须进一步与动态条件下本国国际债权人或债务人角色相协调。在人民币国际化初期，中国作为对外"债权国"有利于维护人民币的强势与稳定，而过早成为对外"债务国"

则很可能会"透支"来之不易的人民币国际化初步成果。②作为非成熟对外净债权人，我国对外金融资产和负债还存在着较明显的主体错配，即对外净资产集中于公共部门（包括中央银行和政府部门），对外净负债集中于银行和企业等民间部门。显然，中国从不成熟的债权国向成熟债权国的转型需要人民币国际化，而如何把握好国际收支结构可维持下国际收支格局演进与人民币国际化的关系值得高度关注。

3. 国际收支基本平衡下人民币计价本币外债与人民币国际化的关系

在人民币国际化改革初期，国外银行持有的人民币存款主要是在岸银行人民币存款，其反映在国际收支上，是列入"其他投资"的"货币和存款"。从流动性角度看，资产的流动性，是外币（包括外汇储备和境外存款）流动性；负债的流动性，是本币（指的是非居民在华存款）流动性。在人民币国际化进程中，从短期流动性来看，其他投资项下的货币和存款项的负债方（非居民的存款）2019年上半年出现负值（表示逆差），这表明境外主体在境内持有的人民币存款有所下降；从长期资本流动来看，2019年上半年，人民币外商直接投资始终大于人民币对外直接投资，从而人民币跨境净流入，通过长期资本流动实现了境外人民币回流（见图7）。值得注意的是：①2016年以来，人民币计价本币外债余额与其他投资项下的货币和存款项的负债累计值两者呈现较为明显的反向关联关系。②2019年上半年跨境人民币流动与长期人民币跨境资本流动两者方向相反（与2015年下半年相似），这一方面，可能与本币外债去化有关，另一方面也与人民币汇率短期承压有关。③人民币计价本币外债总额远远超过本币短期流动性以及人民币直接投资和对外投资，其原因是证券投资项下人民币跨境使用占资本项目人民币跨境收付比例已近七成。

促进国际收支基本平衡，实现国际收支结构可维持，稳步推进人民币国际化，就需要提高跨境贸易人民币结算比例、有序扩大金融开放。从累计值来看，跨境贸易人民币结算业务金额（包括人民币输出金额和回流金额）要远远大于非证券投资的资本项下人民币跨境使用金额。在人民币国际化的初期，我国仍需要在国际经贸摩擦所带来的"艰难险阻"下，在坚持作为

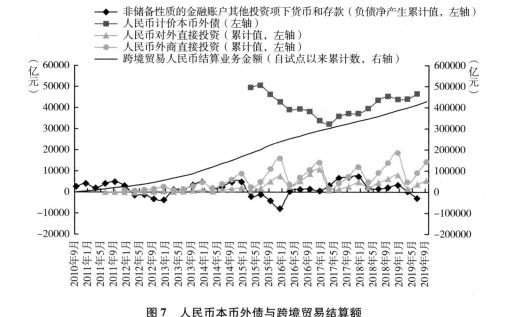

图7　人民币本币外债与跨境贸易结算额

资料来源：Wind 数据库。

国际债权人和已有境外人民币存量的基础上，把握好境外人民币输出存量、流量、增量的节奏和量级，与国际收支结构的动态演进相一致。在"经常账户顺差、资本项目顺差、净误差与遗漏项目逆差"的国际收支结构下提早布局，稳步实现人民币输出从"贸易项目下输出"向"资本项目下输出"转变，从"短期资本项下输出"向"长期资本项下输出"转变。

4. 国际收支安全下跨境短期资本流动、汇率与人民币国际化的关系

进入新时代，实现国际收支平衡成为我国金融宏观调控的显性目标，维护国际收支安全则是人民币国际化和我国金融开放的重要保障。从根本上看，由于外部冲击风险扰动，来自货币市场和外汇市场的本外币供求关系失衡。当一种压力长期、持续、过度累积并超过一定程度需要释放时，就可能会引发危机。进而跨境短期资本流动很可能会进一步叠加持续累积的外汇市场压力（如本币汇率贬值压力持续积累），从而以货币危机（国际收支危机）的形式释放。维护国际收支安全，重点之一是防范化解跨境短期资本

流动的风险，该风险按照 IMF 通常使用的国际收支平衡表中的非直接投资形式的资本流动（包括证券投资、金融衍生工具和其他投资）来衡量。其中，其他投资项下资本流动既是跨境短期资本流动的最主要部分，也是当前影响中国国际收支状况的重要因素之一。

值得注意的是：（1）2019 年我国跨境短期资本流动呈现净流入且逐渐收敛于平衡的特征。结合人民币汇率风险溢价（中美 3 个月期国债收益率利差再减去 3 个月期 NDF 对人民币兑美元即期汇率的变化率）走势，2019年已接近为 0（见图 8）。综上所述，2019 年我国实现金融市场的进一步开放的同时，保持了较低的跨境短期资本流动。（2）2019 年中美 3 个月期国债收益率利差走势与人民币兑美元汇率中间价（直接标价法）走势正向关联较强，改变了此前两者长期的反向关联（见图 9）。这表明市场对人民币汇率弹性增大、波动增强的预期明显加强。（3）对于人民币国际化，当需求驱动大于供给推动时，人民币汇率风险溢价将会下降。金融开放和国际收支平衡，将有助于进一步形成人民币国际化"需求驱动—供给推动"的良性循环。

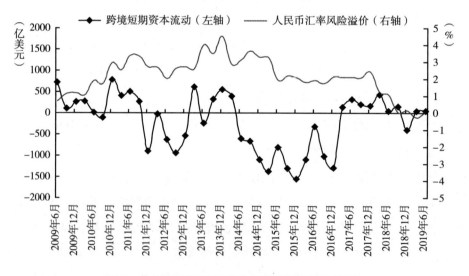

图 8　人民币汇率风险溢价与跨境短期资本流动

资料来源：Wind 数据库和笔者计算绘制。

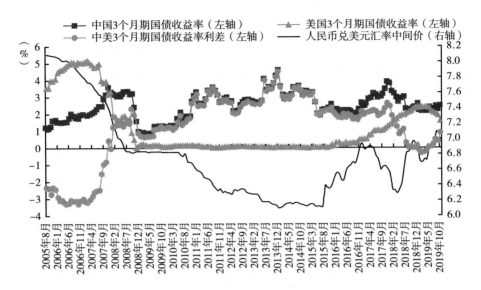

图9　中美3个月国债收益率利差与人民币兑美元汇率中间价

资料来源：Wind 数据库和笔者计算绘制。

三　国际收支安全与人民币国际化战略：防范 化解金融开放风险

在百年未有之大变局下，我国必须进一步提升开放型经济水平，建设更高水平开放型经济新体制。

总体上，我国国际金融重大风险防范成效显著。但是，伴随中国资本项目进一步开放，可能会出现规模过大或币种、期限错配风险，对短期债务、套利套汇交易及衍生交易等短期投机性资本流动进行微观审慎和宏观审慎"两位一体"综合管理，仍是必要之策。

从资本流动看，中美贸易摩擦可能会增加跨境短期资本流动波动性和易变性。在未来，微观主体若再经历美元外债去化过程，人民币汇率贬值将与跨境短期资本外流相互叠加，并且在"顺周期"和"正反馈"作用下，两者的持续大幅变化将会降低市场对人民币资产的信心，并且构成国际收支的风险影响因素。

在全球失衡从贸易失衡转向金融失衡且风险不断加剧背景下，人民币国际化面临新的挑战。对此，应以"一带一路"人民币跨境业务发展推动人民币国际化。尽管国内金融机构也在不断推进金融服务的网络化布局，但在美元汇率升值、"一带一路"沿线很多新兴经济体货币贬值的背景下，国内银行开展相应国家货币交易的意愿并不很强。

按照习近平总书记在第五次全国金融工作会议上提出的"要推进'一带一路'建设金融创新，搞好相关制度设计"的指示精神，在国际经贸摩擦背景下，对于"一带一路"业务创新，应主动求变，探索人民币跨境业务结算模式，扩大人民币对"一带一路"沿线国家的直接投资，不断扩大海外人民币市场的存量与资金池。

综上所述，从国际收支安全和人民币国际化战略出发，应使国际收支安全、人民币国际化、"一带一路"建设和金融有序开放在"新时代"形成良性循环。

参考文献

《习近平谈治国理政（第二卷）》，外文出版社，2017。

《〈中共中央关于坚持和完善中国特色社会主义制度、推进国家治理体系和治理能力现代化若干重大问题的决定〉辅导读本》，人民出版社，2019。

国家外汇管理局国际收支司：《诠释国际收支统计新标准》，中国经济出版社，2015。

国家外汇管理局国际收支分析小组：《2018 中国国际收支报告》，中国金融出版社，2019。

易纲：《坚守币值稳定目标 实施稳健货币政策》，《求是》2019 年第 23 期。

潘功胜：《我国外汇管理改革事业 70 年》，《中国金融》2019 年第 19 期。

王国刚、林楠：《中国外汇市场 70 年：发展历程与主要经验》，《经济学动态》2019 年第 10 期。

林楠：《稳步推进人民币国际化》，《经济日报》2019 年 10 月 31 日。

林楠：《马克思主义政治经济学国际短期资本流动分析——兼论我国跨境资金流动与外部风险考量》，《金融评论》2019 年第 5 期。

金融业发展篇

Development of China's Financial Industries

B.3

2019年中国银行业发展
分析及2020年展望

李广子　高宇璐*

摘　要： 2019年，尽管实体经济运行压力较大，但我国商业银行的经营状况仍总体保持平稳。资产负债规模保持中高速增长，盈利能力有所减弱，资产质量呈现一定恶化势头，资本充足率、流动性比率等指标保持在较高水平。2020年，预期银行业所面临的高收益资产将更加稀缺、负债端存款竞争呈现新特征、不良资产风险将进一步释放、优质银行与劣质银行的分化将更加明显、银行组织架构的复杂程度将会更高。

---

* 李广子，中国社会科学院金融研究所银行研究室主任，副研究员，主要研究方向为商业银行和公司金融；高宇璐，上海大学上海研究院硕士研究生，主要研究方向为商业银行。

关键词： 不良资产 净息差 LPR 对外开放

2019 年中国宏观经济面临较大下行压力，银行业发展也面临一定挑战，但总体上保持平稳。资产负债规模保持中高速增长，盈利能力有所减弱，资产质量呈现一定恶化势头，资本充足率、流动性比率等指标保持在较高水平。

一 银行业资产与负债状况

截至 2019 年第三季度，我国银行业金融机构总资产持续增长，总规模达到 284.67 万亿元（见图 1）。其中，大型商业银行、股份制银行、城市商业银行、农村商业银行资产总额分别为 115.97 万亿元、50.11 万亿元、36.07 万亿元、37.06 万亿元，占比分别为 40.74%、17.60%、12.67%、13.02%，大型商业银行资产份额与上年同期相比有所上升。2019 年第三季度末，我国银行

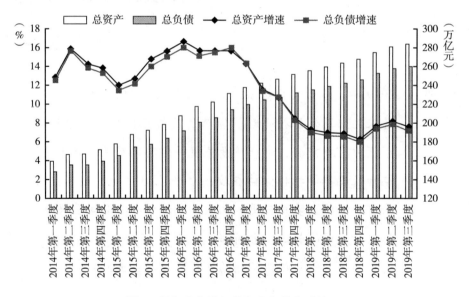

图 1 银行业金融机构资产负债变动情况

资料来源：Wind 数据库。

业金融机构总负债达到260.79万亿元（见图1）。其中，大型商业银行、股份制银行、城市商业银行、农村商业银行负债总额分别为106.49万亿元、46.17万亿元、33.39万亿元、34.18万亿元，占比分别为40.83%、17.70%、12.80%、13.11%，各类银行的负债份额与资产份额基本类似。

从增速上看，2019年第三季度，我国银行业金融机构总资产和总负债同比分别增长7.69%和7.20%，增速与上一季度相比均有所下降，总体上延续了近年来的放缓趋势（见图1）。从不同类型银行来看，2019年第三季度，我国大型商业银行、股份制银行、城市商业银行、农村商业银行资产同比分别增长7.59%、9.34%、9.00%、8.66%。相比较而言，大型商业银行资产增速最慢，股份制银行资产增速最快。大型商业银行、股份制银行、城市商业银行、农村商业银行负债同比分别增长6.98%、8.50%、8.84%、8.62%，可以看到，大型商业银行负债增速最慢，城市商业银行负债增速最快。

二 银行业盈利状况

1. 盈利能力

2018年第四季度以来，我国银行业盈利情况总体上略有下滑，但仍保持在较高水平。截至2019年第三季度，商业银行当年累计实现净利润16507亿元，同比增长9.19%。2019年前三季度商业银行平均资产利润率为0.97%，与上年同期相比下降0.03个百分点；平均资本利润率12.28%，与上年同期相比下降0.87个百分点，盈利能力总体上有所下降。

从不同类型商业银行来看，2019年前三季度，我国大型商业银行、股份制银行、城市商业银行、民营银行、农村商业银行资产利润率分别为1.05%、0.97%、0.77%、1.02%、0.92%。可以看到，大型商业银行盈利能力最高，民营银行次之，城市商业银行最低，城市商业银行资产利润率比大型商业银行低0.28个百分点。上述结果表明，随着业务的发展，不同类型银行在盈利能力方面出现了明显的分化：大型商业银行、股份制银行等大银行盈利能力保持在较好水平，城市商业银行、农村商业银行等中小银行盈利能力与大银行相

比有一定差距，民营银行虽然成立时间较短，但在盈利能力方面表现比较好。

从利润增速来看，2019 年前三季度，我国大型商业银行、股份制银行、城市商业银行、民营银行、农村商业银行税后利润增速分别为 12.28%、11.23%、-0.63%、72.73%、4.89%。其中，民营银行税后利润增速超过 70%，大型商业银行、股份制银行税后利润同比增速均达到两位数，保持较快增长。与之相比，农村商业银行税后利润同比增速相对较低，仅为 4.89%，城市商业银行税后利润同比增速甚至为负值。

2. 净息差

在我国利率市场化进程不断深入的背景下，我国商业银行平均净息差水平从 2015 年以来总体上有所下降，至 2017 年第一季度达到 2.03% 的阶段性低点。从 2017 年第一季度开始，商业银行平均净息差逐渐上升，2019 年第三季度达到 2.19%，比 2017 年第一季度的阶段性低点 2.03% 高 0.16 个百分点（见图 2）。一个值得注意的现象是，尽管 2017 年第一季度以来，商业银行净息差水平呈上升趋势，但并未带来商业银行盈利能力的提升。这说明，商业银行盈利构成中对净息差的依赖程度有所降低，收入多元化趋势不断加强。

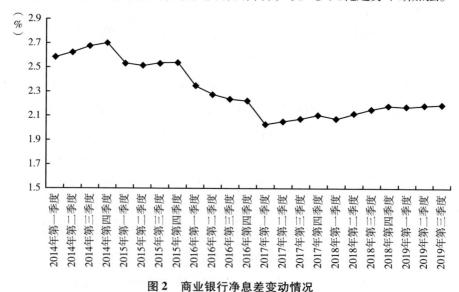

图 2　商业银行净息差变动情况

资料来源：Wind 数据库。

不同类型商业银行在净息差方面也出现了分化。具体来看，2019年第三季度，我国大型商业银行、股份制银行、城市商业银行、民营银行、农村商业银行净息差分别为2.11%、2.13%、2.11%、3.57%、2.74%。可以看到，民营银行净息差水平最高，达到3.57%；大型商业银行和城市商业银行最低，均为2.11%（见图3）。不同类型银行在净息差上的差异可能与其客户特征有关。民营银行主要面向民营和小微企业，贷款利率通常比较高，净息差水平因此也比较高。类似的，农村商业银行主要面向农村客户，客户风险通常较高，贷款利率也比较高。与之相比，大型商业银行、股份制银行、城市商业银行所针对的客户一般是信用等级相对较高的优质客户，贷款利率较低，导致其净息差水平也比较低。从趋势上看，民营银行净息差水平上升幅度较为明显。2019年第一至第三季度，民营银行净息差分别为2.30%、3.56%、3.57%，第三季度与第一季度相比上升了1.27个百分点。

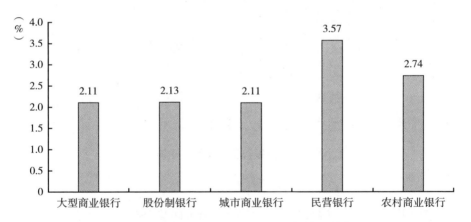

图3 不同类型银行净息差（2019年第三季度）

资料来源：Wind数据库。

三 银行业的风险与资本

1. 资产质量

截至2019年第三季度，我国商业银行不良贷款余额为23672亿元，不良

贷款率为1.86%，总体上仍保持在较低水平。不过，从趋势上看，在宏观经济下行背景下，我国商业银行不良贷款余额和不良贷款率近年来呈现"双升"势头，信用风险不断加大。其中，不良贷款率在2018年第三季度经历小幅下降之后，在2019年第二季度重新开始上升（见图4）。在未来宏观经济仍存在较大的下行压力情况下，商业银行信用风险可能会进一步暴露，不良贷款余额和不良贷款率的"双升"势头在未来一段时期内预计会持续。

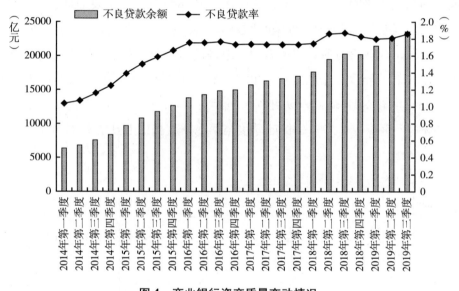

图4　商业银行资产质量变动情况

资料来源：Wind数据库。

不同类型商业银行在资产质量方面也出现明显分化。大型商业银行、股份制银行等大银行资产质量总体上要好于城市商业银行、农村商业银行等中小银行。截至2019年第三季度，我国大型商业银行、股份制银行、城市商业银行、民营银行、农村商业银行不良贷款率分别为1.32%、1.63%、2.48%、0.99%、4.00%（见图5）。其中，民营银行由于成立时间较短，不良贷款风险尚未完全暴露。其他几类银行中，大型商业银行不良贷款率最低，股份制银行次之，农村商业银行和城市商业银行不良贷款率均比较高。特别是，2019年第三季度末农村商业银行的不良贷款率达到4.00%，是行业平均水平的两倍以上，说明现阶段农村商业银行所面临的信用风险要明显高于其他几类银行。包括农村商业银行在内的农村区域性金融机构之所以信用风险较高，主要有以下几方面原因：（1）涉农领域本身风险较高。农村商业银行资金主要投向涉农领域，该领域总体风险偏高。特别是随着我国城镇化进程的深入推进，农村地区人口持续外流，导致农村地区金融需求下降。（2）农村区域性金融机构经营范围受到限制，通常只能在本地从事经营，资产配置主要集中于本地，无法在更广的范围内分散风险，受区域经济下行的影响尤为明显。（3）来自大型银行或互联网金融机构的冲击。大型商业银行在普惠金融领域的持续发力，对区域性农村金融机构业务经营造成一定挤压。同时，新兴互联网金融机构不断向农村市场渗透，也对农村区域性金融机构造成很大不利影响。特别是在零售金融领域，农村金融机构个人零售客户流失严重。（4）来自地方政府的干预更为严重。由于历史原因，目前各省份农村信用社联合社对农村中小金融机构行使行政管理职能，包括人事任免、薪酬管理、绩效考核等。

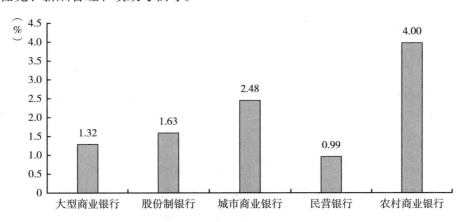

图5　不同类型商业银行不良贷款率（2019年第三季度）

资料来源：Wind数据库。

2. 贷款拨备

截至2019年第三季度，我国商业银行贷款损失准备余额为44417亿元，较上季度末增加1812亿元；拨备覆盖率为187.63%，较上季度末下降2.98

个百分点。从趋势上看，2014～2015年，我国商业银行拨备覆盖率总体上
呈现明显的下降趋势；2016年至今，商业银行拨备覆盖率稳定在180%左右
的水平，2019年开始略有下降（见图6）。

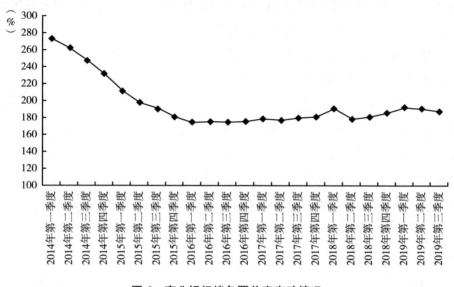

图6 商业银行拨备覆盖率变动情况

资料来源：Wind数据库。

从不同类型商业银行看，2019年第三季度末，我国大型商业银行、股
份制银行、城市商业银行、民营银行、农村商业银行拨备覆盖率分别为
240.20%、198.77%、147.99%、384.64%、130.81%（见图7）。民营银
行因为成立时间较短，风险还没有充分暴露，拨备覆盖率总体上显著高于其
他几类银行。其他几类银行中，大型商业银行拨备覆盖率最高；农村商业银
行拨备覆盖率仅为130.81%，已经低于150%的监管标准。

3. 资本充足率

我国商业银行资本充足率目前保持在较高水平。2019年第三季度末，
商业银行平均资本充足率、一级资本充足率、核心一级资本充足率分别为
14.54%、11.84%、10.85%，与2019年第二季度相比均有所上升，资本充
足情况良好（见图8）。

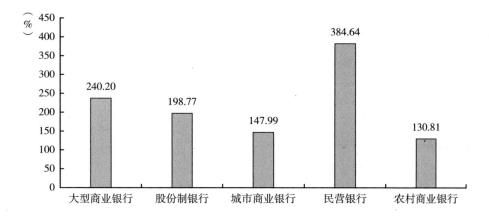

图7　不同类型商业银行拨备覆盖率（2019年第三季度末）

资料来源：Wind数据库。

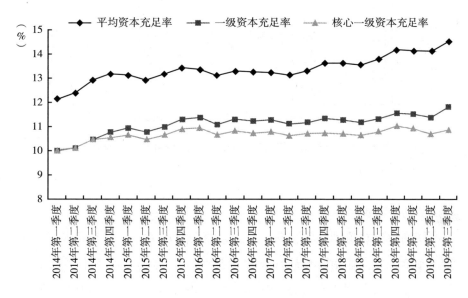

图8　商业银行资本充足率变动情况

资料来源：Wind数据库。

从不同类型商业银行来看，2019年第三季度末，我国大型商业银行、股份制银行、城市商业银行、民营银行、农村商业银行资本充足率分别为16.18%、13.40%、12.51%、14.87%和13.05%（见图9）。可以看到，大型商业银行和民营银行资本充足率均比较高，城市商业银行资本充足率相对较低，可能与城市商业银行过去几年快速的规模增长和盈利能力下滑有关。从时间趋势上看，2019 年第三季度，我国大型商业银行、股份制银行、城市商业银行、民营银行、农村商业银行资本充足率分别比 2019 年第二季度高出 0.52 个、0.67 个、0.08 个、−0.24 个、0.07 个百分点。可以看到，除民营银行以外，其他几类银行资本充足率均出现了一定幅度的上升。其中，股份制银行上升的幅度最大。

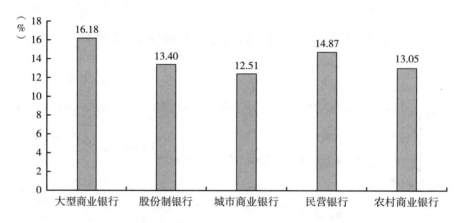

图 9　不同类型商业银行资本充足率（2019 年第三季度末）

资料来源：Wind 数据库。

4. 流动性比率

我国商业银行流动性状况总体良好，流动性比率保持在较高水平。2019 年第三季度末，商业银行流动性比率达到 57%，延续了近年来的稳中有升势头，远高于 25% 的监管要求（见图 10）。从这个角度看，2019 年发生的部分中小银行流动性风险在很大程度上是个别现象，我国商业银行总体流动性仍保持在较好水平。

从不同类型商业银行来看，2019 年第三季度末，我国大型商业银行、股份制银行、城市商业银行、民营银行、农村商业银行流动性比率分别为 55%、59%、60%、69%、61%，均大幅高于监管要求，各类银行流

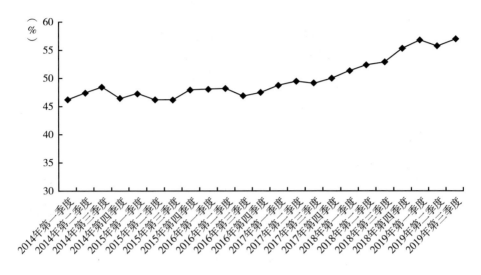

图10　商业银行流动性比率变动情况

资料来源：Wind 数据库。

动性状况均比较好。其中，大型商业银行流动性比率在几类银行中最低，民营银行最高。除民营银行以外，其他几类银行在流动性比率方面比较接近。

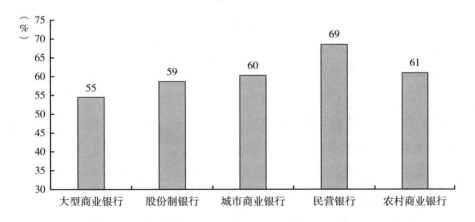

图11　不同类型商业银行流动性比率（2019 年第三季度末）

资料来源：Wind 数据库。

四　银行业的重大政策环境变化

2019 年以来，金融严监管的态势并未改变。监管部门在严厉打击金融乱象的同时，也在资本补充、资金流动性等方面给予了银行较大的政策支持。

1. 加强银行资本补充

资本对于保持商业银行的稳健经营发挥着重要作用。尽管近年来我国商业银行资本充足情况较好，但是，一方面，随着资产规模的扩张和盈利能力的下降，商业银行面临的资本补充压力不断加大；另一方面，随着银行业发展的放缓，商业银行股权对社会资本的吸引力有所下降。在这种情况下，如何加强资本补充成为商业银行现阶段迫切需要解决的一个问题，对于中小银行而言尤其如此。针对这一问题，监管部门出台了一系列政策支持商业银行补充资本。2019 年 7 月 19 日，银保监会、证监会联合发布《关于商业银行发行优先股补充一级资本的指导意见（修订）》，鼓励商业银行通过永续债、优先股、二级资本债等多种渠道补充资本，增强银行业金融服务实体经济能力。这次修订内容主要包括：一是明确了商业银行发行优先股的条件和程序，同时，对优先股作为商业银行其他一级资本工具的标准进行了明确。其中，银行需要提供的申请文件包括优先股发行申请、发行方案、公司章程、股东大会决议、资本规划、最近三个年度经审计的财务报表及附注、合规性法律意见书等。二是对商业银行发行优先股所涉及的资本补充、章程修订等行政许可事项进行简化。上述政策的出台为商业银行补充资本、提高资本充足性增加了新的选择。

2. 完善贷款市场报价利率（LPR）形成机制

随着我国利率市场化进程的推进，中国人民银行对存贷款利率的管制逐步放开。其中，自 2013 年 7 月 20 日起，全面放开金融机构贷款利率管制；自 2015 年 10 月 24 日起，对商业银行和农村合作金融机构等不再设置存款利率浮动上限。在放开存贷款利率管制的基础上，为进一步推进利率市场化、完善金融市场基准利率体系，对信贷市场产品定价进行指导，2013年10月25日，中国人民银行正式推出贷款市场报价利率（Loan Prime Rate，LPR）集中报价和发布机制。2019年8月17日，中国人民银行宣布进一步完善LPR报价机制，并在8月20日起以1年期LPR替代1年期基准利率作为企业中长期贷款的参照利率。此次改革的目的是引导贷款利率定价从参考贷款基准利率转向参考贷款市场利率，打通政策利率和实际贷款利率之间的传导通道。

本次改革主要有以下四个方面的创新：一是增加报价银行的代表性。参与报价的银行从原来的10家全国性银行增加到18家，包括2家城市商业银行（西安银行、台州银行）、2家农村商业银行（上海农村商业银行、广东顺德农村商业银行）、2家外资银行（花旗银行〔中国〕、渣打银行〔中国〕）、2家民营银行（微众银行、网商银行）。扩充范围后的报价银行涉及大型商业银行、股份制银行、城市商业银行、农村商业银行、外资银行和民营银行等，大幅增加了LPR报价的代表性。二是优化报价方式。将报价方式调整为按照公开市场操作利率加点形成。其中公开市场操作利率主要指中期借贷便利（MLF）利率，期限以1年期为主，以此提高LPR报价的市场化和灵活性。三是改变报价频率。由原来的每日报价改为每月报价一次，提升LPR的报价质量。四是增加利率报价的期限品种。在原有1年期一个期限品种基础上，增加了5年期以上的期限品种。通过增加报价利率的期限品种，为不同期限的资金利率定价提供参考。

自2019年8月贷款市场报价利率（LPR）形成机制改革以来，截至2019年第三季度共进行了两次报价。其中，2019年8月20日报价结果为：1年期LPR为4.25%，5年期以上LPR为4.85%；2019年9月20日报价结果为：1年期LPR为4.20%，5年期以上LPR为4.85%。LPR总体上呈现下行趋势。通过降低贷款市场报价利率（LPR），可在一定程度上引导市场利率下行，以降低实体经济融资成本，有利于保持经济运行在合理区间。

3. 金融对外开放有序推进

坚持对外开放是中国的基本国策。2019年以来，我国在金融领域对外

开放方面也出台了多项新举措。

2019 年 10 月 15 日，国务院公布《关于修改〈中华人民共和国外资保险公司管理条例〉和〈中华人民共和国外资银行管理条例〉的决定》。其中，对于《中华人民共和国外资银行管理条例》修改内容主要包括：（1）取消拟设外商独资银行、中外合资银行的唯一或者控股股东总资产规模的要求，取消拟设中外合资银行的中方唯一或者主要股东应当为金融机构的要求。（2）允许外国银行在中国境内同时设立外国银行分行和外商独资银行，或者同时设立外国银行分行和中外合资银行。（3）进一步放宽对外资银行业务的限制，包括代理发行、代理兑付、承销政府债券以及代理收付款项业务等。对外国银行分行可以吸收中国境内公民定期存款的数额下限进行调整，由单笔不少于人民币 100 万元减少为 50 万元。取消对外资银行开办人民币业务的审批。（4）进一步放宽对外国银行分行的监管要求。放宽对外国银行分行持有一定比例生息资产的要求，对资本充足率持续符合有关规定的外国银行在中国境内的分行，放宽对其人民币资金份额与其人民币风险资产的比例限制。该条例的修改为外资银行在中国的经营活动提供了更大的空间和便利。

2019 年 7 月 20 日，国务院金融稳定发展委员会出台 11 条金融业对外开放措施，进一步扩大金融领域对外开放。这些开放措施基本覆盖核心金融领域，标志着新的金融开放格局正在加快形成。其中，与银行业直接相关的对外开放措施包括：一是鼓励境外金融机构参与设立、投资入股商业银行理财子公司；二是允许境外资产管理机构与中资银行或保险公司的子公司合资设立由外方控股的理财公司。上述政策均与资管行业密切相关，这些政策的出台为外资金融机构在我国开展资产管理业务提供了空间。

4. 接管包商银行

在防范金融风险、加强金融监管的背景下，2019 年 5 月 24 日，中国人民银行、中国银行保险监督管理委员会联合发布《关于接管包商银行股份有限公司的公告》，称："鉴于包商银行股份有限公司（以下简称包商银行）出现严重信用风险，为保护存款人和其他客户合法权益，中国银行保险监督管理委员会决定自 2019 年 5 月 24 日起对包商银行实行接管，接管期限一年。"① 从接管开始之日起，由接管组全面行使包商银行的经营管理权，并委托中国建设银行托管包商银行的相关业务。

包商银行是我国近 20 年来首家被接管的中型金融机构。该银行成立于 1998 年 12 月，是内蒙古最早成立的股份制商业银行。目前共有 18 家分行、291 个营业网点，并发起设立了包银消费金融公司、小企业金融服务中心和 29 家村镇银行。截至 2017 年 3 月末，包商银行注册资本为 47.31 亿元，前三大股东分别为包头市太平商贸集团有限公司、包头市大安投资有限责任公司和包头市精工科技有限责任公司，持股比例分别为 9.07%、5.51% 和 5.32%，股权较为分散，股东以民营企业为主。包商银行之所以被接管，主要是因为其存在以下几方面问题：一是负债端严重依赖同业负债。包商银行 2017 年第三季度报表显示，负债合计为 5437 亿元，较 2016 年增加 35.32%，其中，同业和其他金融机构存放款项 1697 亿元，占负债总额的 31.21%，较 2016 年末急剧增加 137%。若考虑同业存放款、拆入资金、卖出回购等其他同业负债，包商银行同业负债合计 2611.92 亿元，占总负债的比例高达 48.04%。对包商银行短期偿债能力形成很大压力。二是资产端过度投资应收款项，资产质量不断恶化。公开数据显示，截至 2017 年第三季度，包商银行总资产达 5762.38 亿元，其中占比最大的科目为发放贷款及垫款、应收款项类投资，发放贷款 2081.05 亿元，应收款项类投资 1532.38 亿元，较 2016 年的 1518 亿元和 1221 亿元分别增加 37.09% 和 25.50%，这两类资产的回收情况对包商银行整体资产质量产生直接影响。其中，应收款项类投资占总资产的 26.59%，大幅超出行业平均水平。这导致了包商银行不良贷款率连年攀升。三是资本充足率持续下降。2016 年末，包商银行资本充足率为 11.69%，一级资本充足率和核心一级资本充足率均为 9.07%；截至 2017 年第三季度，包商银行资本充足率已经下降到 9.52%，一级资本充足率和核心一级资本充足率均下降至 7.38%。包商银行资本充足率、一级

---

① 资料来源：银保监会网站。

资本充足率和核心一级资本充足率均超过监管红线。

5. 出台《商业银行理财子公司管理办法》

2018 年 12 月 2 日，银保监会发布了《商业银行理财子公司管理办法》，旨在规范商业银行通过设立理财子公司开展资管业务行为，有利于强化银行理财业务的风险隔离，推动银行理财回归资管业务本源，逐步有序打破刚性兑付，实现"卖者有责"基础上的"买者自负"。该《办法》对商业银行理财子公司的设立条件、股东资质、业务范围、风险管理等方面进行了明确规范。根据该《办法》，商业银行理财子公司净资本不得低于 5 亿元人民币，且不得低于净资产的 40%。其业务范围包括：（1）面向不特定社会公众公开发行理财产品，对受托投资者财产进行投资和管理；（2）面向合格投资者非公开发行理财产品，对受托投资者财产进行投资和管理；（3）理财顾问和咨询服务。2019 年 9 月 20 日，银保监会发布《商业银行理财子公司净资本管理办法（试行）（征求意见稿）》，要求银行理财子公司应当持续符合下列净资本监管标准：（1）净资本不得低于 5 亿元人民币或等值自由兑换货币，且不得低于净资产的 40%；（2）净资本不得低于风险资本的100%。在相关政策的推动下，据不完全统计，截至 2019 年第三季度，已有33 家银行公告设立理财子公司，包括大型商业银行、股份制银行、城市商业银行、农村商业银行等。其中，工、农、中、建等大型商业银行设立的理财子公司注册资本均超过 100 亿元。

五 2020年展望

受宏观经济减速、中美贸易摩擦等因素影响，2020 年我国银行业发展所面临的外部环境仍然不容乐观。我们认为，2020 年中国银行业发展将延续前期的放缓趋势，同时银行业的分化会进一步加剧。

一是高收益资产将更加稀缺。一方面，当前我国宏观经济仍面临较大的下行压力，经济增长仍处于新旧动能转换阶段，传统行业的盈利能力持续下降，基建、地产、制造业等比较依赖银行融资的传统融资需求也很难出现突然的大幅增加。新的增长动能仍在孕育，还无法对新一轮经济增长起到持续的支撑作用。实体经济的下行决定了银行面临的高收益资产将更加稀缺，商业银行迫切需要在经济增长的新旧动能转换中找到新的盈利增长点。另一方面，为应对宏观经济下行，我国近期陆续出台了一系列宽松政策，向市场注入流动性，降低实体经济融资成本，包括下调存款准备金率、通过完善贷款市场报价利率（LPR）形成机制引导市场基准利率下行等。在这种情况下，银行资产的收益率可能会进一步下降。

二是负债端存款竞争将呈现新特征。随着利率市场化的推进，获取低成本稳定资金的能力，已经成为商业银行的核心竞争力。在市场利率下降的背景下，现今银行存款成本反而上升，反映出2019年以来银行业激烈的存款竞争。各家银行纷纷推出大额存单、结构性存款等产品，这是银行存款定期化的主要原因。2019年10月18日，银保监会发布了《关于进一步规范商业银行结构性存款业务的通知》，意在打击各种高息揽存行为。预计2020年存款成本上升压力将得到一定程度的缓解。另外，在国家加大对互联网金融整治力度的背景下，一部分投资于网贷平台的资金有望重新回到银行体系，这在一定程度上为银行获取存款资金带来机遇。

三是不良资产风险将进一步释放。一方面，受实体经济下行影响，银行业的信用风险将有所上升，当前不良贷款余额和不良贷款率双升势头可能会延续。其中，部分重点行业和领域的风险尤为突出，包括受中美贸易摩擦冲击较大的行业、受宏观经济政策调整影响较大的行业等；另外，对于那些经营范围主要集中于地方的中小银行，其资产质量受地方经济减速的冲击尤为明显，不良贷款风险也因此更加突出。另一方面，除不良贷款风险以外，商业银行在金融市场投资领域所产生的潜在风险同样值得高度关注。在前期经营过程中，部分银行在金融市场投资领域形成了较高的头寸，如企业债券投资、非标资产投资等。在经济下行背景下，底层资金使用方的违约行为时有发生，导致银行在投资到期时无法按时收回本息，由此给银行带来较大的风险隐患。

四是银行的分化将更加明显。尽管银行业发展仍将延续之前的放缓趋

势，但不同银行的分化将会更加明显。以上市银行为例，部分转型较为成功的优质银行仍能保持高速增长，资本市场也给予了较高的估值；与之相比，也有一些银行业务增长乏力，资本市场估值较低。从未来情况看，这种形势将会持续。在银行发展分化的过程中，金融科技将扮演重要的角色。多数实现成功转型、维持高速增长的银行主要依靠金融科技手段对现有的业务模式和组织架构进行改造，增强获客能力，提升风险管理能力，不断提高运行效率，改善客户体验。随着未来金融与科技融合程度的进一步加深，科技手段在银行业转型升级中的应用将会得到加强，成为部分优质银行实现高速发展的主要抓手。银行业发展的分化可能会引发行业内部不同银行之间的整合，如并购重组等。

五是组织架构复杂程度将会更高。改革开放以来，中国的金融业已经历"混业-分业-混业"的循环。20 世纪八九十年代，中国就有过一波混业经营的浪潮，一度造成金融秩序混乱。1993 年国务院颁布了《关于金融体制改革的决定》，金融业开始实行分业经营和分业监管。进入 21 世纪，金融业混业经营的浪潮势不可当，出现了金融控股平台（集团公司为纯粹的金融控股平台，自身不经营具体业务，主要负责战略制定和股权投资管理）、银行控股公司（商业银行作为母体，设立或投资子公司，进行综合化经营的扩张，形成"全能银行型"的金融控股公司模式）、地方金融控股平台和产业金融控股平台等不同类型的金融控股公司。在这种背景下，除传统的银行业务以外，部分大银行纷纷通过控股或参股的方式持有其他金融牌照、投资其他金融业务，包括证券、租赁、基金、信托、理财子公司、保险等，由此导致部分大银行的组织架构日益复杂化，给银行内部治理提出了更高的要求。

参考文献

郭品、沈悦：《互联网金融、存款竞争与银行风险承担》，《金融研究》2019 年第 8

期。

李建军、韩珣：《非金融企业影子银行化与经营风险》，《经济研究》2019 年第 8 期。

宋科、李振、赵琼薇：《区域创新、制度环境与银行稳定》，《金融评论》2018 年第 5 期。

张晓燕、何德旭：《系统重要性银行的外部性：基于法学视角的分析》，《金融评论》2017 年第 1 期。

中国人民银行金融稳定分析小组：《中国金融稳定报告（2019）》，中国金融出版社，2019。

中国人民银行、中国银行保险监督管理委员会编《中国小微企业金融服务报告（2018）》，中国金融出版社，2019。

B.4
2019年中国证券基金业运行分析及展望

姚 云*

摘 要： 受到科创板试点注册制政策落地实施、资本市场改革开放持续深化和推进等因素叠加效应作用，2019 年 A 股在 2018 年跌幅较大的基础上呈现了恢复性回升态势。资本市场深化改革带来政策利好，券商板块出现阶段性梯次增长，证券业收入和利润状况改善较明显，公募基金和私募基金公司管理规模和业务收入也在科创板和资本市场加快开放的背景下取得了较快增长。

关键词： 证券业 基金业 资本市场改革

2019 年我国证券业和基金业在平稳发展中取得了较快增长。受到科创板试点注册制政策落地实施、资本市场改革开放持续深化和推进等因素叠加效应作用，2019 年 A 股在 2018 年跌幅较大的基础上呈现了强劲的恢复性回升态势。资本市场深化改革带来政策利好，券商板块出现阶段性梯次增长，证券业收入和利润状况改善较明显，公募基金和私募基金公司管理规模和业务收入也在科创板和资本市场加快开放的背景下取得了较快增长。

一 2019年证券业的运行情况

证券业是为证券投资活动服务的专门行业，在资本市场发行、上市、交

---

* 姚云，经济学博士，中国社会科学院金融研究所资本市场研究室助理研究员，主要研究方向为公司金融、增长理论。

易等各环节发挥着重要作用。2019年我国证券业在政策叠加和市场回暖的情况下取得了较快发展。据中国证券业协会发布的数据，截至2019年第三季度，131家证券公司总资产为7.02万亿元，较上年全年增长12.14%，净资产为1.99万亿元，较上年全年增长5.29%。受到科创板试点注册制政策落地实施、资本市场改革开放持续深化和推进等因素叠加效应作用，2019年A股在2018年跌幅较大的基础上呈现了强劲的恢复性回升态势。从上市券商来看，券商板块也因科创板落地速度超预期、并购重组松绑、两融（融资融券）风控指标松绑等利好政策作用，分别在2月至4月初、6月至7月末以及8月中旬到9月中旬出现阶段性较大幅度的增长，证券业业务收入和利润取得了明显增长。2019年前三季度，131家证券公司的营业总收入近2611.95亿元，比上年同期增长37.47%，比上年全年仅少1.91%（50亿元）（见图1）；实现净利润931.05亿元，较上年全年增长39.76%，119家公司实现盈利，占全部证券公司的90%，与上年相比增长了约10个百分点。

从证券公司2012～2018年经营情况来看，营业收入呈现"倒U形"变

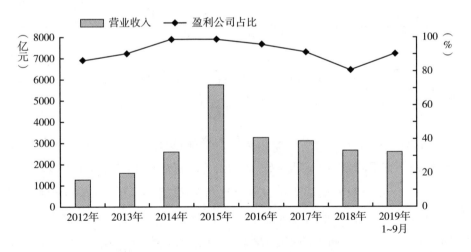

图1 证券公司营业收入及盈利公司占比情况

注：2018年证券公司营业收入为前三季度数据。

资料来源：中国证券投资基金业协会、Wind资讯。

化，2015 年达到峰值 5752 亿元，2018 年下降至 2663 亿元。2019 年前三季度的营业收入已经接近 2018 年全年的水平，从而扭转了自 2015 年以来的下降趋势。

从证券业的收入结构各年的变化情况来看，2019 年前三季度与上年相比，经纪业务基本持平，投行业务和资管业务占比呈现下降趋势，自营业务和信用业务占比有所增长。不难发现，在佣金自由化的情况下，近年来券商通过多元化的业务来提升整体营收水平，通过提高杠杆空间和增加资本来增强业务扩张能力（见图 2）。

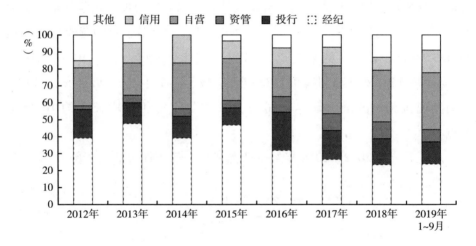

图 2　2012 年至 2019 年第三季度证券公司业务收入占比情况

资料来源：中国证券投资基金业协会、Wind 资讯。

就各具体业务来看，①代理买卖证券产生的经纪业务收入从 2015 年的 2691 亿元一直下降至 2018 年的 624 亿元，并在 2019 年前三季度恢复增长至 626 亿元。该业务收入在营业收入中占比从 2015 年的 47% 一直下降到 2018 年的 23%，并在 2019 年前三季度增长至 24%。②投行业务收入整体上看从 2016 年的 735 亿元一直下降至 2018 年的 402 亿元，2019 年前三季度投行业务收入达到 345 亿元。该业务收入在营业收入中占比从 2015 年的 10% 骤增至 2016 年的 22%，但自此一直呈现下降趋势，2018 年和 2019 年前三季度投行业务收入占比分别降至15%和13%。券商投行业务可细分为证券承销与保荐业务、财务顾问业务和投资咨询业务。2019年前三季度此三项业务收入分别达到250亿元、69亿元和26亿元，在营业收入中占比分别为9.56%、2.61%和0.97%。③随着券商资产管理规模从2012年6月的4800亿元上升至2017年6月的18万亿元峰值，券商的资管业务收入也相应从2012年的27亿元增长至2017年的311亿元，但从2018年开始下降至275亿元，并在2019年前三季度下降到191亿元。资管业务收入在营业收入中占比从2012年到2018年一直呈增长趋势且2018年达到10.33%，但2019年前三季度占比下降至7.30%。④从证券业自营业务来看，证券投资收益在2019年前三季度达到879亿元，超出2018年全年近10%。自营业务收入在营业收入中占比除2013年（19.19%）和2016年（17.33%）外，2012年至2019年前三季度的其余时间均保持在20%以上水平，并自2016年开始一直增长至2019年前三季度33.64%的峰值。⑤信用业务收入方面，融资融券利息净收入从2012年的53亿元增长至2015年的592亿元的峰值水平，继而下降至2018年的215亿元。2019年前三季度融资融券利息净收入增长至348亿元，其在营业收入中占比从2018年全年的8.07%恢复上升至2019年前三季度的13.30%。从图3市场两融业务余额情况可以发现，各年融资与融券业务发展状况有较大差异，融资规模较大但近几年处于不断波动状态，融券规模小但自2015年起一直呈现增长趋势。融资融券业务在2019年均实现了增长，这主要源于在当年不断出台的制度政策作用下融资融券交易规模的日益扩大。2019年4月，上交所、证金公司发布《科创板转融通证券出借和转融业务实施细则》；6月，证监会发布《公开募集证券投资基金参与转融通证券出借业务指引》；8月，证金公司出台政策整体下调转融资费率80个基点；8月，证监会、上交所修订融资融券业务细则，扩大两融标的范围。

证券业收入结构各年的变化情况反映出证券基金业的行业创新变革与变化趋势。行业竞争差异化增加制度红利。为了改变行业一直以来的同质化、业务单一化等行业特征导致的手续费佣金率不断下降、业务价格战等竞争恶

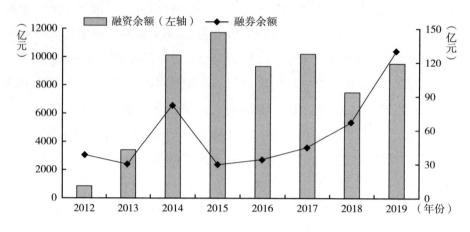

图3　2012～2019年融资余额与融券余额

注：2019年数据截至2019年11月末。
资料来源：Wind资讯。

化局面，近两三年证券业开启了业务资本化、客户机构化和服务智能化的行业变革，行业的差异化特征开始明显显现。2019年7月5日，证监会发布《证券公司股权管理规定》及其配套规定，按照业务的复杂程度及风险程度将证券公司分为综合类证券公司和专业类证券公司，且规定专业类证券公司不得从事具有显著杠杆性质且业务间存在交叉风险的业务，如股票期权做市、场外衍生品、股票质押等。这一股权规定顺应了行业差异化发展趋势，在行业加快开放的背景下，有助于头部券商进一步做大做强，提高行业细分度和专业化程度。同时，行业开放背景下的业务革新促进业务和收入结构优化。目前内资券商在部分固定收益业务等方面尚处于起步阶段，在外汇、商品现货交易上受到限制，在多样化投资策略、产品和服务的开发等方面存在不足。随着行业开放和利率市场化步伐的加快，科创板注册制的启动、投行业务政策的修复、衍生品等业务的政策松绑，以及信用风险的改善等一系列政策利好将使得业务革新稳步推进，业务的多元化、复杂化和专业化程度不断提高，证券公司的资金周转率、杠杆率和利润率上升，进而收入结构也将不断优化。

二 2019年基金业的运行情况

截至2019年10月底，我国境内共有基金管理公司127家，其中，中外合资公司44家，内资公司83家；取得公募基金管理资格的证券公司或证券公司资产管理子公司共13家、保险资产管理公司2家。以上机构管理的公募基金资产合计13.91万亿元。基金业整体资产管理规模接近27.65万亿元（见图4）。

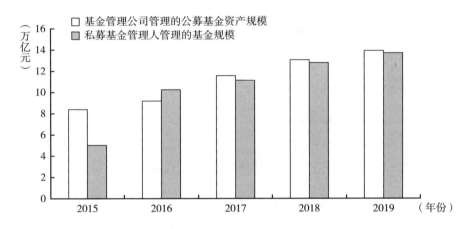

图4 2015～2019年基金业管理资产规模

注：2019年数据截至2019年10月。

资料来源：中国证券投资基金业协会、Wind资讯。

公募基金是证券投资基金的主要存在形式。截至2019年10月底，公募基金总份额达到13.06万亿份，其中开放式基金总量达11.90万亿份，占比99.17%。按照投资标的的大类划分，开放式基金可以分为股票基金、债券基金、混合基金、货币基金和QDII基金（见图5）。从2012年到2019年各公募基金份额的变化情况来看，股票基金所占份额由2012年最大（43.67%）逐年明显萎缩，至2019年最小，占比为6.71%，而货币基金则从2012年的15.92%明显增长至2019年的54.40%。同期混合基金相对规模从21.34%下降至11.05%，债券基金占比从11.22%增长至18.02%，QDII基金相对规模占比变化不大，从 2.88% 下降到 0.62%。综合来看，货币基金从 2014 年开始就在公募基金市场中占有最大份额，平均占比不低于全部公募基金的 50%。此外，随着公募基金市场的较快发展，2012 年以来，公募基金管理费收入与基金资产规模同样保持稳健增长，2018 年全年超过 600 亿元（见图 6）。

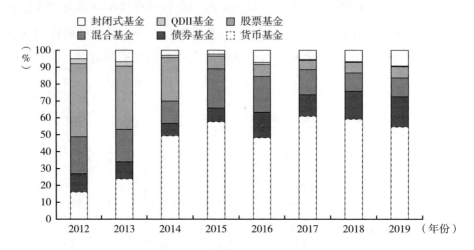

图 5　2012～2019 年公募基金的产品结构

注：2019 年数据截止到 10 月底。
资料来源：中国证券投资基金业协会、Wind 资讯。

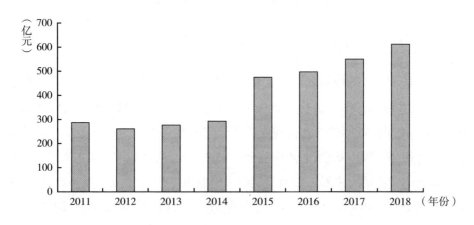

图 6　2011～2018 年公募基金管理费收入情况

资料来源：中国证券投资基金业协会、Wind 资讯。

在私募基金方面，据中国证券投资基金业协会数据，截至 2019 年 11 月底，在该协会登记的私募基金管理人 24494 家，较 2 月存量机构增加 114 家，增长 0.47%；存续备案私募基金 81299 只，较 2 月增加 6077 只，增长 8.08%；管理基金规模 13.74 万亿元，较 2 月显著增加近 9700 亿元，增长 7.60%（见图 7）。私募基金管理人在从业人员管理平台完成注册的全职员工 17.57 万人，其中取得基金从业资格的员工 14.06 万人。

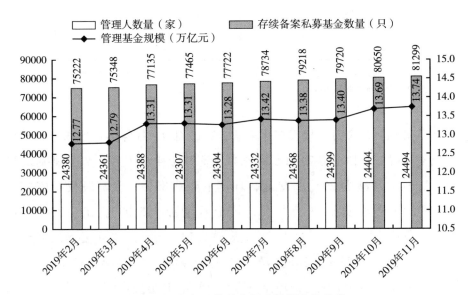

图 7　2019 年私募基金月度数据变化趋势

资料来源：中国证券投资基金业协会。

据中国证券投资基金业协会数据，截至 2019 年 11 月底，在该协会登记的私募证券投资基金管理人 8874 家；私募股权、创业投资基金管理人 14880 家；其他私募投资基金管理人 735 家；私募资产配置类管理人 5 家。表 1 提供了不同类型私募基金数量和管理资产规模信息。从基金数量来看，截至 2019 年 11 月底，我国私募基金以证券投资基金为主，占比达到 50%，股权投资基金和创业投资基金占比分别为 35% 和 10%。从管理资产规模来看，股权投资基金占据 62% 的比例，而证券投资基金和创业投资基金分别占比 18% 和 8%。从平均规模来看，股权投资基金、

创业投资基金和证券投资基金平均每只基金的管理规模分别为 3.01 亿元、1.46 亿元和 0.60 亿元。

表 1　不同类型私募基金数量及管理资产规模情况

基金类型	基金数量（只）	数量占比（%）	基金规模（亿元）	规模占比（%）	基金平均规模（亿元）
证券投资基金	40997	50	24463	18	0.60
股权投资基金	28466	35	85710	62	3.01
创业投资基金	7777	10	11354	8	1.46
其他	4059	5	15915	12	3.92

注：数据截至 2019 年 11 月底。
资料来源：中国证券投资基金业协会。

就各类私募基金月度规模变化来看，2019 年 11 月各类私募基金的变化方向略有不同。该协会备案的私募证券投资基金 40997 只，基金规模 2.45 万亿元，较上月减少 205.72 亿元，环比下降 0.83%；私募股权投资基金 28466 只，基金规模 8.57 万亿元，较上月增加 385.99 亿元，环比增长 0.45%；创业投资基金 7777 只，基金规模 1.14 万亿元，较上月增加 408.14 亿元，环比增长 3.73%；其他私募投资基金 4054 只，基金规模 1.59 万亿元，较上月减少 96.57 亿元，环比下降 0.60%；私募资产配置基金 5 只，基金规模 5.36 亿元，较上月增加 8715.00 万元，环比增长 19.42%。

据中国证券投资基金业协会数据，截至 2019 年 11 月底，已登记的私募基金管理人有管理规模的共 21368 家，平均每家管理基金规模 6.43 亿元。其中，0.5 亿元规模以上的基金 10267 家。图 8 反映了不同管理基金规模（0.5 亿元以上）的私募基金管理人的分布情况。截至 2019 年 11 月底，在该协会登记的私募基金管理人管理基金规模在 100 亿元及以上的有 265 家（占比 2.58%），管理基金规模在 50 亿~100 亿元的有 285 家（占比 2.78%），管理基金规模在 20 亿~50 亿元的有 728 家（占比 7.09%），管理基金规模在 10 亿~20 亿元的有 867 家（占比 8.44%），管理基金规模在 5 亿~10 亿元的有 1229 家（占比 11.97%），管理基金规模在 1 亿~5 亿元的

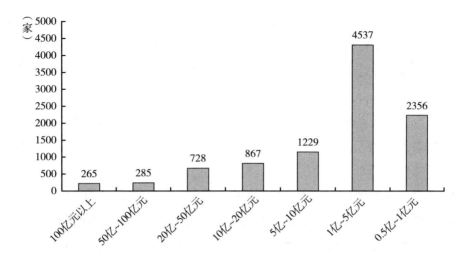

图8 不同管理基金规模的私募基金管理人分布情况

注：数据截至2019年11月底。

资料来源：中国证券投资基金业协会。

有4537家（占比44.19%），管理基金规模在0.5亿~1亿元的有2356家（占比22.95%）。综合来看，近1/4（22.95%）的私募基金管理人管理基金规模在1亿元以下，而在1亿元以上管理基金规模的公司中57.35%的公司（4537家）管理基金规模低于5亿元，仅有3.35%的公司管理基金规模在100亿元以上，反映出我国私募基金业与国际成熟市场的较大差距。

三 行业趋势与政策

证券基金业的金融监管从2018年开始进入新一轮相对宽松周期，资本市场改革红利不断释放，证券基金业有望迎来新发展机遇。2019年证券基金业的行业创新变革与变化趋势主要体现在如下几个方面。

第一，行业竞争差异化优化证券业收入结构。近两三年证券业开启了业务资本化、客户机构化和服务智能化的行业变革，行业的差异化特征开始明显显现。同时行业开放背景下的业务革新促进了业务和收入结构优化。

第二，股权改革突破制度瓶颈释放上市券商人力资本红利。2018年底

证监会、财政部和国资委三部委联合发布《关于支持上市公司回购股份的意见》，明确提及上市券商可以通过资管计划、信托计划等形式实施员工持股方案，从制度上突破了前期《证券法》等相关规定限制，有助于证券公司培养和留住人才、激发员工积极性。

第三，行业并购重组加速提高公司质量和竞争力。内资券商多以国有金融机构为大股东，且股权集中度高。近几年部分证券公司通过混合所有制改革引入战略投资者，优化了股权结构，使得公司治理水平不断提高，同时在产融结合、投融结合、经营质量等方面也实现了改进。2019年10月，证监会制定的促进上市公司并购重组的相关政策得以推出。并购重组新规放宽了配套融资资金用途，将IPO被否重组上市时间从3年缩短至6个月，再融资时间限制从18个月缩短至6个月，放松对并购重组的披露要求。

与此同时，资本市场交易制度的不断完善也助力证券基金业的持续快速发展。

第一，优化股指期货交易以满足市场风险管理需求。2019年1月21日，中金所发布《关于国债作为保证金业务的通知》，指出结算会员提交的国债可作为全部金融期货品种的保证金。该通知将进一步降低市场成本，发挥国债作为保证金的市场功能。2019年4月19日，中国股指期货放宽交易限制，中证500股指期货交易保证金标准从15%调整为12%，是2017年以来的第5次调整。此外，中金所将股指期货日内过度交易行为的监管标准从单个合约50手调整为单个合约500手；高于这一水平的交易将被认为是"过度"交易行为。同时，下调股指期货平仓交易手续费。2019年4月22日，中金所发布《关于调整股指期货手续费标准的通知》，将沪深300、上证50、中证500股指期货各合约平仓交易手续费标准调整为成交金额的万分之三点四五。2019年11月，证监会出台促进期权扩容政策，将按程序批准上交所、深交所上市沪深300ETF期权，中金所上市沪深300股指期权。一系列促进股指期货交易的政策出台有助于降低交易成本，促进市场双向交易机制和风险管理机制不断完善，鼓励中长期资本积极入市。

第二，公募基金风险管理工具日益丰富。2019年1月15日，《公开募集证券投资基金投资信用衍生品指引》发布，规定公募基金可以以对冲风险为目的投资信用衍生品，但货币市场基金不得投资信用衍生品。这一新政策为公募基金对冲债券违约风险提供了有效管理工具，提升了公募基金行业管理信用风险的能力，有助于维护资本市场稳定安全运行和保护投资者合法权益。

第三，融资融券交易规模在制度完善中日益扩大。融资融券业务2019年也在调低转融资费率和扩大两融标的范围的政策利好中实现了较快增长，为证券业带来利息收入的增长。

四 行业展望

展望未来一年，资本市场的改革将进一步深化，证券基金业必将在此过程中迎来发展机遇。

第一，市场规模与品类在多层次资本市场的完善中将不断扩大。2019年3月，中国证券监督管理委员会正式发布设立科创板并试点注册制的主要制度规则。科创板既是资本市场增量改革突破口，也为证券业和基金业发展带来了机制创新。科创板首次公开发行股票对证券基金业的发展促进作用明显：一是由证券公司、基金管理公司等七大专业机构投资者以询价的方式确定股票发行价格，并要求证券公司提供投资价值研究报告以提供询价估值锚点；二是保荐机构跟投规则方面的创新举措对证券公司的专业水平和资本实力提高了要求；三是科创板两融追保平仓机制的创新设计在控制业务风险的同时拓展了融资融券业务的标的范围。2019年10月新三板市场全面深化改革，将使市场发行、分层、转板和交易等机制都发生深刻变化，与科创板的改革遥相呼应。新三板近万家挂牌公司，随着流动性的改善，将转变为证券基金业新的深度市场。科创板和新三板市场必将在我国中小科创股权融资中发挥重要的"双引擎"作用。

第二，发行注册制即将全面推进实施将为证券基金业市场可持续发展提供内生动力源泉。2019年12月23日，全国人大宪法和法律委员会相关负

责人在关于《证券法（修订草案）》修改情况做汇报时表示，目前科创板注册制改革主要制度安排基本经受住了市场检验，在《证券法（修订草案）》中确立证券发行注册制已经有了实践基础，建议按照全面推行注册制的基本定位规定证券发行制度，不再规定核准制。注册制的全面实施将为资本市场的优胜劣汰创造基础条件，将使上市主体的数量与质量、市场交易效率、融资功能显著提升，将为证券基金业公司各业务和架构的优化、服务效率与质量的提高，以及行业的整合创造出巨大的制度红利。

第三，持续加快的资本市场开放步伐将为证券基金业发展提供外在动力。中国在2018年和2019年出台的一系列开放措施体现了其扩大资本市场开放的决心，2020年中国资本市场开放的步伐将继续加快。在2018年4月实施《外商投资证券公司管理办法》的基础上，证券公司、基金管理公司、期货公司、寿险公司等金融领域的外资股比例限制将在2020年提前一年取消。2020年，合格境外机构投资者（QFII）及人民币合格境外机构投资者（RQFII）的批准投资额度也会在上年大幅提升的基础上有序增长。公募基金业通过参与两融业务能够更有效地管理风险同时提高营业收入水平，私募基金业也将在扩大开放中受益于外资私募证券投资管理人和私募产品与服务的持续进入，从而使得证券基金业多元化、市场化和专业化水平不断提高。

参考文献

徐枫、姚云：《设立科创板并试点注册制正当其时》，《经济日报》2018年11月13日。

姚云：《推进资本市场高质量发展》，《经济日报》2019年11月。

左欣然：《百年高盛：我国券商从制度到业务的空间》，方正证券研究所证券研究报告，2019年6月18日。

武平平、张一纬：《资本市场深化改革红利释放，头部券商优势明显》，银河证券行业研究报告，2019年12月9日

程远：《资本市场改革带来券商成长逻辑》，信达证券行业简评，2019年12月16日。

B.5
2019年中国保险业发展分析及趋势展望

郭金龙　王桂虎[*]

摘　要： 2019年，我国保费收入继续保持快速增长的态势，人身险保
费增速较为稳健，保险服务实体经济能力进一步增强。中国
银保监会成立一年多，监管和行业整合效果明显、保险业大
幅放宽外资准入门槛、保险业多维度精准服务实体经济、健
康险业务持续高速增长、相互保险有望迎来高速发展、车险
增速逐渐式微及财产险公司转战非车险领域等受到广泛关注。
新时期中国保险市场的发展将具有如下特点：第一，我国保
险市场将继续保持快速发展态势；第二，监管层将继续把严
控风险放在重要位置；第三，区块链等金融科技对保险业的
发展将产生深远影响；第四，未来保险业服务实体经济的方
式将会更加多元化；第五，保险业和银行业的融合将持续深
化，也有可能带来交叉传染风险。

关键词： 保险业　防控风险　保险科技

一　2019年中国保险业的运行

（一）保费收入继续快速增长，人身险保费增速较为稳健

2019年，我国保费收入继续保持快速增长的态势。从数据上看，2018

---

* 郭金龙，中国社会科学院保险与经济发展研究中心主任，中国社会科学院金融研究所研究员，
教授、博士生导师；王桂虎，中国社会科学院金融研究所博士后。

年 10 ~ 12 月，中国保险业保费收入为 7355 亿元，同比增长 20.1%；2019
年 1 ~ 9 月，保费收入为 34520 亿元，同比增长 13%，远远高于上年 0.67%
的同比增速（见图 1）。2018 年底，中国已成为世界第二大保险市场，全年
总保费收入达到 38013 亿元，在亚洲排名第一位，但与美国的总保费收入相
比仍存在较大差距。中国已经成为全球最重要的新兴保险大国。2018 年中
国保险密度为 2724 元/人，同比增长 5%；保险深度为 4.22%，同比下降
0.35 个百分点（见表 1），主要原因是 2018 年保费收入增速只有 3.9%，明
显低于 GDP 增速。

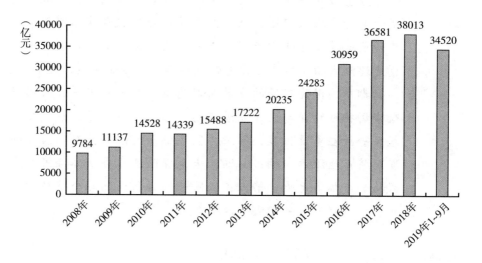

图 1 2008 年至 2019 年 9 月保费收入总量

资料来源：中国保监会网站。

表 1 2011 ~ 2018 年保费收入、保险密度和保险深度

项目	2011 年	2012 年	2013 年	2014 年	2015 年	2016 年	2017 年	2018 年
保费收入(亿元)	14339	15488	17222	20235	24283	30959	36581	38013
保险密度(元/人)	1064	1144	1266	1479	1766	2241	2594	2724
保险深度(%)	2.96	2.90	2.93	3.18	3.59	4.16	4.57	4.22

　　从行业分类看，财产险保费收入增长速度较快。2018 年 10 ~ 12 月，财
产险保费收入为 3664 亿元，同比增长 40.7%；2019 年 1 ~ 9 月，财产险保

费收入为8658亿元，同比增长8.18%。在财产险业务中，2018年10～12月，"交强险"保费收入为752亿元，同比增长40.1%；2019年1～9月，"交强险"保费收入为1575亿元，同比增长8.2%，低于2018年9.28%的同比增速。2018年10～12月，农业险保费收入110.3亿元，同比增长69.7%；2019年1～9月，农业险保费收入为590亿元，同比增长20.3%（见图2）。2018年，中国非寿险保费收入排名世界第2位，与2017年持平。

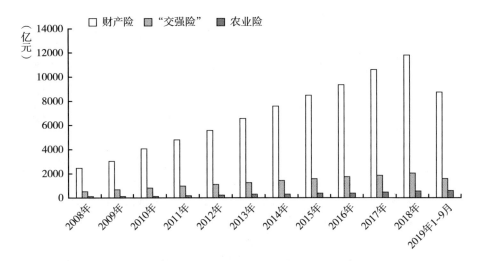

图2　2008年至2019年9月财产险、"交强险"和农业险的保费收入

资料来源：中国保监会网站。

从数据上看，人身险保费总量在不断增加，增速也出现了明显上升。2018年10～12月，人身险保费收入为4588亿元，同比增长30.4%；2019年1～9月，人身险保费收入为25862亿元，同比增长14.13%，比2018年的同比增速显著上升。人身险业务中，2018年10～12月，寿险保费收入为3232亿元，同比增长8.7%；2019年1～9月，寿险保费收入为18941亿元，同比增长28%，寿险保费收入的持续较快增长主要是因为产品费率政策改革提升了产品的吸引力以及健康险业务持续高速增长。2018年10～12月，健康险保费收入为1111亿元，同比增长37.8%；2019年1～9月，健康险保费收入为5677.45亿元，同比增长30.9%，远高于2018年21%的同比增速。

2018 年 10 ~ 12 月，意外伤害险保费收入为 245 亿元，同比增长 23.5%；2019 年 1 ~ 9 月，意外伤害险保费收入为 930 亿元，同比增长 12%（见图 3）。2018 年，中国寿险保费收入排名世界第 2 位，比 2017 年高 1 个位次。

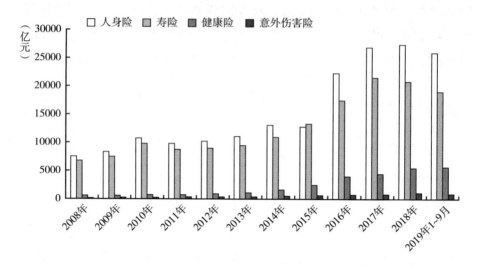

图 3　2008 年至 2019 年 9 月人身险、寿险、健康险和意外伤害险的保费收入

资料来源：中国保监会网站。

图 4 显示了 2008 年至 2019 年 9 月人身险公司和财产险公司的健康险保费收入情况。过去十年来，无论是人身险公司中的健康险业务还是财产险公司中的健康险业务，均出现了增长。截至 2019 年 6 月，我国健康险的保费收入超过车险的保费收入，健康险开始成为第二大险种。

但实际自 2016 年起，健康险就成为众多保险产品中增速最快、最受关注的险种之一。健康险保费收入快速增长的原因包括：首先是人口老龄化和长寿风险。根据数据统计，预计到 2040 年，我国将会有 3 亿以上的 65 岁以上的老年人，民众为了防范长寿风险将进行未雨绸缪。其次是我国政策的支持。由于近年来相关部门出台了一系列有利于健康险发展的支持政策，并且对一些为员工提供健康险的企业实施税收减免的优惠政策，这在一定程度上促进了健康险的快速发展。再次是我国居民财富水平的提升和保险意识的加强。例如，民众在享受高端医疗服务时往往也会购买健康险产品。

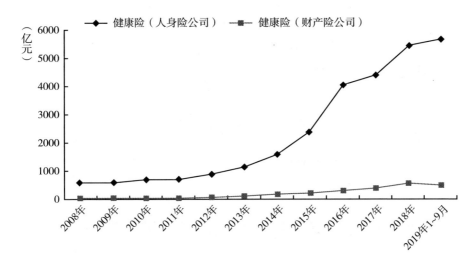

图4　2008 年至 2019 年 9 月人身险公司和财产险公司健康险的保费收入

资料来源：中国保监会网站。

（二）财产险行业继续两极分化，非车险业务成为新增长点

在保费收入继续快速增长的同时，我国财产险和寿险行业都出现了两极分化的状况。

从利润上看，根据 2019 年前三季度的财务报告，人保财险公司前三季度的利润高居行业首位，平安财险和太保财险分别位居第二名和第三名，而且它们的利润增速要远高于财产险行业的平均水平。从市场份额看，以上"老三家"（人保财险公司、平安财险公司、太保财险公司）的市场份额均比 2018 年有所提升，分别为 36%、20% 和 11% 左右。与之形成鲜明对比的是，实力较弱的中小财产险公司的市场份额则呈现出了持续下滑的迹象。这表明财产险行业继续两极分化，市场集中度也有所提升。

从整个财产险行业的业务看，尽管机动车辆保险的保费收入仍然占整体财产险保费收入的比重最大，但是 2018 年 6 月以来，我国新车销量的增速较为低迷，导致机动车辆保险的保费收入增速也呈现了大幅下滑的态势。此外，受到商业车险费改的影响，很多保险公司的车险业务深陷价格战的泥

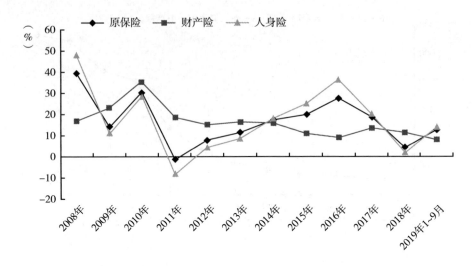

图5　2008 年至 2019 年 9 月原保险、财产险、人身险保费收入同比增长

资料来源：中国保监会网站。

潭，这也对该业务的利润形成了负面冲击。在此背景下，一些保险公司将资金和精力转向农业险、保证险、责任保险等非车险业务，导致这些非车险业务的保费收入在 2019 年出现了大幅增长，并且已经成为财产险行业的新增长点。

（三）寿险行业两极分化态势愈发严重

从利润上看，根据 2019 年前三季度的财务报告，位居前五名的头部寿险公司和一些实力较弱的中小寿险公司的利润差距被进一步拉大。从数据上看，中国人寿、平安人寿、太保人寿、新华人寿和泰康人寿等五家公司的利润有所增加，而 30 多家中小寿险公司则仍然处于亏损状态。以上现象表明，近年来我国寿险行业两极分化态势愈发严重，整体行业向头部公司集中的效应也愈发明显。

出现以上现象的主要原因包括：自 2017 年开始实施的"金融去杠杆"政策对中小寿险公司的冲击效应较为明显，因为这些寿险公司抵御风险的能力较弱，而且它们为了快速发展，更加倾向于开展万能险业务，而这恰好成为本次"金融去杠杆"的重点对象；寿险行业的快速发展，需要企业进行精细化管理，这对企业管理人员专业水平和管理能力都提出了更高的要求，而多数中小寿险公司在这方面存在着致命的缺陷；头部寿险公司往往拥有十分专业的债券投资团队，这些投资团队有可能在低利率水平背景下取得较为理想的投资业绩。

（四）保险业投资风格偏向稳健，债券配置受到青睐

根据中国银保监会统计，截至 2018 年底，我国保险业总资产为 18.33 万亿元，同比增长 8.2%；截至 2019 年 9 月末，我国保险业总资产为 19.96 万亿元，比上年同期增长 11.7%；保险业净资产为 23772 亿元，比上年同期增长 19.6%。2019 年前三季度，保险公司资金运用收益共计 6596.9 亿元，资金运用平均收益率为 3.72%，年化收益率为 4.96%（见图 6）。表 2 体现了我国 2015 年至 2019 年 9 月保险公司资金运用结构，可以看到，近年来保险公司在银行存款上的配置比重出现了较大幅度下降，在股票和证券投资基金上的配置比重也有所下降，其他投资（包含股权投资、不动产投资、基础设施投资等）的配置比重出现了较大的提升。

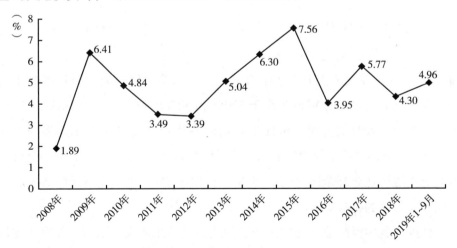

图6 2008 年至 2019 年 9 月我国保险公司资金运用年化收益率

资料来源：中国保监会网站。

表2 2015年至2019年9月保险公司资金运用结构

单位：%

项目	2015 年	2016 年	2017 年	2018 年	2019 年 9 月
银行存款	22	18	12.13	14.39	14
债券	34	33	36.60	34.8	34.73
股票和证券投资基金	15	14	12.86	12.98	12.59
其他投资	29	35	38.41	37.82	38.68

资料来源：中国保监会网站。

值得注意的是，自2019年下半年开始，一些头部保险公司加大了对债券的配置，投资风格也偏向于稳健。根据数据统计，2019年上半年保险公司平均投资回报率为2.78%，而第三季度的平均投资回报率为0.94%，比上半年有所下降。第三季度保险公司平均投资回报率下降的原因主要包括：股票市场的波动幅度较小，权益类投资的机会也偏少；出于资金安全和避险等要求，一些头部保险公司对资金运用结构进行了调整，并且增加了对债券的投资。

（五）保险业服务实体经济的能力进一步增强

截至2019年6月底，179家保险公司平均综合偿付能力充足率为247%，比上季度末上升1.7个百分点；平均核心偿付能力充足率为234.8%，比上季度末上升1.4个百分点。平均综合偿付能力充足率和平均核心偿付能力充足率分别显著高于100%和50%的偿付能力达标线。其中，财产险公司、人身险公司、再保险公司的平均综合偿付能力充足率分别为278.8%、240.1%和309.9%。综合来看，保险业的运行总体平稳，偿付能力充足率维持在合理范围之内，整体业务风险可控，但是仍然面临着一些外在风险所带来的挑战。

此外，我国保险业服务实体经济的能力进一步增强。当前，保险业支持社会和经济发展、服务实体经济主要表现在保障服务民生和国家重大战略实施、提供金融服务、优化金融资源配置、完善金融供给和服务等方面。截至

2019年9月底，保险业提供的风险保障金达到了5445万亿元，较2018年底增长了8.4%。此外，2019年保险业在家庭养老和健康服务等方面都加大了支持力度，其服务实体经济的能力和效率得到了有效提升。

（六）保险板块在沪深股市中表现出色

目前沪深股市中共由7家保险公司的股票构成了保险板块：中国人寿、中国平安、中国人保、中国太保、新华保险、控股国华人寿的天茂股份和控股天安财险的西水股份。2019年9月末，保险板块的境内总市值为23612亿元，较上年同期上升21%。保险板块市值明显上涨的主要原因是，人身保险的业绩出现了大幅提升，其净利润几乎超过了财产险的5倍，而且上市保险公司取得了一定的投资收益，从而拉动了保险板块的估值上升。

2019年9月末，保险板块的杠杆率（总资产/净资产）为9.66，略高于上年同期的8.98，保险板块的杠杆率较沪深A股（非金融）公司的杠杆率高6.23。2019年9月末，保险板块市盈率为20.38倍，较上年同期高5.18倍，此变动主要受到上市保险公司估值上升影响；2019年9月末，沪深股市整体的市盈率为14.36倍，而在上年末为13.25倍。2019年9月末，保险板块市净率为2.43，比上年大幅提高；沪深股市整体的市净率为1.55，与上年同期相比有所提高。

二　中国保险业的重大政策及热点问题分析

（一）中国银保监会成立一年多，监管和行业整合效果明显

根据党的十九大精神和国务院机构改革方案，中国银保监会于2018年4月正式成立。自1949年起，我国保险业先后经受央行、财政部、保监会等部门的监管，于2018年4月起开始受中国银保监会监管。

自2018年4月起，中国银保监会陆续发布了一些关于保险业监管的文件。从这些文件的内容和侧重方向看，新形势下保险业监管具有如下的

特点。

首先，与 2018 年 4 月以前相比，目前的监管更加具有穿透性和交叉性的特点。在实践中，保险公司往往和商业银行、融资担保、民间借贷、非金融企业等机构有业务往来，因而在金融风险爆发时，风险交叉传染将不可避免地出现。中国银保监会对以上领域进行了重点监管，其监管效果更加具有穿透性和交叉性，对混业经营的灰色地带的监管实现了有效覆盖。

其次，监管层更加注重引导保险产品回归服务实体经济的本源。中国银保监会重点对违规设计、产品异化和危害消费者权益的保险产品进行了清理，并且发布了关于保险产品精算和费率方面的负面清单。从以上政策文件和实施效果看，中国银保监会更加注重引导保险产品回归服务实体经济的本源，力争让保险业能够更加有效保障民众的美好生活。

再次，提升保险公司经营的透明度，加强信息披露监管，并且提升民众对保险产品的甄别和选择能力。例如，在互联网保险的信息披露方面，中国银保监会提出了更高的要求，并且为民众提供了购买互联网保险产品的建议，在一定程度上也提升了监管的效率。

在以上监管文件的指引下，保险业的一些市场乱象得到了有效整治，监管制度上的一些漏洞得到了有效堵塞，保险业和银行业的交叉金融风险也得到了一定的隔离和化解。因此，中国银保监会对保险业的监管和整合效果非常明显，有助于推动保险业的高质量发展。

（二）大幅放宽外资准入门槛，服务"一带一路"建设成效显著

党的十九大报告提出，"推动形成全面开放新格局"，"大幅度放宽市场准入，扩大服务业对外开放，保护外商投资合法权益"。党的十九大报告中，对于全面开放新格局的表述，内涵十分丰富。2017 年 11 月财政部副部长朱光耀表示，"3 年后将单个或多个外国投资者投资设立经营人身保险业务的保险公司的投资比例放宽至 51%，5 年后投资比例不受限制"。

2019 年 10 月，国务院发布了《外资保险公司条例》，该条例不但增加了外资保险公司在我国设立公司和外资保险公司可以接受外资金融机构投资

入股等内容，还降低了外资保险公司在我国设立公司的门槛，如取消了它们必须在我国设立代表机构的时间达到 2 年以上、经营保险业务 30 年以上的要求。以上规定不但可以进一步激发保险市场活力，而且可以增加保险公司的股东类型，也能够为继续推动保险业对外开放提供法律支持和保障。与此同时，外资保险公司的介入，可以促使我国保险市场形成"鲶鱼效应"，有效提升保险业的竞争水平。在实践方面，法国安盛、英国韦莱、安联保险集团和恒安标准人寿等外资保险公司纷纷获批在我国设立公司，并且有些外资保险公司积极补充资本金，这不但显示了它们对我国保险市场前景的看好，也展示了它们对我国保险业对外开放政策的信心。

自 2013 年党中央提出"一带一路"倡议以来，我国保险业就充分发挥其风险保障的功能，为一些企业"走出去"保驾护航。在"一带一路"倡议下，海外投资保险、海外租赁保险、境外车险、境外旅游意外险等保险产品的需求出现了大幅增加，国内的保险公司也积极承保。例如，中国信保、中国太保等公司积极对"一带一路"沿线国家或地区项目进行承保，其中中国信保的项目高达 369 个，中国太保也为印度尼西亚、新加坡等"一带一路"沿线国家提供了意外险、运输险等大量的保险产品。通过完善服务体系、提高服务水平，我国保险业将会为"一带一路"沿线国家或地区提供更加高质量的服务，从而进一步推动"一带一路"建设。

（三）保险业多维度精准服务实体经济取得显著成效

保险业作为我国经济社会的稳定器和助推器，对于精准服务实体经济能够发挥非常重要的作用。2019 年前三季度，保险业的赔付支出金额达到9411 亿元，同比增长了 3.11%，一定程度上在巨灾风险、农业风险等方面发挥了风险管理作用。

通过测算发现，目前我国保险业纯技术效率要低于规模效率，表明保险业在科技创新和管理水平等方面仍存在一定的提升空间。从世界范围看，新兴市场国家（包括中国在内），数字化和新技术可以提高保险业的可负担性、创造新的市场，并且有产生巨大的经济和社会效益的潜力。与此同时，

保险公司投资组合规模应该保持在合理的区间内。保险公司投资组合的规模与服务实体经济的效率之间并非线性关系，而是呈现为倒"U"形关系。因此，将保险公司投资组合规模保持在合理的区间内，既可以对"一带一路"建设和重大工程建设起到支持作用，又可以防止其规模过大导致金融市场出现扭曲。

此外，我国仍然需要通过多种渠道提升保险服务实体经济的质量。目前，由于我国保险业在为实体经济提供保障功能方面还存在较大缺口，因此应当在支持精准扶贫、发展普惠保险、提高农业保险保障水平、发展绿色保险、提升民生保障水平等诸多方面继续有所作为，并且加快保险产品创新，更好地适应和满足实体经济与民众日益多样化的保险需求。保险业通过以上多种渠道来服务实体经济，可以有效提高我国的保险渗透率、弥补实体经济功能保障方面的缺口，充分发挥保险业作为经济发展助推器和社会发展减震器的作用，进而推动我国经济实现高质量发展。

（四）相互保险有望迎来高速发展

在日本、欧洲等发达国家和地区，相互保险已经拥有很多年的发展历史，它是保险市场中的主要产品形式之一。

与其他保险产品相比较，相互保险具有以下特点：其一，相互保险产品的风险控制能力较强。由于相互保险产品的设计比较独特，它在组织架构上并没有外部股东，而是由所有投保人一起持有该产品，这些投保人和保险公司的利益是一致的，可以在很大程度上避免保险公司经营不善或者欺诈等行为引发的道德风险。其二，相互保险产品的经营成本较低。在人口老龄化、长寿风险凸显的背景下，人们对于相互保险产品的需求很高，因此相互保险产品的展业成本较低，而且对于核灾定损的准确度也较高，可以在很大程度上降低经营成本。其三，相互保险产品的费率较低。由于相互保险产品的需求较为旺盛、经营成本较低，因此它的费率也较低。此外，从国际视角看，一些相互保险公司的投资回报率、保费增长率都较高，这在一定程度上进一步降低了它们的经营成本。其四，相互保险产品的经营更加灵活。由于相互保险产品主要是为被保险人提供风险保障功能，它们并非以利润最大化为目标，投保人在购买保险产品之后变为会员，而且该产品没有股东盈利的压力，经营更加灵活。

伴随着互联网科技的推广，我国的相互保险产品也迎来了快速发展。从2016年起，信美人寿、众惠财产和汇友建工财产等相互保险机构纷纷发行了相互保险产品，其中信美人寿还使用区块链和机器人技术来推动相互保险业务发展。随着我国人口老龄化的加剧和长寿风险的逐步显现，未来相互保险行业有望迎来高速发展。

（五）车险增速逐渐式微，财产险公司转战非车险市场

2017年4月之后，中国保监会陆续出台了《中国保监会关于进一步加强保险监管维护保险业稳定健康发展的通知》（保监发〔2017〕34号）、《中国保监会关于进一步加强保险业风险防控工作的通知》（保监发〔2017〕35号）、《中国保监会关于强化保险监管打击违法违规行为整治市场乱象的通知》（保监发〔2017〕40号）、《中国保监会关于保险业支持实体经济发展的指导意见》（保监发〔2017〕42号）、《中国保监会关于弥补监管短板构建严密有效保险监管体系的通知》（保监发〔2017〕44号）等一系列文件（以下简称"'1+4'系列文件"），明确了当前和今后一个时期强监管、治乱象、补短板、防风险、服务实体经济的任务和要求。"1+4"系列文件的出台，主要任务是强化监管力度，持续整治市场乱象、补齐监管短板，切实堵塞监管制度漏洞、坚持底线思维，严密防控风险、创新体制机制，提升保险服务实体经济的能力和水平。在"1+4"系列文件的监管下，互联网车险的整体收入出现了大幅下降，一些没有保险中介牌照的第三方互联网车险平台逐渐倒闭；在传统的车险渠道方面，一些大型财产险公司如人保财险、平安财险、太平洋财险等公司相继被管理层点名批评，它们的一些省级分公司的车险业务也相应地被要求进行停业整顿。

2015年6月我国开展了商业车险费改试点，车险消费者受益明显。2018年7月，中国银保监会发布了《关于商业车险费率监管有关要求的通

知》，对车险的费率进行规范，要求各家财产险公司规范车险手续费的取值范围与使用规则。2019 年初，中国银保监会又发布了《关于建立机动车保险条款、费率违法违规举报制度的通知》，对举报车险手续费违规行为的人员进行积极鼓励，并且建立了举报的专门通道。

伴随着监管力度的加大、车险价格和手续费的下降，以及新车销量增速的下滑，车险的增速逐渐呈现出式微的态势。从历史数据上看，自 1998 年起，车险就一直是我国财产险中保费规模最大的品种，该业务的发展主要与我国经济增长和新车销量的增加有较为密切的关系。在车险增速逐渐式微的背景下，2019 年健康险、意外险等人身险产品的保费收入却出现了大幅增长，截至 2019 年前三季度，寿险公司的净利润为财产险公司净利润的 5 倍以上。在财产险方面，一些保险公司将资金和资源转向农业险、保证险、责任保险等非车险业务，使得这些非车险业务的保费收入在 2019 年出现了大幅增长。从目前各家财产险公司的发展状况看，各家公司继续将非车险业务作为未来发展的重点方向，保证险、责任保险等非车险业务有望迎来爆发式增长。

三 中国保险业发展趋势展望

党的十九大报告确立了我国未来发展的阶段性目标：从 2020 年到 2035 年基本实现社会主义现代化，从 2035 年到 21 世纪中叶把我国建成富强民主文明和谐美丽的社会主义现代化强国，这一宏伟目标将为我国保险业发展提供强大支撑。未来一定时期内，保险业将继续保持快速发展的态势，中国保险业仍将长期处于黄金发展期。

根据国际货币基金组织（IMF）的预测，2020~2027 年全球保险市场将迎来全球金融危机后快速发展的"黄金时代"，全球保费增长率年均可以达到 5.9%，其中寿险保费增长率年均可以达到 6.5%，而财险保费增长率年均为 4.9%。据预测，到 2027 年，全球的保险渗透率（保费总额/GDP）有望提升至 5.8%，比 2019 年要高 0.2 个百分点。分地区来看，未来十年一些新兴市场国家的保费增速可能放缓，但是仍将高于发达国家。尤其是中国的表现将会非常抢眼，据预测，2020～2027年中国的寿险保费年均增长率可以达到15.7%，财险保费年均增长率可以达到9.9%。

2020年是中国"十三五"规划的最后一年，亦是实现保险强国建设目标的关键一年，我们对未来中国保险市场的发展趋势有如下的判断与思考。

第一，我国保险市场将继续保持快速发展的态势。

根据国际货币基金组织（IMF）的预测，2020～2027年中国保险市场的保费增长率将达到平均每年13.5%左右，在全球居领先地位，而且大约有1/3的全球新增保费来自中国保险市场。十年以后，中国保险市场的规模将远远超过整个欧洲保险市场。伴随着我国经济的平稳较快增长、居民的收入不断增加，以及人口老龄化的趋势逐渐明显，人们对于保险保障和风险管理的需求日益增加。从政策角度看，国家把保险行业定位为社会发展的稳定器和压舱石，也在大力支持保险业的发展。

第二，监管层将继续把严控风险放在重要位置。

就整个保险业而言，在"监管姓监""保险姓保"的监管环境下，严控风险将成为未来保险行业监管政策的主要方向。

2018年初，中国银保监会发布了《保险资产负债管理监管办法》和《保险资产负债管理监管规则（1～5号）》，并强调，它们是继《中国第二代偿付能力监管制度体系建设规划》之后我国保险业的新的重要监管工具，这反映出了管理层对我国保险业资产负债流动性错配情况的高度重视。实证检验发现，保险业资产负债流动性错配指数增加会促进系统性金融风险的增加，而近年来我国保险业资产负债流动性错配指数呈现居高不下的态势，因此需要继续严控可能引发的系统性金融风险，这样有利于保险业回归本源，更好地服务于实体经济的发展。在微观经营主体方面，其真实的经营状况和资产负债流动性错配的真实情况有待进一步核查。应当对保险业资产负债流动性错配的状况密切关注，加强宏观审慎监管，以避免由于单纯微观审慎监管滞后于金融机构的发展而有可能导致系统性金融风险放大的缺陷，也可以从跨行业和跨时间两个维度同时对资产负债流动性错配引发的系统性金融风

险进行全面监管。

当然，除了保险业资产负债流动性错配之外，我国保险业还存在着其他风险，以及虚假出资、公司治理乱象和产品不当创新等七大乱象。在"监管姓监""保险姓保"的监管环境下，监管层将继续把严控风险放在重要位置。

第三，区块链等金融科技对保险业的发展将产生深远影响。

保险业是我国宏观经济中的重要行业之一，金融科技在保险业的应用主要可以划分为电子化和信息化、互联网保险、保险科技三个阶段。在最后一个阶段中，数据作为非常有价值的资源，已经成为保险市场资源配置中不可或缺的要素，它在保险产品设计和研发中将会起到越来越重要的作用。

具体而言，区块链、人工智能、虚拟现实等技术从不同层面改善并提高了保险业使用数据的现实性，也有利于推动该行业的数字化转型。

以区块链为例，该技术的重要特点之一就是通过改变数据的使用、存储等方式来提升数据价值。在区块链与生物识别等技术结合之后，人们利用它在金融风险的识别和确认方面展开了积极尝试和探索，并且将会在保险产品定价和风险识别方面充分发挥其作用。

总体而言，区块链等金融科技将会在战略规划、数字经济、技术研发和组织建设等方面对保险业的未来发展产生重要影响，同时有利于该行业的服务效率提升和可持续发展。

第四，未来保险业服务实体经济的方式将会更加多样化。

从宏观视角看，保险业和实体经济发展是相辅相成的，二者之间存在"共生互荣"的关系。保险业的发展以强大的实体经济做后盾，而实体经济的发展也依靠保险业提供风险保障。在经济"新常态"的背景下，保险业可以在风险管理、经济补偿等方面对实体经济发挥作用，从一定程度上促进我国经济长期健康发展。

具体而言，保险产品可以从企业财产险拓展至包含人身安全险、法律险等在内的综合保险，这些产品能够满足不同客户的差异化风险保障需求；服务范围可以包含大中型企业、小微企业，也可以覆盖发达城市、欠发达城市和农村地区。

第五，保险业和银行业的融合将继续深化，也可能带来交叉传染风险。

近年来，伴随着我国银保监会的成立，以及一些关于保险业监管和行业整合的文件陆续发布，保险业和银行业的融合度呈现出越来越高的趋势，而且在服务实体经济时，金融风险的传导方式也发生了深刻变化。尤其是不同金融工具和影子银行业务的融合发展，将会导致交叉传染风险的出现，并且在一定程度上会增加金融市场的脆弱性。

总体而言，由于保险业和银行业在产品形态等方面存在诸多相似之处，因此二者的融合将会有利于它们的共同发展和监管效率的提高，但是金融风险也会呈现出风险隐性化、风险由表内向表外转移、风险跨市场多点扩散等特征。因此，为了防范以上金融风险，管理层应当加强对保险业和银行业交叉性业务的监管，敦促金融机构完善交叉性业务的统计制度，并加强交叉性业务的信息披露工作。

参考文献

[1] Avdjiev, Bogdanova and Kartasheva, "CoCo Issuance and Bank Fragility," NBER Working Paper , 2017（2）, No. 23999.

[2] Braun, A. , M. Fischer, H. Schmeiser, "Saving for Retirement in A Low Interest Rate Environment: Are Life Insurance Products Good Investments," University of St. Gallen, St. Gallen, 2017, （3）: 12 – 15.

[3] Foley-FisherNarajabad, Verani, "Self-fulfilling runs: Evidence from the US Life Insurance Industry ," SSRN Working Paper , 2020（1）.

[4] Hansen, B. E. , "Threshold effects in Non-dynamic Panels: Estimation, Testing, and Inference," *Journal of econometrics*, 1999（2）: 345 – 368.

[5] Koijen, Yogo, "Risk of Life Insurers: Recent Trends and Transmission Mechanisms," NBER Working Paper , 2017（3）, No. 23365.

[6] Kümmerle, Rudolf, "Portfolio Optimization with Illiquid Life Insurance Investments," SSRN Working Paper, 2016（3）: No. 2501334.

[7] Merton, "A Dynamic General Equilibrium Model of the Asset Market and Its

Application to the Pricing of the Capital Structure of the Firm," Sloan School of Management Working Paper, 1970 (12), No. 49770.

［8］ Stiroh, K. J., A. Rumble, "The Dark Side of Diversification: The Case of US Financial Holding Companies," *Journal of banking & finance*, 2006, (8): 2131 – 2161.

［9］ Sueyoul, Young-Joo, "Estimation of Dynamic Panel Threshold Model Using Stata," *The Stata Journal*, 2019 (3): 685 – 697.

［10］ 胡利琴、陈思齐:《利率市场化改革背景下影子银行发展及其风险效应——基于商业银行风险承担的分析视角》,《中央财经大学学报》2020 年第 1 期。

［11］ 张行、常崇江:《农户收入差距对城乡居民医疗保险制度信任的影响》,《统计与决策》2019 年第 24 期。

［12］ 修永春:《区块链技术推动保险创新的路径研究》,《人民论坛》2019 年第 36 期。

［13］ 徐光、赵茜、王宇光:《定向支持政策能缓解民营企业的融资约束吗? ——基于民营企业债务融资支持工具政策的研究》,《金融研究》2019 年第 12 期。

［14］ 陈秉正、吴绍洪、梁荣:《保险在应对气候变化风险中的作用研究》,《环境保护》2019 年第 24 期。

［15］ 苏健:《德国长期护理保险制度:演化历程、总体成效及其启示》,《南京社会科学》2019 年第 12 期。

［16］ 崔海霞、向华、宗义湘:《潜在环境影响视角的美国、欧盟农业支持政策演进分析——基于 OECD 农业政策评估系统》,《农业经济问题》2019 年第 12 期。

［17］ 马超、俞沁雯、宋泽、陈昊:《长期护理保险、医疗费用控制与价值医疗》,《中国工业经济》2019 年第 12 期。

［18］ 于新亮、上官熠文、于文广、李倩:《养老保险缴费率、资本——技能互补与企业全要素生产率》,《中国工业经济》2019 年第 12 期。

［19］ 王桂虎、郭金龙:《保险服务实体经济的效率测算及其影响因素研究——基于欧洲国家的经验》,《保险研究》2019 年第 8 期。

［20］ 王桂虎、郭金龙:《保险业资产负债流动性错配与系统性金融风险研究——基于 OECD 国家的经验》,《保险研究》2018 年第 9 期。

B.6
2019年中国信托业发展
分析及2020年展望

袁增霆 *

摘　要：　中国信托业的经营周期已经进入持续近两年的下行阶段。根据2019年第三季度数据，信托行业受托资产管理规模经历了连续7个季度的下跌，同时风险资产规模加速上升。与两年前相比，当前信托业经营与监管环境已经发生根本性变化，周期性调整格局变得明朗。一些短期机遇与长期挑战的交织加剧了行业经营状况的波动。例如，2019年第一季度股票市场的反弹大幅改善了信托公司证券类信托业务和固有业务的表现。同时，房地产类信托业务与银信合作类业务都呈现爆发式增长。在随后的两个季度，这些有利因素的影响开始减弱，风险资产规模开始加速增长。这表明行业风险因素已经开始显性化，未来的"硬着陆"风险值得警惕和防范。

关键词：　信托　房地产　银信合作

2019年的信托行业经营状况证实了我们在2018年报告中的判断：信托业周期拐点和衰退阶段的信号已经显现。信托资产规模已经连续7个季度收缩（见图1）。截至2019年第三季度，信托资产规模降至22.0万亿元，相

---

* 袁增霆，经济学博士，中国社会科学院金融研究所金融实验室副研究员，主要研究方向为资产组合管理、新型金融工具与交易。

比 2017 年底的峰值 26.9 万亿元下跌了 18%。同时，风险资产规模上升至 4611 亿元，相比 7 个季度之前增长了 2.5 倍。持续的总量收缩和风险上升表明衰退周期已经到来。迄今为止，经济与金融形势仍然不容乐观。这意味着下行阶段可能还将持续下去。

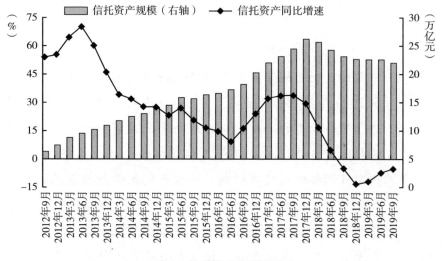

图 1　信托资产规模动态

资料来源：中国信托业协会。

回顾过去两年间信托业经营与监管环境的变化，我们已经可以清晰地观察到周期阶段切换的主要驱动因素与表现特征。最初触发信托业调整的诱因是严监管政策。新的监管政策环境形成以 2018 年上半年"资管新规"的落地为标志，以降杠杆、去通道和强监管为主要风格特征。强监管特征又主要表现为约束性规则的密切推出以及严格的现场检查和频繁的窗口指导。随后，严监管政策有所缓和，在 2019 年主要体现在对房地产融资的管控上。可以说，当前监管政策引致的紧缩效应已经得到充分释放。事后分析表明，信托业监管由松向严的风格转变也是宏观层面上经济金融形势的变化使然。近年来，宏观经济结构调整与泛资产管理行业转入衰退周期对信托业经营的影响变得越来越突出和重要。这类市场化因素将在未来发挥主要作用。

一　信托业经营概况

1. 信托业经营周期的衰退阶段

在中国经济增长与货币供应持续减速的大背景下，信托业经营规模的收缩是必然发生的。如图2所示，正是由于信托业在2016年以前相对银行业的超高速增长，才使其后来的调整幅度相对更大。从长期来看，以2013年中期"钱荒"事件为起点，银行业和信托业面对的融资需求开始呈现长期下降趋势。这个起点和长期趋势对于信托业而言影响更为明显。信托业受托资产管理规模与总资产管理规模的季度累计同比增速，从2013年下半年开始呈现出急剧的下行趋势。在图2中，信托业与银行业总资产规模增速之间的比较特征可以用统计语言——"协整关系"来表达。这种统计关系适用于刻画这两个指标之间的共生关系。它们长期一起构成某个线性趋势，短期内又会出现彼此负相关。换用金融专业的语言来表达，就是说在社会融资需求下滑的大方向上，银行融资与信托融资之间具有互补性。

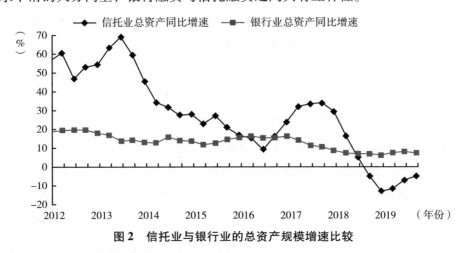

图2　信托业与银行业的总资产规模增速比较

资料来源：中国银保监会、中国信托业协会。

目前看来，将信托业经营周期衰退阶段的起点界定为2018年是较为妥当的。根据信托业协会按照季度频率公布的行业统计数据，这个起点可以更加

明确地指向 2018 年第一季度。这里容易引起争议的是：再前移一个季度似乎也是合适的，因为信托业总资产、受托资产规模同比增速指标的周期性拐点发生在 2017 年第四季度。在总量规模持续增长的轨道上，这是一种习惯上的判别倾向。但是，我们应当注意到，信托业资产的总量规模恰在 2018 年第一季度才出现了收缩，并从此至今（2019 年第三季度）连跌 7 个季度。因此，信托业资产总量规模的季度环比增速指标的周期性含义更为突出。而且，总量收缩的持续期也已经充分表明衰退阶段已经形成，并非一次短期的扰动。

此外，总量规模的同比增速指标对于分析信托业增长速度层面上的短周期仍然具有重要参考价值。例如，从 2016 年第三季度到 2018 年第四季度，就是一轮完整的增速短周期。这个短周期的前半时段为加速增长，后半时段为减速增长。它形成的重要推动因素是加杠杆以及金融同业通道业务的转移，动机源自不同金融行业之间监管不协调导致的监管套利。当然，2016 年至 2017 年上半年宏观经济增长动能的复苏也是重要的背景环境。大约从 2017 年四季度起，"资管新规"征求意见稿发布，金融行业之间的监管协调以及针对信托业的降杠杆、去通道已经箭在弦上。负面影响从 2018 年第一季度开始集中显现。自此之后的 7 个季度，监管政策和宏观经济环境或有所缓解，但是信托业务压降或紧缩的大势不改。

在衰退和下行阶段，信托业经营规模与效益下降，风险资产规模上升。前文已经简要介绍了信托业务规模与风险资产的变化特征。这里将重点关注信托行业的经营效益指标，同样主要采用与银行业对比的方式。首先，行业季度统计中的信托业务收入与利润指标 2018 年下半年相比上一年同期出现了大幅下滑，但此后出现了企稳回升的好势头。这体现在资产利润率和资本利润率的短期回调上，它们与同期银行业利润率指标持续下滑的状况形成鲜明对比（见表 1）。其次，在过去连续三个年度的第三季度，信托报酬率与银行业净息差都呈现同步的上升态势。这反映出银行业和信托业两个金融行业的传统盈利方式表现突出，并且银行业和信托业也在某种程度上提升了对这些传统融资方式的需求。换言之，伴随金融行业集中度的提高，传统金融业务的定价能力也得到了提高。值得注意的是，从 2018 年下半年开始，基于行业统计估算的信托报酬率才扭转过去的跌势，转为升势。但是，此方面盈利因素在营业收入中的占比，如信托业务收入占比和银行业的利息收入占比，并没有表现出同步的升势。这可能可归因于两个金融行业收入结构的复杂多变，后文将对信托业的此问题再作探讨。

表1　银行业与信托业的盈利指标比较

单位：%

指标	银行业			信托业		
	2017年第三季度	2018年第三季度	2019年第三季度	2017年第三季度	2018年第三季度	2019年第三季度
资产利润率	1.02	1.00	0.97	0.29	0.28	0.33
资本利润率	13.94	13.15	12.28	14.78	12.03	12.18
净息差/信托报酬率	2.07	2.15	2.19	0.29	0.31	0.33
利息收入占比/信托业务收入占比	76.37	77.06	76.74	70.06	71.01	69.30

注：①净息差和利息收入占比是银行业指标，信托报酬率和信托业务收入占比是信托业的指标；部分信托业指标的估算公式如下：资产利润率＝净利润/总资产，资本利润率＝净利润/所有者权益，信托报酬率＝信托业务收入/信托资产，信托业务收入占比＝信托业务收入/营业收入；最后对第三季度累计数据进行年化处理，将上述指标都乘以"4/3"。

②信托业指标根据行业数据估算。

资料来源：中国银保监会、中国信托业协会。

2. 行业内部分化格局愈发明显

近年来，信托业的集中度呈现上升趋势。集中度上升也是国内众多行业经济的一个普遍特征。这种现象在某种程度上表明市场接近成熟，当然在更大程度上指示市场成长性趋弱。此时，一些企业凭借资源禀赋优势相比以往更容易在市场竞争中胜出，并最终表现出规模优势。在资产管理业务领域，存量博弈是当下人们对这种市场竞争格局更为流行的一种表述。对于信托业的内部分化，通常是借助一些经营指标的市场集中度来衡量。但是，分化背后的禀赋优势或存量博弈格局可能是复杂多变的，还需要针对一些具体情形进行专门分析。

信托业的内部分化情况可以通过对68家信托公司年报数据的分析获得概览。这里采用2006～2018年为分析期限，数据可得且较为完整。在分析方法上，这里对常用的集中度分析稍作拓展。既关注常用经营指标排名前 20% 的公司市场份额或表现，也关注排名最后 40% 的公司情况。常见的信托公司评价排名均采用五分档的分类方法。这里就相当于既关注第一档，也留意最后两档的厚尾特征。常用的经营指标包括三个规模指标，即净利润、信托资产运用与信托业务收入，需要计算它们的分类加总规模在信托业总规模中的占比。此外，还要关注两个重要的绩效指标，即信托报酬率和信托收益率（采用公式"信托损益/信托资产运用"进行估算），只需要计算它们的分类均值即可。

具体的分析结果如表 2 所示。我们可以清晰地看到，信托业主要规模指标的集中度迅速上升。尤其在 2018 年严峻形势的考验中，集中度提升更快。据此可以预见，2019 年的集中度可能还将继续上升。国投泰康信托研究发展部根据货币网披露的 59 家信托公司未经审计的 2019 年上半年财务数据[1]，发现净利润集中度（CR10，即前 10 家公司样本加总占比）达到 45.4%，相比上年底上升了 3.3 个百分点。表 2 还更加鲜明地反映了行业分化加剧的一个重要事实，2018 年排名最后 40% 的样本（约 27 家信托公司）净利润

表2　信托公司部分经营指标的分类汇总统计

单位：%

指标	2018 年		2017 年		2016 年	
	前 20%	后 40%	前 20%	后 40%	前 20%	后 40%
净利润占比	54.4	7.2	51.9	13.1	50.0	13.4
信托资产占比	49.6	14.3	50.5	13.3	52.2	12.7
信托收入占比	52.6	8.6	50.7	13.7	48.9	14.8
信托报酬率均值	1.220	0.228	1.522	0.231	1.605	0.281
信托收益率均值	8.30	2.23	7.70	3.66	7.80	3.65

注：①信托公司年报数据优先采用合并报表方式，共 68 家信托公司。项目栏中的"占比"是指样本指标的分类求和与总体求和之比；"均值"是指样本指标的分类均值。

②前 20%、后 40% 分别是指排名前 20%、最后 40% 的信托公司样本。

资料来源：Wind 资讯。

---

[1] 国投泰康信托研究发展部：《信托业上半年规模提升分化再加剧》，载于金融时报-中国金融新闻网，www.financialnews.com.cn/trust/hyzx/201907/t20190729_164877.html，2019 年 7 月 29 日。

占比和信托收入的占比分别只有7.2%和8.6%，相比上一年占比分别下降5.9个和5.1个百分点。同时，与排名前20%的信托公司相比，排名靠后样本的信托报酬率和信托收益率要低得多。

常规的行业经营数据分析，还很难解释清楚行业内部分化的成因和机理。作为替代性的选择，这里将延续上一年度报告中的分析方法，从A股上市信托公司的股价及财务表现中探寻有价值的信息（见图3）。这方面的信息时效性更强、细节更加清晰。截至2019年11月末，两家不同经营风格的A股上市信托公司——安信信托与陕国投信托，收盘于同一个价格——每股3.98元。之前两只股票月度价格最接近（差值小于0.1）分别是发生在2016年1月和4月。此后两只股票的价格差距经历了不断放大而后逐渐缩小的变化过程。股价差距拉大的主要过程恰逢信托业承接金融同业通道业务转移和杠杆业务上升的繁荣周期阶段（2016年下半年至2017年）。两只股票股价同步下跌且差距缩小的过程就是信托业从2018年开始转入衰退周期的过程。

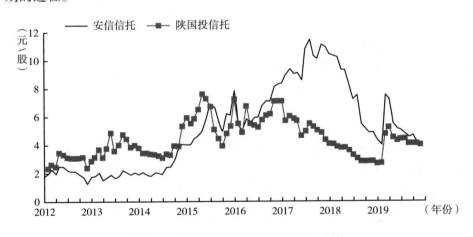

图3 安信信托与陕国投信托的股价走势

注：前复权、月末收盘价数据，截至2019年11月。

资料来源：Wind资讯。

上述A股上市信托公司股价走势特征有多个层次的成因解释。这些成因也是行业内部分化的根源。首先，在时间序列的纵向层面上，股价表现决

定于公司对信托业周期性风险的暴露程度或敏感性。显然,安信信托是自2016年下半年开启的信托业周期中的激进者,对此段周期性风险较为敏感。相比较而言,陕国投对以2015年中期股灾为拐点的更长周期更敏感。其次,在行业内部的横向层面上,信托公司的行业地位变化也是股价变化的一种决定性因素。这方面的信息可以参见用益信托网(www. yanglee.com)提供的信托公司综合实力排名。2016年,安信信托和陕国投信托的行业排名分别为第4和第37位,而且二者相比上一年度的排名分别上升7个位次和下降21个位次。2017年,安信信托的排名下降1个位次,陕国投信托的排名维持不变。2018年,安信信托与陕国投信托的综合实力排名分别跌至第58和第62位。最后,股价走势更加具体的成因可以归结到信托公司在业务结构和盈利模式方面的个性化因素上。根据自2018年以来7个季度的定期报告中的利润表,安信信托的利息收入、手续费及佣金收入相比往年同期大幅下降,投资收益与公允价值变动净收益经常性为负值,信用减值损失和其他业务成本增长较快。这些财务信息反映了金融市场与信托业务之间风险因素的深度交叉影响。相比较而言,同期陕国投信托的经营风格要保守一些。它的营业收入指标保持稳定,其中2019年的利息收入指标甚至好于往年,但它营业支出中的其他资产损失与信用减值损失相比以往显著增加,反映了行业性的风险显性化及水平上升问题。

3. 信托产品市场动态

2019年,新发行信托产品量价齐跌,存量产品风险水平上升。这是信托业经营周期进入衰退阶段的基本特征。根据Wind资讯的统计,2019年前三季度新成立的信托产品资金规模仍然延续着自2018年以来的收缩态势。新成立产品数量与上一年相比变化不大。证券类产品的发行数量和资金规模都继续萎缩。非证券类产品的发行数量略有提升,但资金规模仍在下降(见图4)。证券类产品发行遇冷与金融市场表现密切相关。2019年前11个月,债券市场表现平淡无奇,违约事件继续增加;股票市场在2~4月快速反弹之后便陷入"牛短熊长"的不利状态。非证券类产品发行数量的回升以及局部业务类型的逆势增长主要体现了传统信托融资需求的回升,得益于房地产融资管制与银信合作对资管新规的适应性调整。根据信托业协会公布的行业统计中的新增信托项目数据，2019 年前三季度，房地产、基础设施领域与其他领域相比上一年同期增长较快。

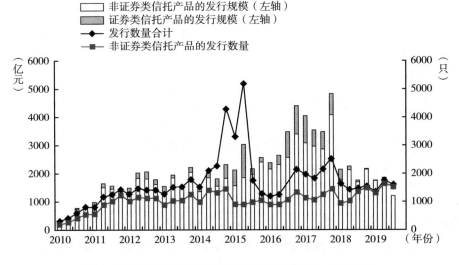

图 4 2010 年至 2019 年信托产品的发行动态（分季度）

注：数据截至 2019 年第三季度，基于当年 12 月 1 日的查询数据。
资料来源：Wind 资讯。

2019 年前 10 个月，新发行的非证券投资类信托产品预期收益率不断下降（见图 5）。自从 2018 年以来，这种收益率走势呈现倒"V"形。进入衰退阶段之后，信托收益率或融资成本似乎经历了两种迥异的背景环境，从而导致了走势的反转。信托收益率的参照基准——近似期限的国债利率水平先在 2018 年快速下降，然后在 2019 年呈水平波动。因此，信托产品相对同期国债息差也呈现倒"V"形走势。息差可能反映信用风险或流动性风险的溢价，也可能反映融资需求的缺口。应当说，2019 年贷款或债权类信托收益率及其息差的下降，主要与紧缩环境中融资需求的下降有关。

从作为背景环境的债券违约事件持续增多，到信托业内风险资产规模的加速上升，都传递出信托业务面临的信用风险和流动性风险有增无减的信号。截至 2019 年第三季度末，风险资产与信托资产的比值达到 2.1%。该

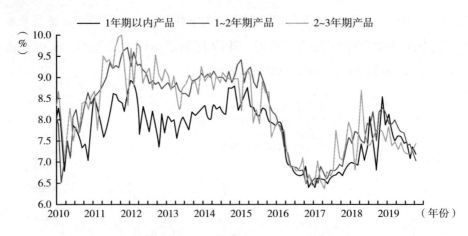

图5　非证券投资类信托产品的预期收益率

注：月度数据，截至 2019 年 10 月。
资料来源：Wind 资讯。

指标水平不仅比上一年同期的 0.93% 有大幅上升，也与银行业平稳波动的不良率拉开差距。从分类风险资产指标来看，2019 年第三季度末，集合类、单一类信托产品中的风险资产占比分别为 2.73%、2.19%。此外，根据 2019 年第三季度行业统计中的未来一年到期产品情况，未来四个季度（从 2019 年第四季度算起），每季度将平均有 1.3 万亿元资金规模的产品到期。尽管与过去两年相比，到期产品规模略有减少，但与不断下降的存量、新增信托资产规模相比，信托产品的兑付压力和流动性风险仍然不容小觑。

二　信托业焦点问题与监管动态

1. 信托业转型发展的现实含义

在信托业内，转型发展的呼声自从 2013 年"钱荒事件"以来就开始日益升高。迄今为止，它已经演变成一种在行业内外都形成高度共识的长期议题，就像更早时呼吁的"回归本源"一样。[1] 2018 年资管新规及相关细则

---

① 袁增霆：《中国信托业的边界与变迁》，《银行家》2019 年第 6 期。

的出台为信托业转型铺设了道路。尽管这些制度并非专门为信托业做出的安排，但它们旨在规范的主要问题与信托业务密切相关。因此，它们也为信托业转型提供了指引。过去两年间，信托业务在资管新规的硬边界约束和转型指引下进行了剧烈的调整。这种调整直接表现为业务规模的大幅压缩与风险资产的快速积累并显性化。前文所谓的信托经营周期的衰退阶段，就是在这种背景下完成了切换。目前来看，周期阶段的切换仍然是风险可控的。信托业为适应资管新规而进行的过渡也是相对平稳的。然而，这是不是信托业转型的方向呢？随着2019年银行理财子公司如雨后春笋般地涌现，不断形成的新的资产管理行业竞争环境又使得转型的困惑挥之不去。

对于信托业的转型发展，资管新规以及相关细则的主要意义在于约束旧问题的产生，而新问题解决还要依赖市场竞争来实现。当前信托业的转型大概有两种含义：一种是从旧的监管和风险问题及其纠缠中走出来，另一种是探索具有更高市场化、规范化水平且支持新经济发展的业务模式。前一种意味着金融监管意义上的转型成功，后一种则代表着营业范式上的创新。前者可能激发短期化行为。信托业的主要挑战正在从过去的监管问题转变为具体业务领域的风险和机会问题。新形势下的业务风险暴露可能让金融监管框架不断重置，从而使得监管意义上的转型成功失去意义。后者具有一定的理想化成分，而且它与当前监管及制度规范之间没有必然的联系。信托业一直对制度规范拥有更高的期待，如期待《信托法》的（修订）以及诸多配套法规制度的完善。

在过去长期的转型发展过程中，行业统计数据所揭示的信托业务结构演变特征提供了信托业转型的客观证据，同时有些基本事实可以帮助我们避免无效的分析。例如，2013～2017年行业转型绩效并不显著，但是一些领域出现的问题导致监管加强。另外，按照功能划分的投资类信托业务占比以及投向实体经济方面的衡量指标也都没有真正的分析价值。这些指标的问题我们在往年的报告中都有所提及。因此，接下来我们主要关注信托业自2018年进入衰退阶段以来的一些简要指标的含义及变化。

一方面，银信合作业务（证券类和非证券类）的内部结构变化是信托业在金融监管意义上转型发展的典型写照（见图6）。证券类银信合作业务规模下降体现了信托业配合监管和顺应证券市场趋势的理性调整。证券类信托产品的发行情况也验证了这种市场理性。非证券类银信合作业务规模继2017年第四季度发生向上跳跃之后，再次在2019年第一季度发生更大幅度的跳跃，反映出这类业务作为一种市场主流形式的客观存在以及金融机构对资管新规柔性边界的合理利用。第二次跳跃证实了银行业和信托业在资管新规面前对于合理的通道与合理的融资需求的争取。2017年第四季度、2019年第一季度之后发生的回调可能见证了政策与市场之间的再协调，但不改变两次跳跃带来的趋势性信号。至于合理需求之外的通道业务被压降的情况，间接见证于事务管理类与单一资金类业务自2018年以来逐季度环比负增长。

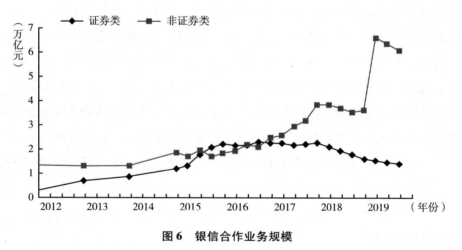

图6　银信合作业务规模

注：图中数据为季度数据，截至2019年第三季度。
资料来源：中国信托业协会。

　　另一方面，近年来，信托业务的结构性调整体现了信托业对市场变化的灵敏反应，但信托业也存在短期化行为，从而影响其实现营业范式创新的理想。在国内金融体系中，大量结构性机会的存在为信托业务调整提供了一定的空间。例如，当证券市场机会减少时，信贷资源管制和集中化又给传统的中介和信托融资带来了机会。2019年前三季度，以房地产与基础设施为代表的资金运用领域以及以信托贷款、债权为代表的资金运用方式表现活跃。

这些事实表明信托业在市场化环境中具备转型发展的能力。但是，房地产政策风险与一些信托业务的背景风险也使得这种调整具有一定的短期化行为倾向。在信托型投资基金适用的一些市场化程度相对较高的领域，例如私募股权基金（PE），处于长期发展缓慢的状态。

2. 信托业监管与政策动态

2019年信托业监管和政策环境仍然延续了2018年形成的主基调，没有明显变化，这个主基调是由资管新规以及相关部门细则构成的新规则体系奠定的。这种平淡有利于我们对近年来信托业发展的重要事实形成更加清楚而稳定的判断。此外，2018年的监管事实格外突出地体现出降杠杆、去通道、严监管等风格特征。在2018年中国信托业年会上，时任中国银保监会信托部主任赖秀福在总结发言中阐明了信托业监管的总要求："治乱象、去嵌套、防风险、打好攻坚战"。① 这些要求可以看作2019年信托业监管实践发展的指导精神。

此外，自2018年以来的监管动态也表明政策规则处在不断调整的过程之中。这种适应形势变化的政策规则可调整性质在后来也得到了延续。在这种氛围下，公开发布的政策规则减少，窗口指导增多。例如，2019年8月下发的针对去通道和房地产信托业务管控的"64号文"②，就体现了当前阶段的监管风格。

接下来我们梳理2019年度公开发布的一些相关监管政策或行业规则。第一，2019年11月，中国银保监会发布了《信托公司股权管理暂行办法（征求意见稿）》，从2018年以来金融机构股权监管加强的背景来看，这是其他金融行业同类办法陆续出台之后的必然结果；从信托业的监管及问题来看，这也是针对过去存在的实控人不明、股东责任缺失、股本结构不稳定等问题的必要应对。《信托公司股权管理暂行办法（征求意见稿）》为信托公

---

① 中国信托业协会：《新时代、新使命、新征程——2018年中国信托业年会在北京召开》，http：//www. xtxh. net/xtxh/industry/44993. htm，2018年12月28日。

② 《信托64号文下发 明确下半年监管重点》，《证券时报》，http：//news. stcn. com/2019/0808/15305620. shtml，2019年8月8日。

司在公司治理层面上的整改提供了依据。第二，2019 年 7 月，中国信托登记有限责任公司（下文简称"中国信登"）制定的《信托受益权账户管理细则》获得监管部门批准实施。这标志着信托产品市场的基础设施建设又取得了一项重要进步，有助于受益人的账户管理及其在质押、流转方面的衍生应用。从 2019 年 3 月中国信登启动"2018 年度信托公司信托产品登记评价"时披露的情况来看①，国内信托产品的登记工作已经取得长足进展。第三，2019 年 7 月，中国银保监会发布了针对保险资金投资信托产品问题的"144 号文"②。新的规定放松了信托公司"未受监管机构重大行政处罚"的年限要求，即由过去的三年缩短至一年。近年来遭受行政处罚的信托公司数量较多，从而制约了保险资金进入信托公司。同时，新的规定还增加了债权类信托产品信用等级以及险资参与的集中度等方面的规范性要求。2018 年底，保险公司投资的资金类信托规模达 1.27 万亿元。③ 可以说，保险公司已经成为信托产品的重要机构投资者。

三　2020年信托业展望

在临近 2019 年底时，我们已经可以对信托业经营周期的衰退阶段进行清晰界定。在此前两年，我们曾经预测信托行业拐点临近和即将到来。直到当前，行业统计数据才给出确定性的经验证据。考虑到自 2010 年以来的经济周期背景，最近一轮的信托业长周期已经可以大致分为 2010～2017 年的繁荣阶段和 2018 年开启的衰退阶段。如果未来衰退阶段持续更久，那么当下及时认清这种长周期形态对于促进信托业增长实现"软着陆"具有重要意

---

① 据《金融时报》报道，截至 2018 年末，登记信托存量规模为 22.79 万亿元，存续产品共计 49751 笔。详见《中国信登启动 2018 年度信托公司信托产品登记评价》，金融时报－中国金融新闻网，http：//www.financialnews.com.cn/trust/cyzc/201903/t20190305＿155694.html，2019 年 3 月 5 日。

② "144 号"文即《中国银保监会办公厅关于保险资金投资集合资金信托有关事项的通知》。

③ 《信保合作迎利好新规有松有紧》，金融时报－中国金融新闻网，http：//www.financialnews.com.cn/bx/bxsd/201907/t20190717＿164042.html，2019 年 7 月 17 日。

义。当前及未来一段时期，信托资产规模下降过快与风险资产规模上升过快可能导致的"硬着陆"值得重点防范。因此，未来探讨信托业的监管政策与转型发展时都需要关注这些不利的可能结果。

展望未来一年信托业的发展，主要有两个总体性的判断。一是衰退阶段仍将延续下去；二是"硬着陆"风险值得警惕和防范。显然，这两个判断是相互依赖的。"硬着陆"经常出现在衰退加速阶段，也经常导致更长久的衰退。针对信托业发展的背景环境——下一年度宏观经济与金融形势——的展望预期通常也都以谨慎为主。在信托业内，可能导致周期性反转的积极因素作用还比较弱小。顺周期的紧缩效应更加可能成为影响趋势变化的主要力量。平稳的衰退调整有利于信托业经营推陈出新，因此我们应对信托事业持有信心。此外，警惕和防范"硬着陆"风险具有积极意义，它可能首先主要来自传统业务领域中的信用风险及交叉传染，其次是前文所述的房地产信托和通道业务领域中的短期化行为。

B.7
2019年中国金融租赁业运行分析及2020年展望

何海峰　杨博钦*

摘　要： 2019年，国内经济下行压力持续加大，市场信用风险高企，租赁行业转型需求迫切。随着下游客户的信用风险逐渐暴露，租赁行业资产质量整体下滑，租赁企业融资难度不断攀升。受融资端和业务端的双重不利影响，行业发展速度显著放缓，全行业面临近十年来最大困难和挑战：租赁企业普遍减少项目投放，增加减值计提，行业规模增速和利润显著下降，部分企业甚至出现经营困难和流动性危机。与此同时，全国各地方金融监管局开始对内资试点租赁和外资租赁进行专项清理排查，"空壳""失联""僵尸"企业以及违规违法经营租赁企业被全面清理整顿。未来，租赁行业必须坚守租赁本源，充分发挥融物与融资的特色功能，不断提高自身能力，打造核心竞争力。

关键词： 金融租赁业　清理整顿　市场竞争力

---

* 何海峰，博士，中国社会科学院金融研究所结构金融研究室主任；杨博钦，经济学博士，航天科工金融租赁有限公司董事兼总经理、中国融资租凭30人论坛成员。

一 2019年金融租赁行业运行概况

2019年，受外部环境和监管政策影响，融资租赁①行业不论是企业数量还是业务规模，增速均降至十年来最低。2019年2月，习近平总书记在主持中央政治局第十三次集体学习时指出，要强化金融服务功能，找准金融服务重点，以服务实体经济、服务人民生活为本。融资租赁行业应坚持租赁本源，积极支持以产业为核心的实体经济发展。

（一）行业发展增速整体放缓，"空壳公司"虚增了全行业企业总数

经过长达近十年的高速增长，金融租赁行业已经呈现出明显的增速放缓趋势。从企业数量上看，融资租赁企业从2010年的233家增加至2019年9月末的12073家，企业数量总体增长超过50倍，其中2011~2016年，企业数量平均增速超过50%，尤其是2014年和2015年，企业数量同比增速在100%左右。2017年后，全行业企业数量同比增速呈快速下降趋势。截至2019年9月末，虽然全行业企业总体数量仍在增加，但同比增速已降至4.39%。从业务发展上看，融资租赁合同余额从2010年的7000亿元增长至2019年9月末的6.68万亿元，同样经历了由高速增长向中低速增长的转变过程，其中2011~2016年，增速超过20%，尤其是2012年和2014年，增速均超过50%。2017年后，融资租赁业务发展出现放缓趋势，2017年和2018年的全行业合同余额增速分别为13.70%和9.74%，降幅非常明显。值得关注的是，截至2019年9月末，全行业合同余额增速已降至1.98%（见图1、图2）。

2017年后全行业不论是企业数量还是合同余额都出现了明显的增速放缓趋势，主要原因在于：一方面全行业体量变大；另一方面，去杠杆、严监管

---

① 为了便于下文将"金融租赁"与"内资试点租赁"和"外资租赁"三种企业类型进行分类讨论，文中"融资租赁业"等同于广义的"金融租赁业"定义。文中以"金融租赁业"表示行业业态，以"融资租赁企业"表示行业中的企业代表。

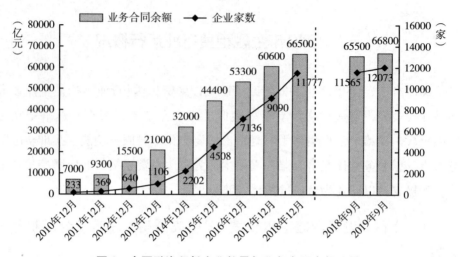

图1 全国融资租赁企业数量与业务合同余额总量

资料来源：Wind 资讯。

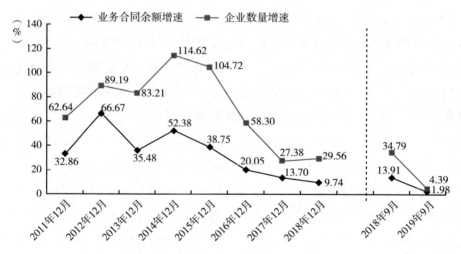

图2 全国融资租赁企业数量增速与业务合同余额增速

资料来源：Wind 资讯。

等政策和经济形势变化导致金融业总体发展出现拐点，尤其影子银行等非银行金融机构受到的冲击更加明显。与此同时，进一步观察企业数量和合同余额的变化，可以明显发现，2019年9月末相比2018年同期而言，企业数量增速（4.39%）明显高于合同余额增速（1.98%），在全行业企业数量仍保持增长的背景下，全行业的合同余额（业务总量）增速却出现断崖式下跌，说明增加的很多企业有不少是空壳公司，实际经营业务的企业数量并没有那么多。

分类来看，三类企业中外资租赁企业数量变化最大，由 2008 年的 73 家增加至 2019 年 9 月末的 11604 家，仅 11 年时间增长超过 150 倍，尤其 2014 年和 2015 年均保持 100% 以上增幅，主要是因为国家为支持自贸区建设，将外资租赁的审批权限下放，导致外资租赁企业数量出现暴涨，在全行业占比快速上升。内资试点租赁与金融租赁企业的数量变化相对比较平稳，主要是因为受到国家利好政策扶持以及相关监管政策的引导。2017 年全国金融工作会议以后，全行业进入收缩和整顿的阶段，金融租赁、内资试点租凭、外资租凭三类企业的数量增速和业务量增速均不断下降至个位数，截至 2019 年 9 月末，三类企业的数量增速降至 1% 和 1% 、3% ；三类企业的业务规模增速分别降至0.60% 、0.48% 、0.24% 。虽然租赁企业如雨后春笋般涌现，但真正开展租赁业务的却寥寥无几（见图 3 、图 4 ）。

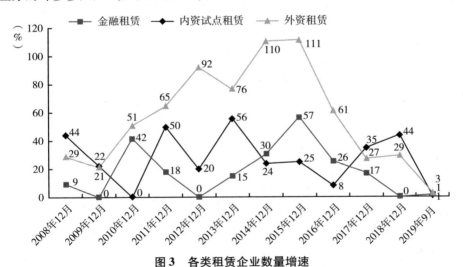

图 3　各类租赁企业数量增速

资料来源：Wind 资讯。

（二）金融租赁企业的数量最少，业务总量占全行业1 /3

截至 2019 年 9 月末，外资租赁企业数为 11604 家，较 2018 年增加了

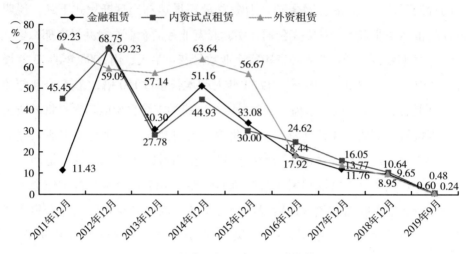

图 4　各类租赁企业业务规模增速

资料来源：Wind 资讯。

293 家，增幅为 2.59%；内资试点租赁企业数为 399 家，相比 2018 年增加了 2 家，增幅为 0.50%；金融租赁企业数量较 2018 年增加 1 家，增幅为 1.45%（见表 1）。自 2018 年 4 月，融资租赁的监管统一划归中国银保监会之后，地方金融监管局负责除金融租赁以外的内资试点租赁和外资租赁两类融资租赁公司的行为监管，由此拉开了行业清理规范的序幕。从企业数量上看，三类企业数量增长都趋于停滞，这与经济金融形势以及国家对金融行业的规范引导密切相关。

表 1　中国金融租赁业变化情况

主体	2019 年第三季度				2019 年第二季度				2018 年	
	企业数目（家）	比 2018 年增长（%）	合同余额（亿元）	比 2018 年增长（%）	企业数目（家）	比 2018 年增长（%）	合同余额（亿元）	比 2018 年增长（%）	企业数目（家）	合同余额（亿元）
金融租赁	70	1.45	25150	0.60	70	1.45	25150	0.60	69	25000
内资试点租赁	399	0.50	20900	0.48	397	0.00	21050	1.20	397	20800
外资租赁	11604	2.59	20750	0.24	11560	2.20	20800	0.48	11311	20700
合计	12073	2.51	66800	0.45	12027	2.12	67000	0.75	11777	66500

资料来源：中国银保监会网站、商务部网站、Wind 资讯。

从业务量上看，截至2019年9月，金融租赁企业虽然数量最少，但合同余额达到25150亿元，比2018年增长0.60%，居三类企业之首；内资试点租赁企业合同余额为20900亿元，比2018年增长0.48%；外资租赁企业为20750亿元，比2018年增长0.24%。三类企业业务总体呈现明显收敛态势，合同余额增速均降至1%以下，这是在当前防范金融风险、金融行业持续严监管形势下的必然结果，因为大量利用融资租赁牌照开展金融中介业务、信贷通道业务等不规范业务的行为受到清理整顿，大量不规范业务萎缩、退出。

长期以来，由于监管主体、企业性质、政策要求等差异，金融租赁、内资试点租赁和外资租赁三类企业在发展方式上不尽相同。由于设立门槛较低、审批权下放和自贸区蓬勃发展拉动，外资租赁企业数量增长最快；而金融租赁企业在原银监会严格监管之下，按性质被归类为非银行金融机构，能够进入同业拆借市场，被银行视为金融同业，在融资渠道、融资价格上，相比内资试点租赁企业、外资租赁企业有先天优势，因此在业务发展上更为迅速，单家企业的业务体量更大。但与之对应的是，金融租赁企业牌照门槛较高，监管部门对其审批较为严格，这也是自2010年以来，金融租赁企业牌照被视为稀缺资源的原因。近十年来金融租赁企业只批复开业60多家，无法与内资试点租赁企业、外资租赁企业的数量增速相比。

从企业数量来看，外资租赁企业的全行业占比从2010年的73.82%逐渐升至2019年9月末的96.12%，而自2014年起外资租赁企业的全行业占比就突破并一直维持在90%以上（见图5），外资租赁企业数量在行业占有绝对优势。但从业务体量来看，三类企业的业务规模在行业内形成各占1/3左右份额的均衡格局（见图6）。截至2019年9月末，金融租赁、内资试点租赁和外资租赁三类主体的业务规模占比分别为37.65%、31.29%、31.06%，形成"三分天下"的格局。与2010年金融租赁、内资试点租赁、外资租赁业务规模占比分别为50.00%、31.43%和18.57%的情况相比，外资租赁业务规模有了较大提升，占比提高了12.49个百分点，而金融租赁业务规模占比下降了12.35个百分点，内资试点租赁业务份额与2010年基本持平。

图5　2010年12月至2019年9月融资租赁行业结构变化情况

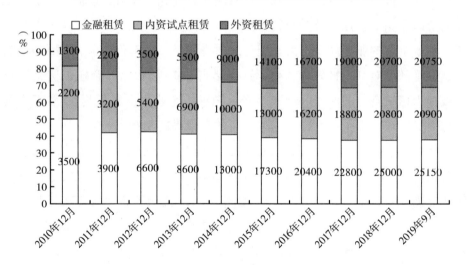

图6　2010年12月至2019年9月融资租赁行业业务规模结构变化情况

　　经过近十年的发展，全行业基本形成相对稳定的结构，虽然从数量上看分布很不均衡，金融租赁企业占比很低，但从总体业务规模看，金融租赁、内资试点租赁和外资租赁企业基本相当，已形成"三分天下"的格局。随着后续地方金融监管部门对内资试点租赁和外资租赁两类企业的规范、清理和整顿，全行业中虚增的"空壳"公司会被挤出，虽然行业企业数量会呈下降趋势，但行业整体质量会得到明显的提升，有利于行业的健康发展。

（三）行业平均注册资本和业务量降至稳定水平，金融租赁企业平均实力最强

注册资本的变化反映了行业的价值变化，注册资本增长表明行业处于上升发展期，资本源源不断涌入，行业被普遍看好。从全行业平均注册资本的变化来看，2013～2016年，行业平均注册资本由2.98亿元升至3.58亿元，达到历史峰值。之后，行业平均注册资本不断降低，截至2019年9月末，行业平均注册资本降至历史最低值2.77亿元，但与上年末相比基本持平，说明行业平均注册资本已降至相对稳定的水平（见表2）。随着行业内大量无实际经营业务的"空壳"公司出清，行业企业数量会明显减少，但平均注册资本会有所提升。

同时，全行业的平均合同余额不断下降，从2013年末的20.47亿元降至2019年9月末的5.57亿元（见表2）。这主要是受到外资租赁企业数量大幅增长的影响，很多外资租赁企业拿到牌照后并未开展实际经营，这种情况在2014年至2017年非常普遍，造成全行业的平均业务量变化失真，大量空壳公司拉低全行业业务水平。从实际情况看，金融租赁企业的平均注册资本和平均业务量远远高于行业平均值，截至2019年9月末，据行业协会相关统计数据，金融租赁企业平均注册资本为30亿元左右，平均合同余额在300亿元左右，分别超过行业平均值的10倍和50倍。

表2　中国金融租赁业相关指标变化情况

时间	企业数量（家）	业务合同余额（亿元）	注册资本（亿元）	平均注册资本（亿元）	平均合同余额（亿元）	平均合同余额同比（亿元）
2013年12月	1026	21000	3060	2.98	20.47	-7.21
2014年12月	2202	32000	6611	3.00	14.53	-5.94
2015年12月	4508	44400	15165	3.36	9.85	-4.68
2016年12月	7136	53300	25569	3.58	7.47	-2.38

续表

时间	企业数量（家）	业务合同余额（亿元）	注册资本（亿元）	平均注册资本（亿元）	平均合同余额（亿元）	平均合同余额同比（亿元）
2017 年 12 月	9090	60600	32031	3.52	6.67	−0.80
2018 年 12 月	11777	66500	32762	2.78	5.65	−1.02
2019 年 9 月	12073	66800	33255	2.75	5.53	−0.12

二 2019年金融租赁业重大事件

2019 年中国金融租赁业的重大事件如下。

第一，2019 年 4 月 30 日，中国银保监会公布《2019 年规章立法工作计划》。《融资租赁企业监督管理办法》修订工作被明确纳入 2019 年工作计划，其核心要义是对融资租赁企业实施金融属性的监管，这意味着融资租赁公司的机构设立与变更规则、业务经营规则、监督管理规则等将很快明确，融资租赁公司在被定位为金融服务机构之后的业务经营规则将明晰化。

第二，2019 年 5 月 17 日，中国银保监会印发《关于开展"巩固治乱象成果促进合规建设"工作的通知》（银保监发〔2019〕23 号），其中，附件 2《2019 年非银行领域"巩固治乱象成果促进合规建设"工作要点》提出对金融租赁业的四个方面进行治理：一是宏观调控政策执行。主要治理违规开展房地产业务、违规向地方政府及融资平台提供融资等行为。二是公司治理。主要针对以下乱象进行治理：股东滥用权利，损害公司利益；股东违规质押本公司股权或设立信托；董事会及专业委员会履职有效性不足，监事会监督作用未充分发挥，关键岗位长期空缺、相关人员兼任不相容职务；薪酬管理制度不完善或执行不力；关联方识别不到位，违规通过关联交易输送利益等。三是资产质量。主要针对未按规定做实资产质量、未按规定计提拨备等行为进行治理。四是业务经营。主要治理以下行为：违规以公益性资产、在建工程、未取得所有权或所有权存在瑕疵的财产作为租赁物；违规开展固定收益类证券投资以外的投资业务，如购买信托计划、资管计划；未做到洁净转让或受让租赁资产，违规以带回购条款的租赁资产转让方式向同业融资，违规通过各类通道（包括券商、信托、资产公司、租赁公司等）实现不良资产非洁净出表或虚假出表，人为调节监管指标；专业子公司、项目公司未在公司授权范围内开展业务；租赁物属于国家法律法规规定的所有权转移必须到登记部门进行登记的，未办理相关转移手续等。

第三，2019年8月16日，国务院常务会议提出，要运用市场化改革的办法推动降低实际利率水平，缓解企业融资难问题。2019年8月17日，中国人民银行发布公告（〔2019〕第15号），决定改革完善贷款市场报价利率（LPR）形成机制，并公布了LPR形成机制改革更多细节，新的LPR报价方式于8月20日正式施行，各银行在新发放的贷款中主要参考LPR定价，并在浮动利率贷款合同中将LPR作为定价基准。8月20日，新机制下LPR首次报价结果出炉：1年期LPR为4.25%，5年期以上LPR为4.85%。以上LPR报价结果在下一次发布LPR之前有效。从租赁行业来看，推行LPR新机制，有利于提高租赁行业自主定价能力，推动租赁行业立足租赁本源加快专业化、特色化转型，促进行业稳健可持续发展。但机遇与挑战并存，新LPR也考验着租赁行业的定价能力和风险控制能力。

第四，2019年11月6～8日，第六届全球租赁业竞争力论坛峰会暨第二届中国融资租赁"腾飞奖"评选活动在天津举行。全球租赁业竞争力论坛发源于天津，是国际知名、国内领先的融资租赁行业发展服务平台，开展五年多以来，一直以关注融资租赁行业的可持续发展为核心。全球租赁业竞争力论坛峰会于每年11月的第一周在中国召开，这是首个以中国为中心举办的世界级租赁行业峰会。"腾飞奖"评选活动专注于融资租赁领域，由全球租赁业竞争力论坛主办，融资租赁三十人论坛（天津）研究院提供学术支持及数据分析，通过邀请业内权威的专家学者组成专家评审委员会，投票评选出各类年度优秀租赁标杆企业。本届中国融资租赁"腾飞奖"评选活动吸引了百余家租赁公司及租赁服务机构参评，最终经由专家评审委员会投票评选出获奖机构20余家。其中：工银金融租赁有限公司获评"'一带一路'租赁领军企业"、交银金融租赁有限责任公司获评"最具影响力金融租

赁公司"、农银金融租赁有限公司获评"最具发展潜力租赁公司"、航天科工金融租赁有限公司获评"航天产融结合租赁领军企业"等。

第五，2019年11月7日，金融租赁公司设备租赁业务交流会在南京成功举办。会议由中国银行业协会金融租赁专业委员会主办，江苏金融租赁股份有限公司协办。67家金融租赁公司高管、部门负责人、业务骨干及行业专家学者共150余人参加此次会议。中国银行业协会金融租赁专业委员会专职副主任金淑英指出，近年来设备租赁业务快速发展，租赁物种类不断丰富，服务领域持续扩大。通过设备租赁业务，金融租赁在服务实体经济、盘活固定资产、促进产业升级方面发挥了巨大作用。发展设备租赁业务，一是要坚守主业，提升专业化水平与核心竞争力；二是要回归租赁本源，坚持和强化租赁物管理；三是立足融资租赁本质，不断提升风险管控能力。

第六，2019年11月14日，最高人民法院发布《全国法院民商事审判工作会议纪要》，包括12部分共130条，内容涉及公司、合同、担保、金融、破产等民商事审判的绝大部分领域。《全国法院民商事审判工作会议纪要》针对民商事审判中的前沿疑难争议问题做出规定，对统一司法裁判思路、规范融资租赁、商业保理行业发展意义重大。

第七，2019年11月20日，上海市地方金融监管局发布《关于无法取得联系及其他经营异常融资租赁公司（第一批）相关情况公告》。根据《融资租赁企业监督管理办法》（商流通发〔2013〕337号）、《关于进一步促进本市融资租赁公司、商业保理公司、典当行等三类机构规范健康发展强化事中事后监管的若干意见》（沪金规〔2019〕1号）等相关规定，上海对全市融资租赁公司开展清理排查，并发布首批264家无法取得联系及有其他经营异常的融资租赁公司名单。

第八，2019年11月29日，中国人民银行发布新版《应收账款质押登记办法》。新版《应收账款质押登记办法》在适用范围、登记协议、登记期限、责任义务等方面做出修订。主要修订内容包括：增加其他动产和权利担保交易登记的参照条款，满足市场主体自发开展动产担保交易登记的需求；取消登记协议上传要求，提高登记效率；将初始登记期限、展期期限下调为最短1个月；增加融资各方法律纠纷责任义务条款，明确由登记方承担保证信息真实性的责任；修订或新增债权人与质权人名称、注销登记时限、撤销登记、解释权限等其他条款，使表述更加规范、明确。在新版《应收账款质押登记办法》中，动产和权利担保包括当事人通过约定在动产和权利上设定的、为偿付债务或以其他方式履行债务提供的、具有担保性质的各类交易形式，包括但不限于融资租赁、保证金质押、存货和仓单质押等，法律法规另有规定的除外。

三　金融租赁行业发展的主要问题

2019年，国内经济压力持续加大，前三个季度GDP涨幅分别为6.4%、6.2%和6.0%。同时，国际货币基金组织（IMF）、世界银行（WB）、瑞银（UBS）等均下调了2019年中国和全球经济增长预期。面对严峻的经济金融形势，金融租赁行业整体面临发展速度放缓、业务规模收缩、资产质量下降、转型需求迫切等诸多挑战。尤其，在前期粗放式高速发展中产生的不规范问题、积累的各类风险不断暴露，全行业面临清理、整顿和全面洗牌。

（一）全行业面临规范、清理、整顿和洗牌

2019年以来，按照银保监会关于做好融资租赁机构监管职责转隶工作的相关要求，各地方金融监管局加强对融资租赁公司（包括内资试点租赁公司和外资租赁公司）的监管。4月以来，四川、天津、上海等地金融监管局先后下发文件，明确提到加强对融资租赁公司的监管，规范融资租赁公司业务经营活动。例如，5月29日，上海市地方金融监管局发布了《关于进一步促进本市融资租赁公司、商业保理公司、典当行等三类机构规范健康发展强化事中事后监管的若干意见》。该文件从9个方面对融资租赁"服务实体经济、强化经营管理"提出了具体意见，强调融资租赁公司需加强信息报送，及时报告重大事项，包括"直接或间接在境内外上市、发

行债券、发行资产证券化产品""发生单笔金额超过净资产 10% 的重大损失或赔偿责任"等，进一步加强对融资租赁公司的事中事后监管，规范企业健康发展。

9 月以后，北京、深圳等地接续启动了对辖区内融资租赁企业的现场检查工作。例如，9 月初，北京地方金融监管局启动对北京市内融资租赁企业的现场检查工作。检查组成员来自北京地方金融监管局、各区主管部门、律师事务所、会计师事务所和行业协会等。2019 年 9 月 17 日，深圳地方金融监管局发布《关于开展 2019 年度融资租赁企业合规经营现场检查的通知》，指出为及时发现并妥善处置全市融资租赁企业存在的风险隐患，有效防范和化解金融风险，提高企业合规经营自觉性和风险防控能力，促进行业健康发展，对深圳市部分融资租赁企业开展现场检查工作。

除此以外，全国范围内还开展了对融资租赁公司的专项清理排查。比如，10 月 10 日，青岛市地方金融监管局公示了首批非正常经营 16 家企业名单，这些企业主要有两种情况，一是通过登记的住所或者经营场所以及联系电话无法与其取得联系，脱离行业监管部门监管；二是登记的住所或者经营场所为虚假地址。公示期过后，青岛市地方金融监管局将依法依规做好后续处置工作。又如，11 月 20 日，上海市地方金融监管局发布《关于无法取得联系及其他经营异常融资租赁公司（第一批）相关情况公告》。根据相关文件，非正常经营主要是指"失联"和"空壳"公司。其中，"失联"包括 4 种情况：第一，无法取得联系；第二，在企业登记住所实地排查无法找到；第三，虽然可以联系到企业工作人员，但其并不知情也不能联系到企业实际控制人；第四，连续 3 个月未按监管要求报送月报。"空壳"包括 4 种情况：第一，上一年度市场监管部门年度报告显示无经营；第二，近 6 个月监管月报显示无经营；第三，近 6 个月无纳税记录或"零申报"；第四，近 6 个月无社保缴纳记录。

随着各地方金融监管部门不断加大对融资租赁公司的监管力度，特别是对"空壳""失联""僵尸"企业和违规违法经营企业的大力清理整顿，行业清理已拉开帷幕。

（二）对承租人疏于考察和对租赁物管理不善，行业涉诉案件明显增多

近年来，中国融资租赁行业发展迅速，对于服务经济结构调整、支持实体企业转型升级等发挥了重要作用。但是，在行业发展壮大过程中，风险问题也逐步增多，尤其在经济下行周期中，企业信用风险上升，融资租赁涉诉案件数量明显增加。从实践来看，融资租赁业务纠纷案件的引发原因多种多样，其中，承租人、回购人等主体法律意识淡薄导致欠付租金行为，是最常见的。根据最高人民法院数据，2012年全国受理融资租赁纠纷一审案件4591件，而目前一审案件总数已超过3万件，而且，有些案件涉及多家企业。例如，河北曲周县某医院发生融资租赁合同逾期纠纷，该医院整体负债规模超过了3亿元，涉及16家机构，包括数家融资租赁公司。

从理论上看，融资租赁合同能够顺利履行的重要基础之一，就是承租人具有良好的经营实力和较好的商业信用。但在实践中，由于出租人对承租人的履约能力和商业信用疏于考察，而与经营不佳甚至是根本不具备相应经营资质的承租人签订合同成为纠纷产生的主要原因。我们看到，在租赁物使用中租赁公司对租后管理的轻视和忽视，特别是对承租人的经营恶化趋势未能及时察觉并采取措施，往往会导致承租人下落不明、擅自处分租赁物等情况的发生。由于租赁物的所有权与使用权相分离的特点，如果频繁出现承租人未经出租人同意而擅自转卖、转租等情况，就会严重侵犯出租人的所有权，引发纠纷问题。

2019年9月11日，天津市高级人民法院组织召开了融资租赁行业发展法律座谈会。天津市高级人民法院方面表示，将及时研究和出台司法保障意见，服务保障经济社会发展大局，提升服务和保障融资租赁行业营商环境的能力和水平。根据天津法院网的报道，"融资租赁企业代表针对当前企业经营中遇到的法律纠纷，提出了在诉讼保全担保、司法送达、诉讼费用退还等方面遇到的法律问题，并建议高院从创新纠纷多元化解手段、设立融资租赁纠纷专门审判法庭、对融资租赁企业加强法律知识培训、定

期公布融资租赁典型案件等方面着手加强工作，从而提升融资租赁纠纷解决效率"。

（三）行业运行整体低迷，行业分化进一步加剧

随着外部信用风险事件频发，融资成本不断提高，融资租赁行业整体运行低迷，行业发展增速明显放缓，资产质量呈下降趋势。中国银行业协会金融租赁专业委员会通过采样全国 57 家金融租赁公司发现，截至 2019 年第三季度末，2017 年之后设立的中小金融租赁公司明显出现业务增长放缓、资产质量下降等发展困难，而 2014 年前后设立的金融租赁公司经过前期发展，积累了一定实力，运作相对成熟，受经济环境和信用违约事件的影响较小，发展较为稳定。

不仅金融租赁公司面临分化，内资试点租赁公司和外资租赁公司也都面临这样的状况，分化原因主要有几个方面：一是从股东背景来看，央企下属的融资租赁企业受外部不利市场环境的影响较小，民营融资租赁企业受到的影响较大。二是业务投向对融资租赁企业发展的稳定性也有重要的影响，在股东实力雄厚的情况下，偏向于经营集团内或集团相关领域业务的融资租赁企业的抗风险能力更强；但对于没有显著的股东优势的融资租赁企业而言，客户分散度高或行业分散更易使其保持经营的稳定性。三是融资租赁企业的发展具有一定的规模效应，大中型融资租赁企业在不利的外部环境下发展仍然较为稳定，而规模较小的企业更易受到外部环境的冲击。四是外部评级所反映的融资租赁企业的业务风险较为符合行业内企业的发展情况，目前高级别的融资租赁企业在外部环境的冲击下更能保持较高的资产质量。

当前，在融资租赁行业环境不容乐观的情况下，股东实力雄厚的大型融资租赁公司仍然能够保持稳步发展的态势；而业务布局在强周期行业的小型融资租赁公司将会面临较大挑战，行业分化会愈加明显。

（四）资产与负债期限错配对流动性风险管理提出更高要求

2019 年，随着外部信用风险攀升，市场爆雷不断，融资租赁企业面临较大的资产质量下行压力，资产质量下降会同时导致融资能力降低，引发流动性

风险。据中国人民银行网站消息，央行、银保监会2019年5月24日发布公告称，鉴于包商银行股份有限公司出现严重信用风险，为保护存款人和其他客户合法权益，依照《中华人民共和国中国人民银行法》、《中华人民共和国银行业监督管理法》和《中华人民共和国商业银行法》有关规定，中国银行保险监督管理委员会决定自2019年5月24日起对包商银行实行接管，接管期限为一年。"包商银行事件"在市场上掀起轩然大波，虽然"包商银行事件"是由信用风险引发的，但部分中小金融机构因此产生了流动性风险和市场风险隐患，金融租赁行业也受到了波及。金融租赁行业的资产主要是租赁资产，平均期限一般在3~5年，利率根据贷款基准利率浮动；而负债期限一般不超过1年，这样的资产负债结构必然存在流动性风险隐患。目前，金融租赁公司的资产主要包括租赁资产、债券投资和货币现金，但大部分金融租赁公司尚未开展债券投资业务，主要是因为借款资金成本和债券收益率会形成倒挂，金融租赁公司通过债券投资很难盈利。金融租赁公司采用期限错配和放杠杆的投资管理模式，存在流动性风险隐患。尤其是为了降低资金成本，货币现金的占比一般会很小，金融租赁公司会将备付率控制在一个较低的水平，一般不超过2%。

流动性风险主要源于资产和负债的期限错配。一方面，金融租赁公司的经营目标是利润最大化，在风险可控的情况下，利差是决定利润的主要因素，这就要做到资产的高收益率和负债的低成本率。考虑到收益率曲线在正常情况下是向上倾斜的，期限越长收益率越高，金融租赁公司自然偏好5年左右的中长期资产和1年以内的短期负债，以赚取期限错配所带来的额外收益。特别是一些股东背景是银行的银行系金融租赁公司，由于背后有母行的资金支持，这些金融租赁公司很少担心期限错配后产生的流动性风险，往往热衷于将负债的期限缩短至三个月以内，以获得更大的期限错配收益。但是在市场资金极度紧张的时候，短期价格也会大幅上升，使负债成本上升，流动性风险随之上升。另一方面，不少非银行背景的金融租赁公司也会出于流动性安全的考虑避免期限错配问题，但很难实现。由于银行借款的期限一般不超过1年，也有金融租赁公司采用有追索的保理业务将租赁资产回款现金流与负债相匹配，但这种保理业务操作繁杂，还面临资产非洁净转让的合规性问题，实际上

可操作的空间并不大。至于期限比较长的 ABS 和金融债，则会面临包括发行资格需要监管部门审批、发行规模有限和发行成本有时高于借款利率等问题。

四　2020年金融租赁业展望

2019 年，在融资难度增加、外部信用风险攀升的环境下，受融资端和业务端的双重不利影响，融资租赁行业发展速度显著放缓，部分融资租赁企业减少了项目投放，并且增加了减值计提，盈利能力亦同比下滑。行业协会调查显示，2019 年第二季度的行业景气指数和信心指数均环比下降，行业发展面临着近十年来困难最多、挑战最大的内外部形势。

一是信用违约和爆雷情况增多。Wind 数据显示，截至 2019 年 12 月 1 日，已有 156 只债券违约，涉及金额合计 1213.51 亿元，庞大集团、沈阳机床、安徽外经、中信国安、精工集团、南京建工、中民投、三胞集团、北大方正、康得新、宁夏宝塔等多期债券出现了违约，涉及地方国企、上市公司、政府融资平台，民营企业更是债券违约集中多发领域。据不完全统计，2019 年第三季度末，金融租赁公司总体不良资产约 243.81 亿元，同比增长 48.59%；不良资产率 0.94%，同比上升 0.26 个百分点。

二是行业监管愈发严厉。2019 年 5 月，银保监会发布《关于开展"巩固治乱象成果促进合规建设"工作的通知》（银保监发〔2019〕23 号），对市场乱象"零容忍"，明确列举了金融租赁公司红线范围，尤其是不得违规以公益性资产、在建工程、未取得所有权或所有权存在瑕疵的财产作为租赁物。截至 2019 年第三季度末，已有 7 家金融租赁公司收到罚单，处罚金额共计 345 万元。

三是转型发展要求迫切。目前，行业监管职责已由商务部划统一转至银保监会，财政部发布了"新租赁准则"并明确了实施时间表。同时，全国融资租赁企业数量已突破一万家，总体业务规模达到 6.68 万亿元，行业需加快向高质量发展方式转型。

展望 2020 年，中国金融租赁业预计将在以下方面进一步发展完善和转型提升。

　　首先，内资试点租赁和外资租赁公司将面临全面规范、清理、整顿和洗牌。2018年4月，商务部将制定融资租赁公司业务经营和监管规则的职责划给银保监会，在此背景下行业对于未来监管期待是保持总体稳定，实现监管功能统一下的差异化监管和分类适度监管。一个实际情况是，融资租赁企业数量庞大，确实存在一定数量的"空壳"公司，而伴随从严监管的趋势，行业调整在所难免。从监管实践看，各地方金融监管部门相继展开对融资租赁企业的排查工作，加大对"空壳""失联""僵尸"企业和违规违法经营企业的清理整顿。从发展趋势来看，融资租赁这一"类金融"领域的具体监管规则会向金融租赁的行业监管要求看齐靠拢。就行业企业自身来说，在新的监管要求和发展形势下，租赁企业需要进一步夯实内功，加快推动自身业务转型，围绕资产管理方向来培育核心竞争力。

　　其次，全行业监管统一只是相对统一，不论是监管规则还是行为监管，短期内，对金融租赁公司与内资试点租赁公司、外资租赁公司而言都不会完全统一。从金融属性上看，金融租赁公司会继续按照非银行金融机构的分类，作为金融企业受到银保监会更加严格的监管，在市场上会作为金融同业获准进入金融同业拆借市场，作为金融机构主体发行金融债。而内资试点租赁公司、外资租赁公司则会由地方金融监管局进行行为监管，在市场上被视为一般企业，不会获准进入金融同业拆借市场，但可以发行企业债。从监管规则上看，金融租赁公司与内资试点租赁公司、外资租赁公司在金融属性上的差别，决定了不可能对它们采用同一套监管规则，对金融租赁公司仍会沿用《金融租赁公司管理办法》进行监管，而对内资试点租赁公司、外资租赁公司则会按照新的《融资租赁公司管理办法》进行监管。

　　最后，要以服务实体经济发展为根本宗旨，坚守租赁业务本源，坚持"产融结合、以融促产"的发展思路，加快业务转型和服务创新，坚持走高质量发展的道路。一是坚持专业化，对于具有制造业央企背景的租赁公司来说，建议着重发展集团重点板块，并进一步细分到单一租赁物和单一行业，从采购、运营管理到残值处理等全过程全方面做精、做深，打造更低成本、更具特色的运营模式。二是坚持差异化，在融资租赁行业趋向高度同质化竞争的背景下，企业利润空间、市场潜力都会受到不同程度影响，所以差异化发展战略成为必然选择。只有通过精耕细作，才能够为租赁公司带来差异化优势——融资租赁的差异定位是寻求与其他银行业金融机构的服务差异。三是坚持特色化，通过充分发掘自身禀赋，专注某一行业、某一地区、某一领域，持之以恒地打造自身有特色的核心竞争力。从行业性质与经营来说，融资租赁不仅在于融资，更是集贸易、投资、融资于一体。企业应通过整合不同资源平台，在合法合规和政策引导下，努力发挥服务实体经济的融资与融物优势，凸显和加强产融结合，助力和促进产业升级，这才是其在市场竞争中打造自身特色的核心所在。

参考文献

［1］ 王力等：《中国融资租赁业发展报告（2018～2019）》，社会科学文献出版社，2019。

［2］ 中国融资租赁三十人论坛：《中国融资租赁行业2018年度报告》，中信出版社，2019。

［3］ 王国刚：《中国金融70年》，经济科学出版社，2019。

［4］ 杨博钦：《中国融资租赁市场发展的制度分析》，中国社会科学院研究生院博士学位论文，2013。

［5］ 王卫东：《我国融资租赁公司的融资问题研究》，西南财经大学硕士学位论文，2012。

［6］ 万晓芳：《金融租赁业发展路径》，《中国金融》2017年第19期。

［7］ 赵桂才：《金融租赁推动实体经济发展》，《中国金融》2017年第20期。

［8］ 赵文兴：《政策套利与规则优化：外商融资租赁井喷增长》，《金融发展研究》2014年第10期。

［9］ 中国融资租赁三十人论坛、零壹融资租赁研究中心：《中国融资租赁行业年度报告》，中国经济出版社，2018。

［10］ 中国外商投资企业协会租赁业工作委员会、北京市汇融律师事务所：《中国融资租赁业发展大事》，2011。

［11］ 黄敏：《回归本源：金融租赁行业的未来之路》，《中国银行业》2017年第10期。

［12］ 姜仲勤：《融资租赁在中国问题与解答》，当代中国出版社，2008。

［13］廖岷：《中美两国融资租赁业的比较研究》，《新金融评论》2012年第2期。

［14］孙宏涛、李栋栋：《融资租赁行业强监管已成趋势》，《民主与法制时》2020年2月20日第5版。

［15］王纪东：《金融租赁公司风险评估与防控研究》，山东大学硕士学位论文，2019。

［16］王茂昌：《金融租赁公司流动性风险管理探析》，《金融发展研究》2019年第11期。

［17］王子建、徐虔：《我国融资租赁行业进入转型升级发展新阶段》，《银行家》2019年第11期。

［18］华挺、宋颖达：《金融租赁公司流动性风险研究》，《运筹与管理》2019年第9期。

［19］付秋虹：《我国融资租赁行业监测框架探索研究》，《西部金融》2019年第9期。

［20］黎政：《我国融资租赁行业发展浅析》，《纳税》2019年第24期。

［21］崔思强：《我国金融租赁行业面临的问题分析及优化路径探讨》，《现代营销》（下旬刊）2019年第8期。

［22］杨广：《金融租赁公司发展模式及对策》，《中国外资》2019年第15期。

［23］徐虔、罗丽媛：《融资租赁迎来统一监管》，《银行家》2019年第8期。

［24］刘见和、田嘉莉：《航天金租金融租赁创新之路》，《中国军转民》2019年第7期。

［25］杨雨晴、许争、高磊：《"一带一路"倡议下金融租赁发展的路径选择》，《甘肃金融》2019年第6期。

［26］王美美：《我国融资租赁现存问题及对策分析》，《现代商业》2019年第14期。

［27］沈丽芳、裴荣荣：《统一监管下融资租赁业发展新态势》，《航空财会》2019年第1期。

［28］郭秀慧：《金融服务实体经济的路径分析》，《中国经贸导刊（中）》2019年第4期。

［29］刘见和、王健钢：《航天金租：发挥产融结合优势　助力实体经济发展》，《中国军转民》2019年第4期。

［30］冯晨晨：《探索融资租赁行业发展方向》，《现代经济信息》2019年第6期。

［31］李军：《浅析我国融资租赁业发展的现状、问题与对策》，《中国管理信息化》2019年第5期。

［32］梁荣栋：《金融租赁公司发展现状及信用风险展望》，《债券》2019年第2期。

［33］金波涛：《金融租赁行业高质量发展思考》，《海峡科技与产业》2019年第2期。

［34］袁伟：《金融租赁公司全面风险管理面临挑战》，《中国银行业》2019年第1期。

［35］姜雪松：《我国融资租赁业发展现状及对策建议》，《产业创新研究》2018年第11期。

金融市场运行篇

State of China's Financial Markets

B.8
2019年中国货币市场运行
分析及改革与发展

李　刚[*]

摘　要： 2019年我国货币市场运行更加平稳，交易量绝对水平上升，增速持续下行；从客户结构来看，银行资金宽松，非银行金融机构成本下降，隔夜占比明显上升，融资利率波动性有所下降。市场运行也出现了三方面的新现象：一是金融供给侧改革下，受包商银行托管事件的影响，中小银行存单利差明显提升，二级市场交易活跃度下降，存单发行期限拉长；二是下半年，受房地产调控和需求不足的影响，票据利率出现了几次断崖式下跌；三是货币市场利率在存贷款利率改革中承担双重调控职能，一方面通过短端

---

[*] 李刚，博士，鹏扬基金管理有限公司执行董事、合伙人、副总经理、副研究员、高级经济师，主要研究方向为宏观经济和货币政策、债券市场和大类资产配置。

资金利率调控金融市场体系，另一方面通过 MLF、LPR 等中长端利率调控信用体系，进而引导实体经济融资成本下降。

关键词： 货币市场　金融供给侧改革　MLF　LPR

一　货币市场概况

货币市场是指期限在一年以内的短期资金市场，是金融市场重要的组成部分，也是调节短期资金头寸、传导货币政策和形成短期市场基准利率的重要场所，主要由同业拆借、债券回购、同业存单、票据市场和短期债券市场等子市场构成。其中，债券回购、同业拆借和同业存单等市场作为批发性短期资金市场，交易量大、流动性高且影响范围广，是货币市场最重要的组成部分，因此本报告予以重点分析，后续所称货币市场主要指上述三个子市场。

（一）总体交易规模

自 2016 年下半年开始，货币市场业务规模同比增速回落。2018 年，货币市场交易重新回暖，增速回升至 20% 以上。2019 年在金融市场风险不断上升的背景下，货币市场交易持续活跃。截至 2019 年 9 月末，当年货币市场累计交易量达到 771 万亿元，其中，银行间市场债券回购、同业拆借和同业存单累计交易量分别达 614 万亿元、120 万亿元和 37 万亿元，同比增速分别为 15.5%、18% 和 131%。货币市场交易规模在 2018 年结束紧缩恢复增长，主要归功于宏观货币环境以及金融市场流动性的改善。特别是 2018 年以来，央行五次降准，释放了大量的流动性，货币市场流动性不断改善。

截至 2019 年 9 月末，银行间市场债券回购累计成交 614 万亿元，日均成交 3.3 万亿元，同比增长 16.2%；同业拆借累计成交 120 万亿元，日均成交

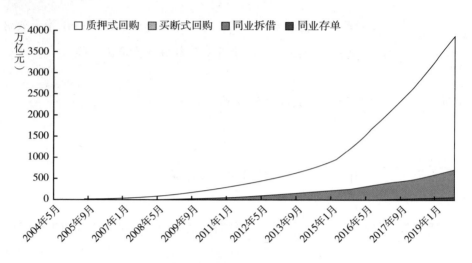

图1 货币市场累计交易量

资料来源：Wind 数据库。

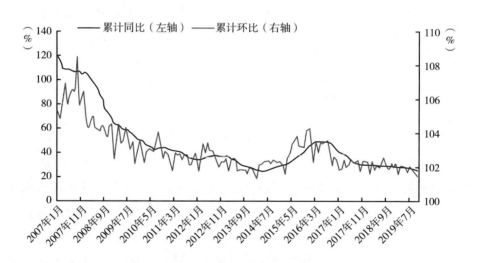

图2 货币市场交易量累计增速

资料来源：Wind 数据库。

6365 亿元，同比增长 18.7%。从期限结构看，回购和拆借隔夜品种的成交量分别占各自总量的 85.2% 和 91.7%，占比分别较上年同期上升 4.4 个和 1.8 个百分点。交易所债券回购累计成交 179.8 万亿元，同比上升 2.6%。

（二）交易品种结构

从交易品种结构来看，债券回购业务仍然占据主导地位，截至2019年9月末，债券回购、同业拆借交易量和同业存单发行量占货币交易量比例分别为83%、13%和4%。以债券回购业务为主导的交易品种结构主要受整体信用环境、交易期限、经济资本占用和交易便捷程度等因素影响。从整体信用环境来看，在国内经济持续下行、国际经济增长举步维艰的形势下，当前我国整体信用水平不高，且在严监管下交易对手的信用风险更为突出。由于银行间债券回购以债券作为质押，且所押债券大部分为国债、政策性金融债券和同业存单等低风险债券，相比同业拆借业务，信用风险相对较小。从交易期限来看，银行间债券回购期限大部分低于7天，相比同业存单和票据贴现期限更短，因而交易频率更高，导致累计交易量更大。从经济资本占用来看，大部分银行间债券回购经济资本占用系数不到25%，相比同业拆借业务来说较低。从交易便捷程度来看，债券回购业务通过银行间市场和交易所市场进行，标准化程度和透明化程度均较高。

同业存单具有债券回购业务的大部分特征，自2013年12月出现以来

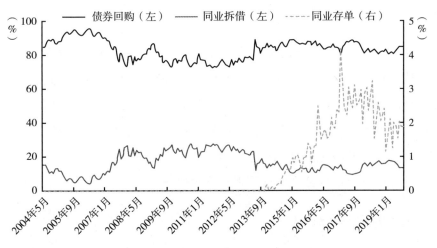

图3 分品种货币市场月度交易量占比

资料来源：Wind数据库。

迅速发展，增速远超其他业务品种，已成为同业市场投融双方青睐的产品。但是，随着监管的强化，同业存单增速已经放缓。截至 2019 年 9 月末，同业存单托管余额 10.12 万亿元，比 2018 年末仅增长了 0.23 万亿元（见图 4）。

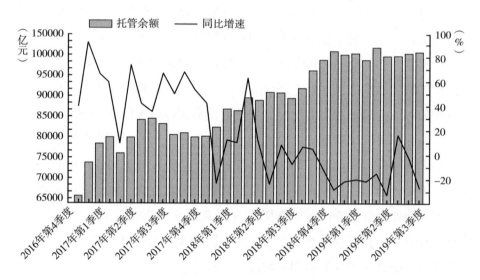

图 4 同业存单托管余额及同比增速

资料来源：Wind 数据库。

同业存单作为一种流动性高、相对安全的金融工具，从一开始就受到了一些机构投资者的青睐。不过，随着包商银行和锦州银行事件的爆发，不同银行发行的同业存单认购率出现了明显分化。国有银行和股份制银行发行的同业存单依然受到机构投资者的偏爱，发行认购率一直保持在高位。但城商行和农商行发行的同业存单认购率出现了明显下行的趋势（见图 5）。这表明，同业存单发行市场分层出现了常态化的趋势。

（三）客户融资结构

从货币市场的客户融资结构来看，中资大型银行、中资中型银行为资金主要净融出方，中资小型银行、证券业机构、其他金融机构及产品等为资金

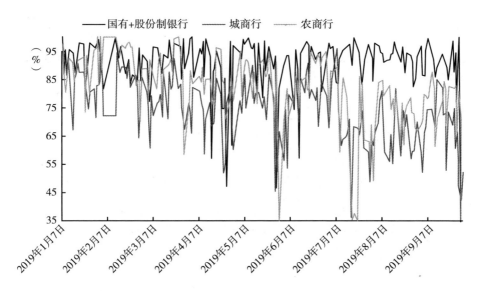

图 5 同业存单发行认购率

资料来源：Wind 数据库。

主要净融入方。

银行间回购和拆借交易活跃，从融资主体结构看，主要呈现以下特点：中资大中型银行为货币市场的资金净融出方，融出量同比增速回落；其他金融机构及产品与证券业机构前三季度净融入资金200.8万亿元，占全部净融入资金的85.7%；保险业机构融入资金保持快速增长（见表1）。

表1 银行间市场不同类型机构回购、拆借净融入（出）额

单位：亿元

机构	回购市场		同业拆借	
	2019 年前三季度	2018 年前三季度	2019 年前三季度	2018 年前三季度
中资大型银行	−1459948	−1216825	−219620	−214156
中资中型银行	−557039	−716120	−106491	−112352
中资小型银行	138117	381610	82008	140885
证券业机构	633339	498260	195045	143819

续表

机构	回购市场		同业拆借	
	2019 年前三季度	2018 年前三季度	2019 年前三季度	2018 年前三季度
保险业机构	61983	48317	189	634
外资银行	70940	54274	– 17989	– 5865
其他金融机构及产品	1112608	950484	66859	47035

注：①表中中资大型银行包括中国工商银行、中国农业银行、中国银行、中国建设银行、国家开发银行、交通银行、中国邮政储蓄银行；中资中型银行包括政策性银行、招商银行等9家股份制商业银行、北京银行、上海银行、江苏银行；中资小型银行包括恒丰银行、浙商银行、渤海银行、其他城市商业银行、农村商业银行和合作银行、民营银行、村镇银行；证券业机构包括证券公司、基金公司和期货公司；保险业机构包括保险公司和企业年金；其他金融机构及产品包括城市信用社、农村信用社、财务公司、信托投资公司、金融租赁公司、资产管理公司、社保基金、基金、理财产品、信托计划、其他投资产品等，其中部分金融机构和产品未参与同业拆借市场。②负号表示净融出，正号表示净融入。

资料来源：见中国人民银行《中国货币政策执行报告》。

（四）期限结构

期限结构呈现两大特征。一是融资期限以短期为主，期限越长，交易量越小（见图6）。以银行间质押式回购和同业拆借为例，2019年前3个季度质押式回购交易量中1天和7天期限的交易量占比分别为85%和9%，7天以上期限的交易量累计占比仅为6%；同业拆借交易中1天和7天期限的交

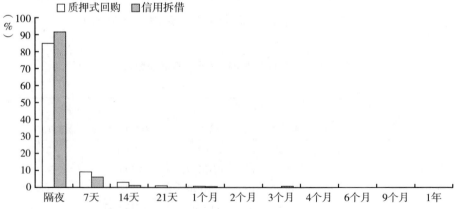

图6　2019年前三季度质押式回购和同业拆借各期限交易量占比

资料来源：Wind 数据库。

易量占比为 92% 和 6%，7 天以上期限的交易量累计占比仅为 2%。二是短期融资占比受资金面影响较大。2019 年前两个季度，短期融资占比延续了 2018 年以来逐步抬升的态势。6 月末质押式回购及同业拆借隔夜成交占比一度达到 86% 和 94% 的水平，7 月开始受货币市场利率有所收紧影响，隔夜成交占比回落明显（见图 7、图 8）。

图 7　质押式回购和同业拆借隔夜交易量占比

资料来源：Wind 数据库。

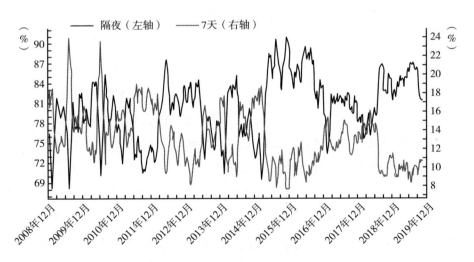

图 8　隔夜和 7 天质押式回购交易量占比

资料来源：Wind 数据库。

二 货币市场主要子市场发展动态

（一）债券回购市场

从交易场所来看，我国债券回购市场可分为银行间债券回购市场和交易所债券回购市场，其中银行间债券回购市场作为批发型市场占据主导地位，但近年来交易所债券回购市场规模快速增长，在整个市场中的影响力逐步加大。银行间债券回购市场可分为质押式回购市场和买断式回购市场，其中，质押式回购市场占据主导地位，买断式回购市场整体交易量不大。

随着货币市场环境逐步宽松，2018年债券回购交易量从2017年的负增长重新转为正增长。受"包商银行事件"影响，银行间债券回购及债券回购总交易量同比增速均在2019年5月开始出现下降，考虑到银行间债券信用风险有所加大，部分投资者转向交易所债券，在央行6~7月大额投放流动性维稳后，交易所债券回购量同比增速在7月开始回升，而银行间债券回购量同比增速则在9月开始回升。截至2019年9月末，银行间债券回购成交量66.53万亿元，交易所债券回购成交量18.84万亿元；银行间债券回购成交量同比增长8%，较上年同期增加7个百分点，交易所债券回购成交量同比增长14%，较上年同期增加39个百分点（见图9、图10）。

从结构上看，交易所债券回购占比自2017年第四季度以来逐步下降，2018年上半年趋于稳定，6月后加速下降，从2017年9月末的26.8%逐步降低至2018年9月末的21.2%。交易所债券回购参与主体主要是非银行金融机构，2017年第四季度交易所债券回购占比下降，主要是因为受到金融严监管、流动性结构性偏紧等影响，利率品种大幅增加，机构主动降低杠杆率；2018年下半年交易所债券回购占比加速下滑，主要原因是随着央行降准及各种补充流动性的工具出台，6月后银行间债券市场宽松，银行间融资成本显著低于交易所，部分金融机构转移至银行间债券市场融资。与交易所债券回购不同的是，银行间债券回购无论是绝对交易量还是

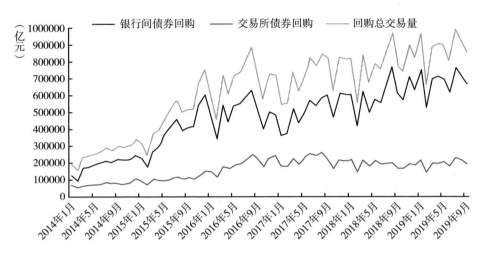

图9　银行间债券和交易所债券回购交易量

资料来源：Wind 数据库。

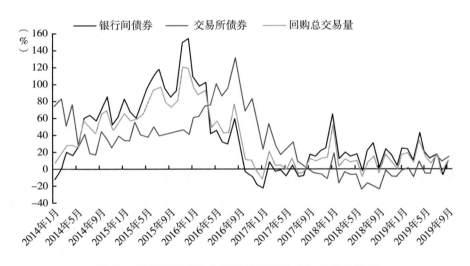

图10　银行间债券和交易所债券回购交易量同比增速

资料来源：Wind 数据库。

占比，都呈现稳步回升的趋势，但 2019 年 9 月末，银行间债券回购占比
77.94%，比上年同期下降约 1 个百分点，而交易所债券回购占比则上行
0.8 个百分点至 22.06%（见图 11）。

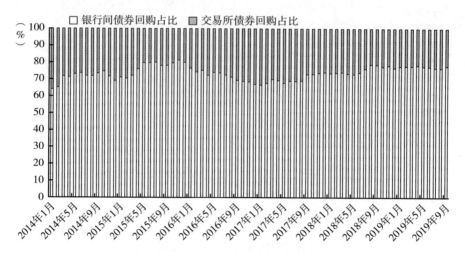

图 11　银行间债券和交易所债券回购交易量占比

资料来源：Wind 数据库。

就债券回购市场交易而言，杠杆率总体回落，但机构杠杆率结构分化明显。

从全市场来看，2019 年银行间债券杠杆率相比 2018 年稳中有降，前三季度平均杠杆率为 108%，比上年同期平均杠杆率回落了 1 个百分点，金融去杠杆效果显现（见图 12）。但是分机构来看，结构分化比较严重，主要特征为，非银行机构降杠杆，商业银行加杠杆。其中广义基金杠杆率从年初的 117% 下降至 9 月末的 107%。商业银行杠杆率整体从年初的 97% 上行 3 个百分点至 7~8 月 100% 左右的水平，虽然仅上升 3 个百分点，但由于商业银行体量较大，因此整体加杠杆的幅度还是比较大的。证券公司和广义基金类似，2019 年整体处于降杠杆的过程中，杠杆率从年初的 223% 下降到 9 月末的 218%，或与债券市场利差压缩、套息空间较小有关。保险机构 2019 年杠杆率变动不大。从商业银行内部来看，除农商行、外资行外，大行 + 股份行、城商行等杠杆率均有所上升（见表 2、图 13、图 14）。

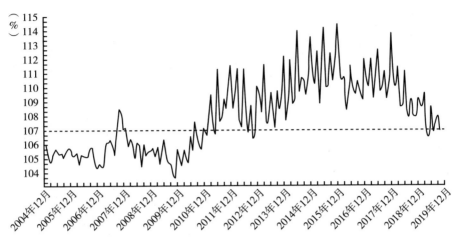

图12　全市场银行间债券杠杆率

注：全市场银行间债券杠杆率 = 债券托管量/（债券托管量 − 待购回余额）
资料来源：Wind 数据库。

表2　不同金融机构的杠杆率比较

单位：%

机构	2019 年 9 月	2019 年 8 月	2019 年 7 月	2019 年 6 月	2019 年 5 月	2019 年 4 月	2019 年 3 月	2019 年 2 月	2019 年 1 月
政策性银行	76	69	76	76	79	76	75	77	82
商业银行	99	100	100	97	99	99	96	98	97
大行 + 股份行	97	98	98	95	98	97	94	95	94
城商行	107	109	108	106	103	105	103	110	106
农商行	104	104	103	104	106	108	105	108	106
农合行	93	77	92	97	108	109	91	89	86
村镇银行	76	63	74	78	64	67	78	53	59
外资行	101	108	104	111	104	107	106	110	109
其他银行	102	93	96	97	97	94	91	88	85
信用社	99	89	89	105	94	97	102	88	88
保险机构	108	108	105	110	106	104	105	109	109
证券公司	218	206	187	226	212	225	261	229	223
基金公司及基金会	100	100	100	100	100	100	100	100	100
其他金融机构	82	62	73	90	102	92	87	105	95
非金融机构	100	100	100	100	100	100	100	100	100
广义基金	107	106	104	115	106	108	121	112	117
其中:商业银行理财产品	123	115	109	152	118	126	164	132	163
境外机构	99	100	98	98	99	99	98	99	99

资料来源：Wind 数据库、中债登。

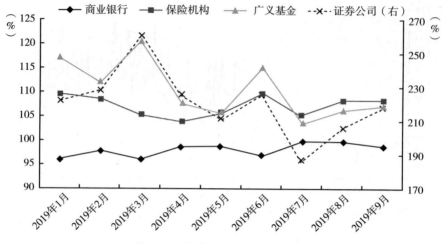

图13 2019年分机构杠杆率比较

资料来源：Wind 数据库、中债登。

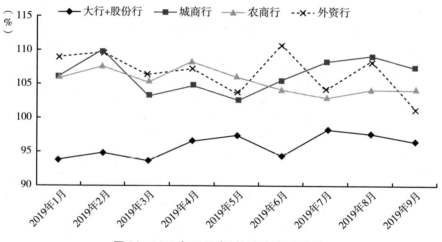

图14 2019年不同类型银行杠杆率比较

注：机构杠杆率 =（债券托管量 - 买断式待返售余额 + 买断式待购回余额）/（托管量 - 质押式待购回余额 + 质押式待返售余额）

资料来源：Wind 数据库、中债登。

（二）同业拆借市场

与 2018 年同业拆借成交量单边上行不同，2019 年同业拆借成交量经历了先增加后减少的过程，主要的转折点发生在"包商银行事件"之后，银行间市场信用风险有所扩大，同业拆借成交量有所萎缩。2019 年 1～5 月，同业拆借月度存量金额基本在 1.4 万亿元左右，而"包商银行事件"之后，月度存量均值下降了近 4000 亿元，2019 年第三季度在 1 万亿元左右（见图 15）。而随着央行 7～8 月连续的流动性投放及维稳信用风险的措施陆续出台，同业拆借成交量大幅萎缩的现象有所减缓。

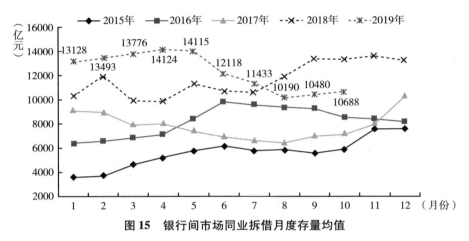

图15　银行间市场同业拆借月度存量均值

资料来源：Wind 数据库。

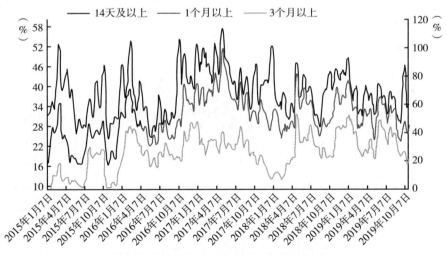

图16　银行间市场各期限同业拆借量占比

资料来源：Wind 数据库。

图17 银行间市场 60 日移动平均同业拆借量及其增速

资料来源：Wind 数据库。

Shibor 市场基准利率作用进一步增强，但仍存在一定滞后。2019 年前三季度，Shibor 与债券回购、同业拆借利率的相关性较 2017 年同期增强，尤其是第三季度以来，Shibor 与债券回购利率的相关性明显增强（见图18）。

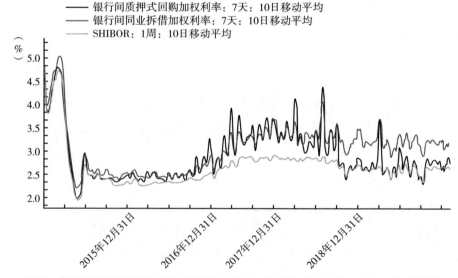

图18 银行间质押式回购及同业拆借 7 天加权利率及 SHIBOR（10 日移动平均）

资料来源：Wind 数据库。

Shibor 中长期利率与同业存单利率的相关性较高，且 Shibor 较同业存单利率波动小、稳定性高，对长期利率的传导作用在稳健中性的货币政策环境下不断增强。值得注意的是，从时间顺序上看，Shibor 3 个月利率较 3 个月同业存单利率略滞后一两天到几天不等（见图 19）。

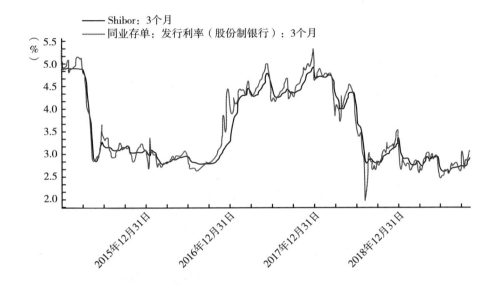

图 19 Shibor 和同业存单利率

资料来源：Wind 数据库。

（三）同业存单市场

一级市场发行分化，存量基本平稳。"包商银行事件"以来各机构存单融资情况可总结为大行发力，低评级机构持续净融资为负。大行自"包商银行事件"发生 5 个月以来正的净融资额累计达 5863 亿元，基本覆盖"包商银行事件"发生后城商行的净融资 –4375 亿元、农商行的净融资 –1254 亿元。

存量方面，截至 2019 年 9 月，同业存单余额 10.12 万亿元，比 2018 年

末增加 0.23 万亿元，其中大行、股份行、城商行、农商行分别为 1.37 万亿元、3.66 万亿元、4.11 万亿元和 0.91 万亿元（见表 3）。

表 3　截至 2019 年 9 月同业存单发行量及其分布

单位：万亿元，%

余额存量	全市场	大行	股份行	城商行	农商行
	10.12	1.37	3.66	4.11	0.91
评级分布	AAA			AA +	
	数量	占比		数量	占比
	8.33	82		1.30	13

注：大行指中国工商银行、中国农业银行、中国银行、中国建设银行、交通银行、中国邮政储蓄银行。

资料来源：Wind 数据库。

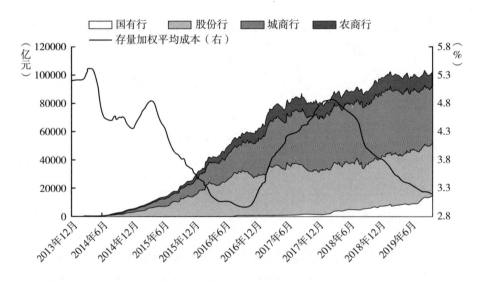

图 20　同业存单存量主体结构

资料来源：Wind 数据库。

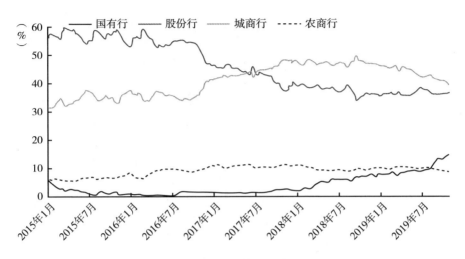

图 21　同业存单存量主体占比

资料来源：Wind 数据库。

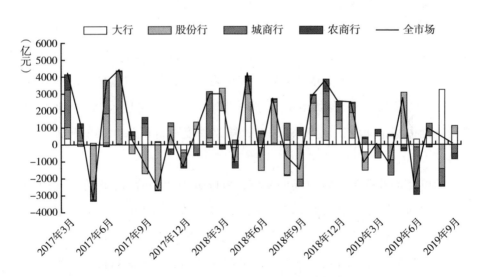

图 22　不同类型银行同业存单存量净融资额

资料来源：Wind 数据库。

表4　2019年各月份大型国有银行同业存单发行额

单位：亿元

发行量	中国工商银行	中国建设银行	中国农业银行	中国银行	交通银行	中国邮政储蓄银行	合计
2019 年 1 月	—	—	—	—	314	—	314
2019 年 2 月	—	212	—	—	359	—	571
2019 年 3 月	—	228	123	470	365	—	1186
2019 年 4 月	—	53	4	209	337	—	604
2019 年 5 月	—	6	113	194	395	—	707
2019 年 6 月	—	134	—	30	187	—	351
2019 年 7 月	—	285	261	674	453	28	1700
2019 年 8 月	—	667	1096	860	206	75	2903
2019 年 9 月	—	117	99	588	9	95	908
2019 年 10 月	—	773	139	208	250	—	1370
合计	—	1702	1695	3025	2624	198	9244

资料来源：Wind 数据库。

广义基金与商业银行为同业存单的前两大投资主体。截至2019年9月末，广义基金持有同业存单4.83万亿元，占比36%，主要是货币基金持有；商业银行持有同业存单3.57万亿元，占比27%；政策性商业银行持有同业存单占比4%，比上年同期减少4个百分点；境外机构持有同业存单占比2%（见图23）。公募货币基金2019年第二季度报告显示投资同业存单的货币基金占基金净值比例为29.62%，第二季度末货币基金存单配置规模为2.14万亿元。

2019年同业存单二级市场的演变，可以分为两个阶段，5月"包商银行事件"之前，同业存单二级市场延续2018年以来的活跃成交态势，成交量始终处于较高水平。但"包商银行事件"之后，同业存单二级市场交易量快速萎缩，主要受银行信用风险影响，各机构均对同业存单保持谨慎态度，尤其是低评级存单，其发行认购和二级市场交易均受到较大影响，"包商银行事件"以来二级市场成交量萎缩近50%，并且目前暂未看到缓和迹象。

同业存单发行利率呈现明显的季节性特征，且分化有所加大。自2017

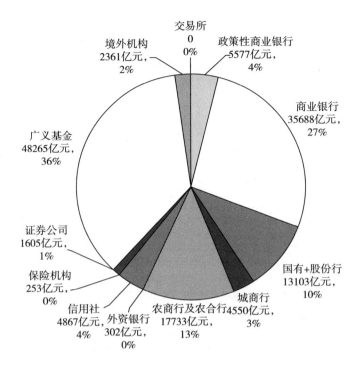

图23　同业存单的投资者结构

资料来源：Wind 数据库、中债登。

年以来，受到宏观审慎评估（MPA）考核以及同业存单第一大持有主体——货币基金投资期限的制约，同业存单发行利率开始呈现出临近季末抬升的特点，并同时伴随发行放量。

不同发行主体利差水平一方面反映了不同类别金融机构之间的信用风险溢价，另一方面也与货币市场松紧程度有较强的相关性，资金面紧张加剧会使利差走阔。2019 年"包商银行事件"以来，大行、股份行与城商行、农商行存单发行利率出现中枢性偏差，显示银行信用风险对不同资质银行存单发行影响较大且持续存在。

2018 年以来，同业存单发行主体逐步拉长负债久期，9 个月及 1 年期限品种发行量占比稳步抬升。在商业银行一般性存款总账增速放缓的背景下，商业银行为降低资产负债错配的压力，同时保证满足监管要求的同业资金来

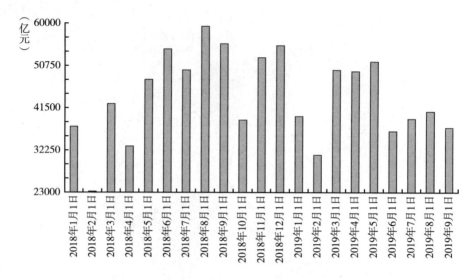

图24　2018年至2019年9月同业存单二级市场月度成交额

资料来源：Wind数据库。

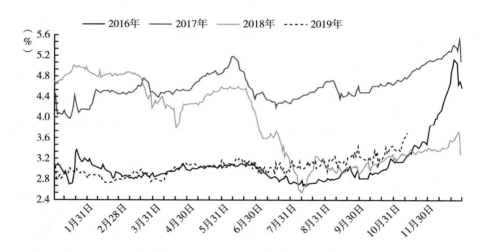

图25　3个月期同业存单发行利率

资料来源：Wind数据库。

源，对长期限同业存单的发行需求增加。可能原因：①被动配置地方债叠加MPA考核增设企业中长期贷款考核指标，增加长久期负债的需求；②LPR

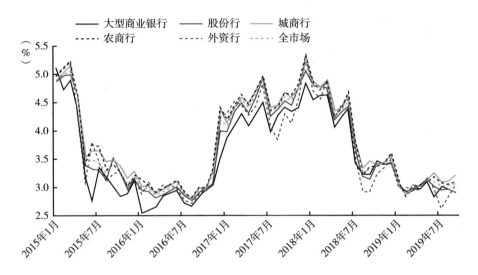

图 26 不同类型银行同业存单发行利率

资料来源：Wind 数据库。

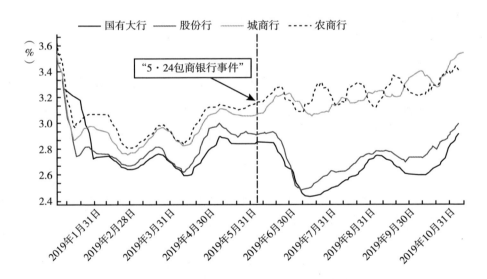

图 27 不同类型银行 3 个月同业存单发行利率

资料来源：Wind 数据库。

改革要求降低小微企业贷款利率，相较于 1 年期 MLF3.3% 的成本，1 年期同业存单 3.05% 的成本可边际减少负债成本；③2020 年初流动性考核指标；

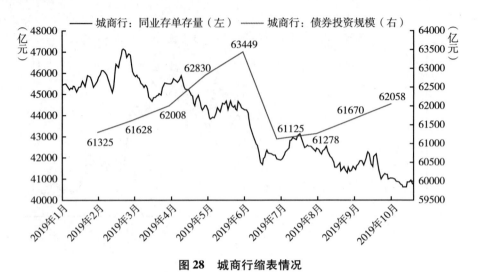

图28 城商行缩表情况

资料来源：Wind 数据库。

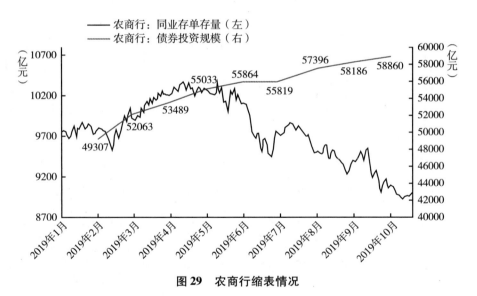

图29 农商行缩表情况

资料来源：Wind 数据库。

④从短端货币市场品种比价看，同业存单优于短期融资，投资者对1年期同业存单需求较大；⑤资金利率低点下，大行倾向于提高负债久期；利率市场化环境下，大行有意愿且有额度提高同业负债比例。

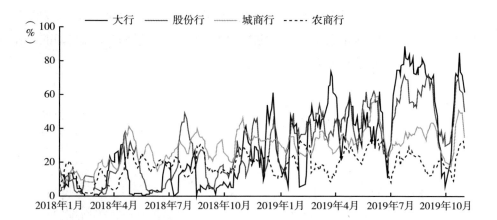

图30　不同类型银行1年期同业存单发行量占比

资料来源：Wind 数据库。

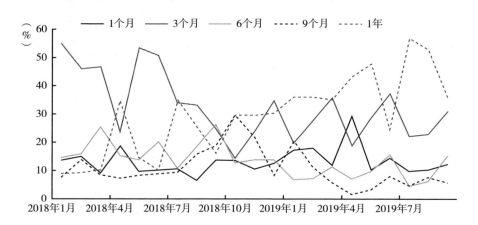

图31　各期限同业存单发行量占比

资料来源：Wind 数据库。

（四）票据市场——总量和利率波动加大

票据贴现余额持续扩大，截至 2019 年 6 月末，票据贴现余额达到 7 万亿元，接近同业存单存量水平，票据市场已经是一个体量相当大的子货币市场。随着上海票交所的建立，电子银票、电子商票的使用普及力度加大，未来票据市场将进一步迎来快速发展。尤其是资管新规中对于标准化债权资产的界定，将推动标准化票据迎来发展。2019 年以来，票据市场总体可以用总量和利率均是波动加大来总结。

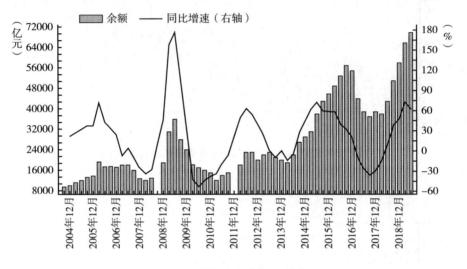

图 32　票据贴现余额及增速

资料来源：Wind 数据库。

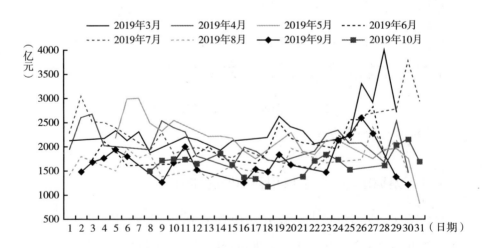

图 33　2019 年 3～10 月上海票交所每日票据交易额

资料来源：Wind 数据库。

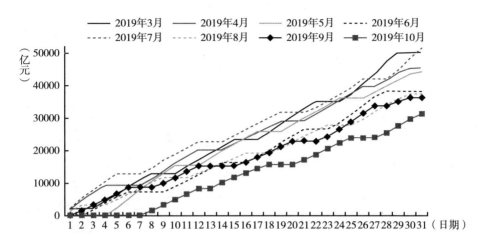

图34 2019 年 3 ~ 10 月上海票交所每日票据交易额累计同比增幅

资料来源：Wind 数据库。

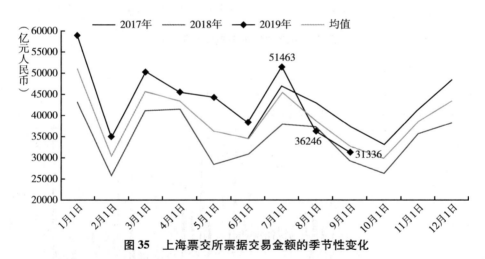

图35 上海票交所票据交易金额的季节性变化

资料来源：Wind 数据库。

三 货币市场利率走势

2019 年前三季度，中国人民银行保持稳健中性的货币政策。整体资金面均衡中性，在"包商银行事件"后资金利率一度降至历史较低水平，后续央行通过逆回购回收流动性，8～9月资金利率整体回到历史中枢水平，且2019年以来利率波动性有所加大。

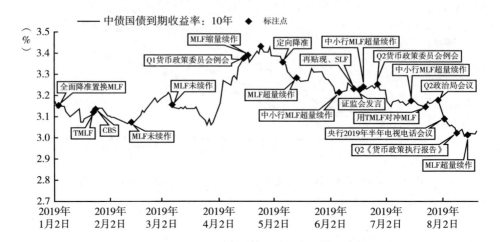

图36　2019年债市表现与政策事件

资料来源：Wind数据库。

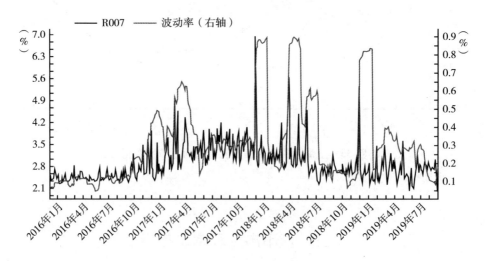

图37　R007及其波动率

资料来源：Wind数据库。

（一）市场利率中枢平稳，波动加大

1. 债券回购和同业拆借利率中枢平稳，波动增大

在稳健中性的货币政策背景下，2019年前三季度债券回购利率和同业拆借利率震荡中有所下行，其中债券回购和同业拆借隔夜利率走势与利率水平均较一致。2019年的资金利率与2018年下半年相比，波动性明显加大。以R007滚动30天标准差来衡量，2019年前三季度的均值要远远高于2018年7～10月的水平，显示了央行调控思路的转变，即在稳定资金中枢水平的同时，为了防范金融加杠杆风险，增大了资金利率的不确定性，使得债市加杠杆的情况有所收敛。

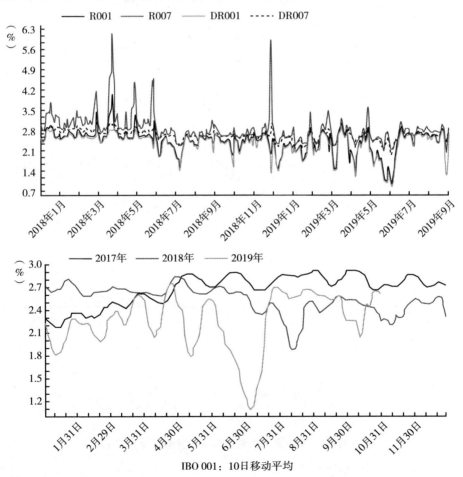

IBO 001：10日移动平均

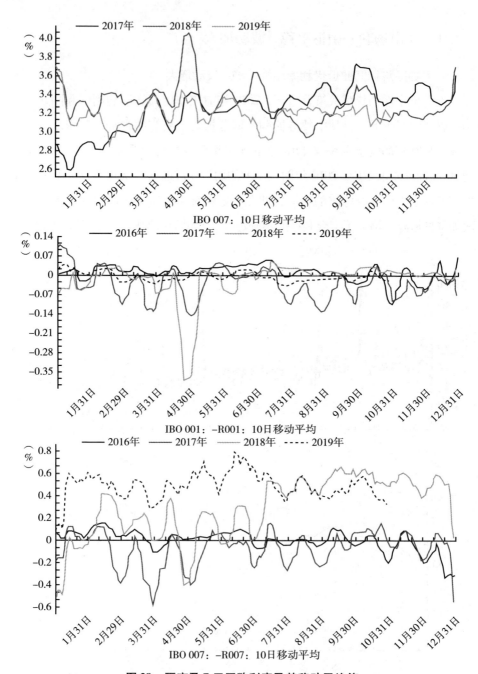

图38 隔夜及7天回购利率及其移动平均值

资料来源：Wind数据库。

2. 同业存单发行利率整体平稳略有下行

受 2017 年去杠杆政策和债券市场利率普遍上行的影响，同业存单利率 2016 年末以来震荡走高，2017 年末存单发行利率创其出现以来的最高纪录，3 个月股份制银行同业存单最高利率达 5.4%。2018 年以来，随着央行增强定向调控并更好地把握结构性去杠杆的力度和节奏，同业存单利率整体稳步下行。

（二）银行间市场资金面季节性特征减弱

缴税缴准会形成月内银行间市场资金面中下旬较上旬紧张的特征。2017 年以来，由于金融去杠杆、存款类机构对非银行金融机构的授信纳入 MPA 考核等因素影响，月末、季末资金面波动大于以往，2017 年末质押式回购 7 天加权平均利率最高达 5.04%。2019 年以来这种季节性特征明显减弱，银行间 7 天质押式回购加权平均利率整体维持在 2.6% ~ 2.7%。

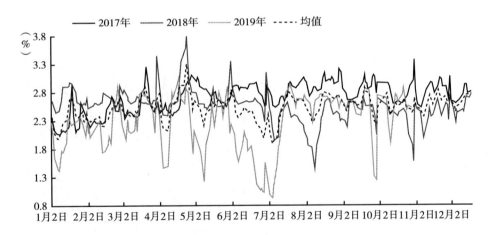

图 39　R001 的季节性

资料来源：Wind 数据库。

2019 年以来 R – DR 利差季节性弱化，绝对水平低于 2017 年、2018 年，显示流动性整体较为宽松。可能的原因有：①R：非银行机构从银行间市场

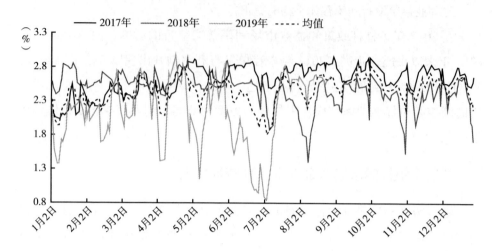

图40　DR001 的季节性

资料来源：Wind 数据库。

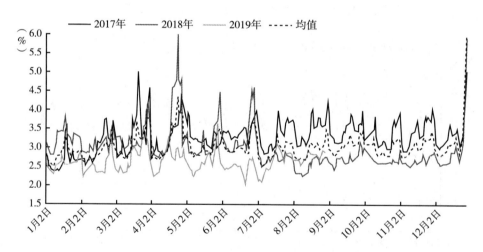

图41　R007 的季节性

资料来源：Wind 数据库。

转向交易所，杠杆率可能有所降低，对此质押式回购成交量持续下行可以予以佐证；②DR："包商银行事件"后银行内部也出现分化，导致 DR 有所上行。

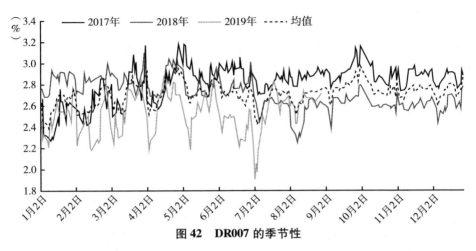

图42　DR007 的季节性

资料来源：Wind 数据库。

四　货币市场改革与发展

央行对货币市场调控能力进一步增强，央行增加结构化总量政策使用，降实体融资成本成为货币政策的主要基调。从央行流动性投放总量来看，相对于 2018 年，2019 年投放总量基本较为平稳，两次降准后由于回购和中期借贷便利（MLF）的回收，并未造成水位中枢性上升。

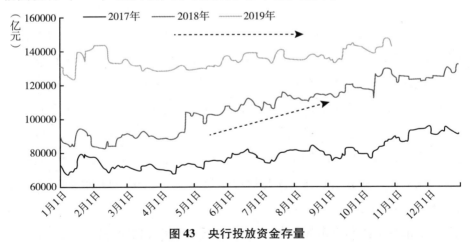

图43　央行投放资金存量

资料来源：Wind 数据库。

从流动性投放结构来看，首先，2018 年 10 月以来，公开市场投放占比下降，准备金投放占比增加；其次，公开市场中逆回购使用减少；中期借贷便利（MLF）存量减少，定向中期借贷便利（TMLF）增加。这一变化的结果是，长期资金、便宜资金占比提升。

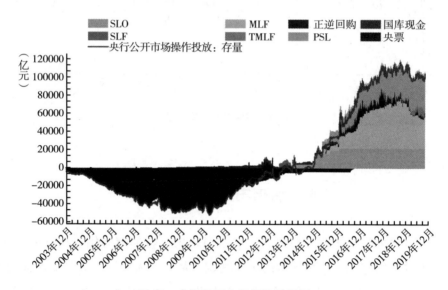

图 44　央行公开市场操作投放量

资料来源：Wind 数据库。

流动性存量增速方面，则呈现以下几个阶段性的变化。（1）2018 年 2 月至 2019 年 2 月：2018 年 2 月存量增速见底，此后一年，随着多轮降准等宽松措施的实施，总水位存量增速持续上行至本轮牛市高点（2019 年 2 月的 73%）；（2）2019 年 2 月至 5 月下旬 “包商银行事件” 发生：从 2 月存量增速高点快速下行至 “包商银行事件” 发生前的 30% 左右。（3）“包商银行事件” 发生后：“包商银行事件” 发生后央行为了防范金融市场的流动性风险，流动性投放有所增加，6 月后存量增速下行减缓，目前接近 2018 年初 20% 左右的水平。

货币市场承担利率市场改革中的双重调控职能。我国央行可以直接调控货币市场的利率，但货币市场利率向贷款利率的传导效率不高，一方面央行

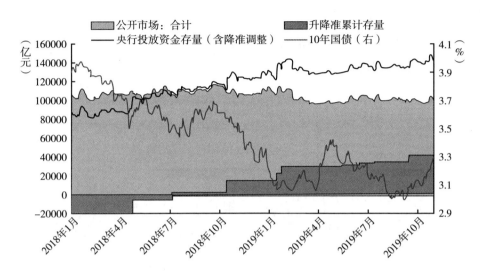

图45 央行投放资金存量及其结构

资料来源：Wind 数据库。

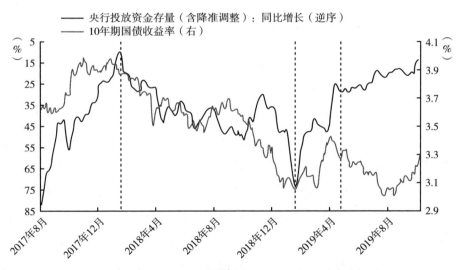

图46 央行投放资金存量增速与10年期国债收益率

资料来源：Wind 数据库。

对信贷市场进行调控的工具主要是存贷款基准利率，其市场化的程度与发达市场还有一定差距；另一方面信贷市场中贷款以短端浮动利率为基准的比例较低，因此短端货币市场利率的变动对长端贷款利率的影响在短期内并不大。正因为货币市场利率对信贷利率的传导效率不高，货币市场对实体经济的影响时滞也较长。

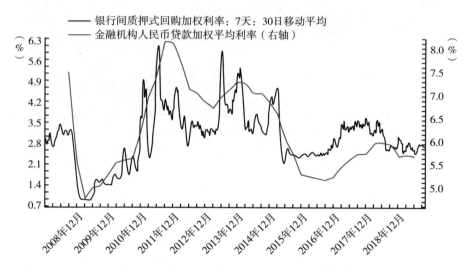

图 47　银行间质押式回购加权利率与金融机构贷款加权利率

资料来源：Wind 数据库。

资金利率与政策利率理论上具有较强的相关性，之前由于以政策利率为主导，宽信用主要通过政策利率传导，未来资金利率的传导作用会逐步增强。从历史上三轮大的宽松周期来看，降息都伴随着降准，但这轮宽松周期从 2018 年 4 月开始，已经 5 次降准，央行的定力增强，不再使用传统意义上的降息（调降 OMO、存贷款基准利率）策略。央行不断调整原有的宽货币传导路径（调节短端政策利率—货币市场利率—长期限利率—信用利差、贷款利率），通过将 MLF 直接挂钩贷款利率，来达到实体经济降息的效果，实际 LPR 已经连续两个月调降（并没有打破历史上降准必有降息的规律，只是形式不再是政策利率），因此顺着这个逻辑，央行在准备金水平尚有空间、汇率有所掣肘、防范债券市场杠杆再起的情况下，选择通过降准、TMLF 等政策来降低商业银行负债成本，引导实体经济降息的逻辑是可能会延续下去的。

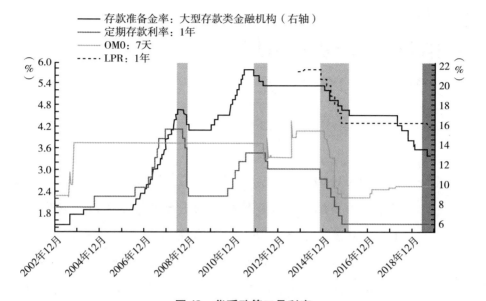

图 48　货币政策工具利率

资料来源：Wind 数据库。

参考文献

中国人民银行《中国货币政策执行报告》，2019。

B.9
2019年中国股票市场发展分析及2020年展望

尹中立　张运才　姚 云*

摘　要： 　　2019年股市运行总体趋势是上涨，呈现三大特点：一是股价结构分化，大盘蓝筹股得到资金的持续关注，股价持续上涨，绩差股总体走弱；二是各类概念股炒作有升温之势，"妖股"重出江湖，此类现象与监管政策的变化有关；三是境外投资者对A股市场的影响日渐增加，陆港通资金已经成为观察市场走势的风向标。

　　科创板推出是2019年度最重要的事件。科创板推出的第一个季度运行总体表现平稳，但新股发行定价偏高，二级市场定价严重偏高，随着科创板上市公司数量的增加，股价已经出现大幅度回落，将来依然存在估值回归的压力。科创板实施的注册制对A股市场有深远的影响。

　　展望2020年，人民币汇率趋稳，外资配置A股的需求将持续增加，蓝筹股将继续得到关注。市场无风险收益率持续走低，有利于股市活跃，但受注册制扩容的影响，绩差股的壳价值将继续贬值，绩差股的股权质押风险上升。在国内产业政策的引导下，龙头科技股将成为市场关注的焦点。

---

* 尹中立，博士，中国社会科学院金融研究所研究员，房地产金融研究中心主任，兼任民盟中央经济委员会副主任、住建部房地产市场专家委员会委员、荣盛发展首席经济学家；张运才，博士，国家金融与发展实验室特约研究员；姚云，经济学博士，中国社会科学院金融研究所资本市场研究室助理研究员，主要研究方向为公司金融、增长理论。

关键词： 股市 股价分化 科创板 注册制

2019 年前三季度的股票市场走势与 2018 年相比出现了反转，2018 年呈现单边下跌走势，而 2019 年主要趋势是上升的。2019 年股市的实际走势好于我们上个年度报告的预测。在《中国金融发展报告（2019）》中，我们预测 2019 年的股票市场走势即使不再是单边下跌，也难以出现趋势性上涨，"2019 年的股市仍将处在艰难寻底的过程中，估值体系正在重构，风险逐渐释放，投资者需要耐心等待投资机会"。市场超出我们的预期的主要原因是房地产市场表现出较强的韧性，我们预期的房地产投资下滑现象没有出现，对股市有较强的支撑作用。

一 2019年股票市场走势分析

2019 年的股市总体趋势是上涨的，与 2018 年形成比较大的反差。2018 年 10 月初至 2019 年 9 月底，上证 50 指数、中证 500 指数与恒生中国企业

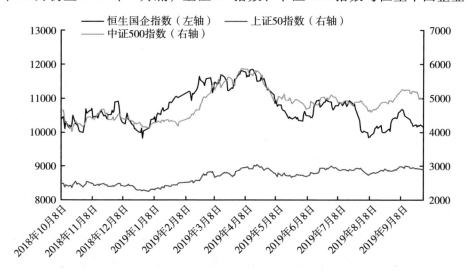

图1 上证 50 指数、中证 500 指数与恒生中国企业指数走势

资料来源：Wind 资讯。

指数分别上涨 16.52%、6.44%、-2.37%。

2019 年初至 2019 年 9 月底，上证 50 指数、中证 500 指数与恒生中国企业指数分别上涨 28.06%、19.58%、0.23%。

2019 年的股市行情与经济形势基本吻合，第一季度各项经济数据比 2018 年略有反弹，市场充满乐观的气氛，有些分析师甚至认为经济已经触底，加上第一季度货币环境宽松，股价出现逆转，从 2018 年 11 月开始持续上涨到 2019 年 3 月。

除了经济基本面因素之外，对 2019 年股市影响较大的因素还包括政策利好。在 2019 年 2 月 22 日中央政治局第十三次集体学习会议提出"金融供给侧结构性改革"后，2 月 25 日《中国证券报》刊发了社论《股市将成为国家重要核心竞争力的组成部分》。把股市与国家战略联系起来，在中国股市的发展历史上还属首次。在利好政策刺激下，2 月 25 日主要股指均跳空高开 1% 以上，当日收盘主要指数均上涨超过 5%。证券行业指数表现最突出，该指数于 2 月 22 日和 25 日两个交易日连续达到 10% 的涨幅限制。券商股被视为人气指标股，每轮股市上涨行情启动之初，券商股均一马当先。券商股的大幅度上涨对市场信心的提振十分关键。

4 月初，上证综合指数到了 3200 点，与 2018 年初的 3500 高点只有一步之遥。但从 4 月中旬发布的一些关键数据可发现，3 月的社会融资规模增速及实体经济表现不及年初的预期，经济触底回升的假设被证伪。5 月初，中美经贸谈判出现超预期的挫折后，股市上涨的信心开始有所动摇，股指在 3200 点左右挣扎十几个交易日之后开始走弱。

股市价格波动除了受到基本面因素影响之外，还受到来自上市公司的回购和"大小非"减持的扰动。从月度数据看，"大小非"减持的数量呈增加的趋势（见图 2），这符合市场自身的规律，因为随着时间的推移，解禁的股票必然是逐渐增加的。"大小非"减持的数量与股价波动之间有一定的相关性，股价上涨时，减持的数量也随之增加，在股价处于低位的 2019 年 1 月，"大小非"减持的数量只有 17 亿元，3 月是股价上升最快的阶段，减持的数量达到了 261 亿元高位，9 月是股指运行的次高位，当月减持数量近 500 亿元。

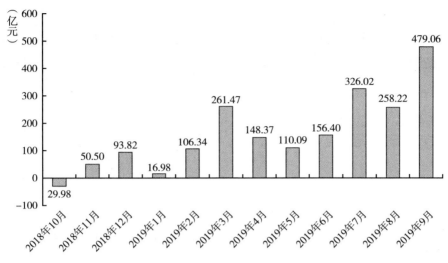

图2 上市公司"大小非"减持金额统计

资料来源：Wind 资讯。

上市公司的回购金额与股价之间呈现一定的逆相关关系。2019 年 1 月股价最低，回购金额超过 100 亿元，随着股价快速回升，回购金额逐步减少，在股价处在阶段性高点的 4 月，回购金额处于低谷。股价在 2019 年 5 月与 6 月下跌时，回购金额再次回升，6 月的回购金额约 133 亿元，超过了 1 月（见图3）。

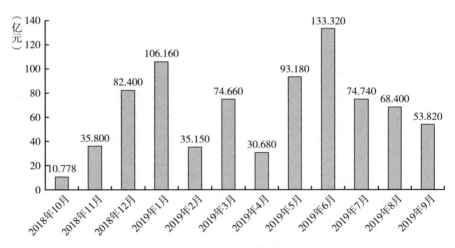

图3 上市公司回购金额

资料来源：Wind 资讯。

从上市公司回购的动机看，有些是为了市值管理的需要，一些上市公司股东股权质押融资比例高，股价下跌导致其风险暴露，因此通过回购来确保股价回升；也有一些上市公司认为公司股价被市场低估，回购一部分股票用于对高管和核心技术人员的股权激励。

二 2019年度股票市场运行特征分析

（一）市场分化加剧

虽然2019年的股市主要指数均是上涨的，但市场出现了明显的分化走势，蓝筹股指数上涨幅度大于平均指数，而绩差股指数总体呈现下跌的态势，且部分绩差股指数下跌幅度较大（见表1）。

表1　2018年10月初至2019年9月末申万28个一级行业股指涨幅排序

排序	行业	涨幅（%）	排序	行业	涨幅（%）
1	农林牧渔	46.38	15	房地产	5.36
2	食品饮料	40.69	16	银行	3.36
3	电子	30.38	17	交通运输	1.99
4	非银金融	24.27	18	轻工制造	1.31
5	家用电器	21.76	19	公用事业	0.98
6	计算机	17.98	20	有色金属	0.32
7	通信	14.57	21	传媒	-3.03
8	休闲服务	12.18	22	纺织服装	-4.08
9	电气设备	11.18	23	商业贸易	-4.36
10	综合	10.95	24	汽车	-7.58
11	建筑材料	9.88	25	化工	-7.88
12	机械设备	7.84	26	建筑装饰	-10.59
13	国防军工	6.69	27	采掘	-19.34
14	医药生物	5.59	28	钢铁	-21.24

资料来源：Wind资讯。

以中国平安、贵州茅台、格力电器、五粮液等为代表的大市值股票均有良好的表现。这与投资者结构变化有关，也与经济周期有关。

从投资者结构看，随着 A 股市场进一步对外开放，境外投资者对国内股市的影响力进一步增加（见表2），这些机构投资者偏好大盘蓝筹股。

表2　2019 年上半年沪深两市北上资金净买入前 20 名

单位：亿元

排名	名称	金额	排名	名称	金额
1	恒瑞医药	72.96	11	隆基股份	20.73
2	中国平安	66.13	12	大秦铁路	20.52
3	格力电器	47.88	13	海螺水泥	19.49
4	招商银行	47.16	14	温氏股份	18.71
5	杰瑞股份	37.00	15	立讯精密	17.82
6	爱尔眼科	31.82	16	药明康德	17.63
7	平安银行	31.09	17	兴业银行	17.23
8	美的集团	23.99	18	迈瑞医药	16.10
9	青岛海尔	23.35	19	国电南瑞	15.24
10	分众传媒	21.09	20	南京银行	15.04

资料来源：根据北上资金持股数量变化与每日收盘价计算。

从经济周期看，当前我国经济处在下行阶段，强周期类行业（如钢铁、建筑、采掘）的盈利表现均不被看好，而以消费类行业为代表的上市公司盈利受经济周期影响较弱，这些行业受到的资金关注度高。涨幅最大的几个行业分别是农林牧渔、食品饮料、电子、非银金融、家用电器（见表1）。在非银金融行业里，保险股的表现最强势，保险类股票平均涨幅近50%。这符合市场的投资经验，在每一轮股市上涨行情中，保险类上市公司持有权益类资产可以分享股价上涨的收益，因此它们的股价也总是有比较好的表现。

导致股价分化的另外一个因素是绩差股价格持续下跌。绩差股价格的大幅度下跌与注册制改革预期及退市制度的严格实施有关。后面科创板部分我们将再作详细分析。

在表3所列的2019年上半年价格下跌幅度最大的20只股票中，除ST天润外，其余下跌幅度均超过50%。这些股票大多数经过长达两年多时间的持续下跌，如果将2017年初作为基期，那么截止到2019年上半年这些股票的价格跌幅都在80%以上。

表3　2019年上半年跌幅最大的20只股票（终止上市、暂停上市的除外）

排序	代码	股票	涨幅(%)	排序	代码	股票	涨幅(%)
1	600891. SH	*ST 秋林	-75.07	11	002143. SZ	*ST 印记	-54.89
2	002711. SZ	*ST 欧浦	-68.90	12	600666. SH	*ST 瑞德	-53.46
3	002356. SZ	*ST 赫美	-62.64	13	600462. SH	*ST 久有	-52.98
4	600518. SH	ST 康美	-62.32	14	002210. SZ	*ST 飞马	-52.86
5	600240. SH	*ST 华业	-61.77	15	000760. SZ	*ST 斯太	-51.98
6	002359. SZ	*ST 北讯	-61.63	16	002766. SZ	*ST 索菱	-51.65
7	300176. SZ	派生科技	-61.19	17	002501. SZ	*ST 利源	-51.24
8	002450. SZ	*ST 康德	-57.72	18	002341. SZ	新纶科技	-50.84
9	000820. SZ	*ST 节能	-57.60	19	002089. SZ	*ST 新海	-50.46
10	600179. SH	ST 安通	-55.94	20	002113. SZ	ST 天润	-49.87

　　蓝筹股受到青睐，而垃圾股遭到冷落，这是我国股票市场涅槃重生之必经之路。要想发挥资本市场配置资源的功能，就必须尊重市场规律，让风险溢价在股价中得到充分的反映。人为控制新股发行的数量和节奏，鼓励借壳重组的做法，限制了风险溢价在股价形成机制中的作用，扭曲了股价形成机制，其本质类似于债券市场的刚性兑付。要让市场准确定价就必须打破刚性兑付，消除股票市场的壳价值。

表4　2019年上半年A股终止上市与暂停上市的股票

股票名称	情形	最后交易日收盘价(元/股)	最后交易日市值(亿元)
*ST 上普(退市)	终止上市	7.69	22.98
小天鹅 A(退市)	终止上市	57.39	338
*ST 长生	暂停上市	1.51	14.7
*ST 凯迪	暂停上市	1.05	41.26
*ST 皇台	暂停上市	4.27	13.35
千山药机	暂停上市	3.81	13.77
乐视网	暂停上市	1.69	67.42
金亚科技	暂停上市	0.77	2.65
*ST 龙力	暂停上市	1.96	11.75
*ST 德奥	暂停上市	3.15	8.35
*ST 保千	暂停上市	1.04	25.35

　　资料来源：证监会、Wind 资讯。

（二）各种概念股炒作有升温趋势，"妖股"重出江湖

相对于2018年和2017年，2019年各种概念股的炒作之风明显增强，这与监管行为的变化有关。2017～2018年监管部门强化了对股市投资者行为的监管，对利用资金优势刻意操纵股价的行为进行窗口指导，个股炒作现象一度明显减少，但也带来了流动性下降的负面影响。2018年底有关部门表示要减少对股市投资行为的行政干预。

从涨幅最大的20只股票可以看出概念股炒作的思路，它们大多数的市值比较小，年初的市值在30亿元以下的有13只，市值小的股票价格容易被操纵。在遭到事件冲击之后，市场对这类概念股关注度就会提高，有人就会利用这个时机肆意拉抬股价，使其连续出现多个涨停板。例如，受非洲猪瘟影响，猪肉价格上升，以养殖生猪为主营业务的公司新五丰、正邦科技和民和股份股价均大幅度上涨。"工业大麻""氢能源""5G"等概念股也曾经一度成为市场的炒作热点，相关的股票受到追捧（见表5）。

表5　2019年上半年涨幅最大的20只股票（2019年上市新股除外）

排序	代码	股票名称	涨幅（%）	排序	代码	股票名称	涨幅（%）
1	300220. SZ	金运激光	248.8	11	603383. SH	顶点软件	192.18
2	002057. SZ	中钢天源	245.3	12	000713. SZ	丰乐种业	182.87
3	300663. SZ	科蓝软件	233.51	13	300748. SZ	金力永磁	177.95
4	600975. SH	新五丰	226.33	14	000037. SZ	深南电A	177.52
5	000723. SZ	美锦能源	225.54	15	300404. SZ	博济医药	173.32
6	600218. SH	全柴动力	220	16	002481. SZ	双塔食品	163.93
7	002157. SZ	正邦科技	214.45	17	300033. SZ	同花顺	158.85
8	603222. SH	济民制药	206.99	18	600536. SH	中国软件	156.71
9	002565. SZ	顺灏股份	203.73	19	002869. SZ	金溢科技	145.35
10	300573. SZ	兴齐眼药	201.63	20	002234. SZ	民和股份	144.45

资料来源：Wind资讯。

2019 年股市二级市场的另外一个特点就是"妖股"重出江湖。所谓的"妖股"是一个形象的说法，是指有些上市公司的基本面并没有出现变化，但股价突然出现快速上涨的现象。在窗口指导作用下，"妖股"出现的频率曾经一度减少，但 2019 年"妖股"出现的频率明显增加。

有些涨幅较大的股票对应的上市公司基本面并没有出现大的变化，股价上涨与人为炒作有直接关系，其中典型的案例是股票"东方通信"，该公司的主营业务是通信器材，该股票被当作"5G 概念股"的龙头炒作，从 2019 年初的每股 4 元左右开始上涨，至 3 月初股价最高炒到每股 40 元，短短的 3 个月时间里股价上涨 9 倍左右。在股市连续大幅度上涨期间，公司曾经多次发布公告称"本公司的主营业务与 5G 没有任何关系"，但其股价依旧上涨。

（三）境外投资者对 A 股影响日趋明显

对于国内股市来说，境外投资者主要有 QFII 及沪港通和深港通，QFII 账户信息难以及时公布，因此，QFII 对市场价格的影响存在一定的时滞。沪港通和深港通的信息都是高频数据，交易所将境内外投资者的交易数据及时传递，使得投资者通过网络不仅可以及时了解境内外投资的总体动向，而且可以了解境内外投资者对个股的买卖数据。境外投资者通过沪港通和深港通投资 A 股的信息对境内市场的影响越来越大，从高频数据看，每当"北上资金"（境外资金通过沪港通和深港通买入 A 股的金额）大量增加，市场交易便明显活跃。

从月度数据也能看出类似的特点（见图 4）。2019 年 1 月和 2 月，北上资金流入大量增加，月度净流入额均超过 600 亿元。虽然 600 亿元相对于数以万亿计的沪深交易所月度成交额来说占比很小，但从实际影响看，不可忽视。

境外投资者对市场的影响还表现在投资理念的传递上。海外投资者以机构投资者为主，其投资理念和风格以价值投资为主，从表 6 数据看出，它们买入的均是蓝筹股，这些股票在市场中的表现十分突出，它们的行为得到了境内投资者越来越多的认同。

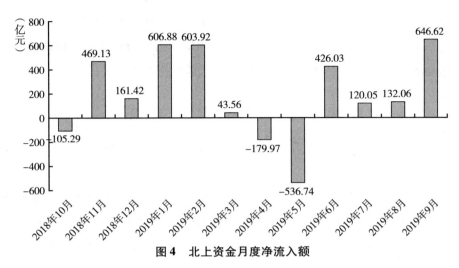

图4　北上资金月度净流入额

资料来源：Wind资讯。

表6　北上资金买入金额前20名的股票

单位：亿元

排名	股票	净买入	排名	股票	净买入
1	招商银行	157.30	11	海尔智家	18.54
2	平安银行	140.59	12	保利地产	17.15
3	格力电器	106.74	13	工商银行	16.14
4	中国平安	69.39	14	东方财富	15.56
5	万科A	57.21	15	隆基股份	15.35
6	温氏股份	43.42	16	南方航空	9.64
7	美的集团	36.28	17	宁德时代	8.80
8	海螺水泥	34.66	18	海天味业	8.71
9	洋河股份	23.95	19	三一重工	8.12
10	牧原股份	18.79	20	中国建筑	7.56

资料来源：Wind资讯。

从投资余额看，境外投资者持有A股的数量快速增加，与全球主要国家出现负利率有较大关系。在老龄化和高负债的双重压力之下，负利率成为很多国家货币政策操作的新常态。如德国、日本、瑞士、瑞典等已经实施负利率。根据国际清算银行的最新估算，目前全球交易的负收益率国债和公司

债规模已超过 17 万亿美元，相当于 2019 年全球 GDP 的约 20%。①

可以预见，当人民币汇率趋稳时，中国资本市场对外开放步伐加快，国际投资者对 A 股的持股比重将逐渐增加，境外投资者对国内股票市场的影响也将逐步增加。

三 科创板的推出及其对市场的影响

推出科创板的设想是 2018 年 11 月初习近平总书记在首届上海进出口博览会开幕式上提出的，经过半年的筹备，2019 年 7 月 22 日，第一批共计 24 只科创板股票在沪市挂牌交易，截至 9 月底共计运行了 50 个交易日。

（一）科创板运行首季度跟踪分析

1. 科创板新股发行的数量及行业分布

截至 2019 年 9 月 30 日，上交所已受理 160 家企业科创板上市申请，2 家被否决并终止审核，56 家已提交证监会注册，42 家已注册生效，33 家已发行上市。1 家不予注册；10 家企业撤回材料终止审核。

从已受理企业的行业分布来看，新一代信息技术 60 家，生物医药 36 家，高端装备 29 家，新材料 14 家，其他行业 21 家，基本符合科创板的定位。经党中央、国务院同意，证监会于 2019 年 1 月 30 日发布了《关于在上海证券交易所设立科创板并试点注册制的实施意见》，指出在上交所新设科创板，坚持面向世界科技前沿、面向经济主战场、面向国家重大需求，主要服务于符合国家战略、突破关键核心技术、市场认可度高的科技创新企业。重点支持新一代信息技术、高端装备、新材料、新能源、节能环保以及生物医药等高新技术产业和战略性新兴产业，推动互联网、大数据、云计算、人工智能和制造业深度融合，引领中高端消费，推动质量变革、效率变革、动力变革。

---

① 资料来源：彭博、招银国际证券、招商银行研究院。

科创板上市标准与其他板块有较大差异，目的是让更多的中国互联网企业以及其他类型的科技创新企业在国内上市。允许存在未弥补亏损、未盈利企业在科创板上市，并引入"市值"指标，与收入、现金流、净利润和研发投入等财务指标进行组合，设置了5套差异化的上市标准。第一套上市标准：市值10亿元以上，连续两年盈利、两年累计扣非净利润5000万元，或连续一年盈利、一年累计扣非净利润1亿元；第二套标准：市值15亿元以上，年收入2亿元，三年研发投入占比不低于15%；第三套标准：市值20亿元以上，年收入3亿元，经营性现金流超过1亿元；第四套标准：市值30亿元以上，年收入3亿元；第五套标准：市值40亿元以上，产品空间大，有知名机构投资者入股等。从选择的上市标准来看，大多数公司选择了第一套标准。已经受理的160家公司中，133家企业选择第一套上市标准；4家企业选择第二套上市标准；1家企业选择第三套上市标准；13家企业选择第四套上市标准；6家企业选择第五套上市标准。3家企业选择差异表决权/红筹企业适用的第二套"市值+收入"指标。

2. 科创板股票的定价分析

科创板实行市场化发行定价机制，并试点"保荐+跟投"制度。市值最大的中国通号发行市盈率为18.8倍。其余32家发行市盈率均超过30倍，算术平均值为67.02倍，中位数为47.89倍，其中，中微公司和微芯生物超过100倍，分别为170.75倍和467.51倍。而且，除中国通号与天宜上佳外，其余上市公司发行市盈率均超过行业平均市盈率。

新股发行定价过高，与科创板供给仍严重不足有关，也与市场投资习惯有关，同时也说明完善市场的各项基础性制度任重而道远。我国A股市场历来有炒"新"的习惯，每当有新股上市交易，或有新的交易品种上市，必然会出现炒作。科创板股票规模较小，大多数流通股本不到5000万股，又属于新的板块，并且实施新的制度，不仅发行制度与其他市场有较大区别，交易制度也进行了大幅度的改革创新，虽有投资者适当性管理，但仍不能避免市场"炒新""炒小"的习惯。投资者普遍认为，首批登陆科创板的公司应该是科技竞争力强、有一定管理规模的公司。在此预期之下，定价偏

高也就难免了。

为了约束市场"炒新""炒小"的行为,在科创板的各项制度改革中,引入一些新的设计,目的就是更加强化投资银行在市场新股定价中的作用。例如,新股发行过程中的"跟投制度",引入该制度的初衷主要是充分发挥投资银行在新股发行定价过程中的主导作用,希望能够有效引导新股发行定价朝合理估值水平靠近。但从最初几个月的实践看,结果似乎不尽如人意。

从前50个交易日的表现看,投资者正在为科创板股票的过度投机付出代价。首批科创板股票在经历大幅度上涨后开始步入漫长的下跌通道。科创板股票不仅发行定价偏高,而且上市首日普遍出现较大涨幅,平均涨幅为157.16%,中位数为121.95%,其中安集科技获得400.15%的最大涨幅。但截至2019年9月末收盘,股价普遍出现较大幅度的下跌,其中,较首日收盘价平均下跌约11.77%,较首日以来最高价平均下跌约40.07%。

当然,随着股价的较大幅度下跌,市场投机氛围也日趋减弱。首日换手率为76.94%,上市后前5个交易日日均换手率为46.09%,5~10个交易日日均换手率为41.33%,10~15个交易日日均换手率为37.24%,15~30个交易日日均换手率为18.82%。

(二)科创板对其他板块的影响

观察和分析科创板对主板和其他板块股票价格的影响有下述三视角:

视角之一:提出科创板设想至科创板运行交易之前阶段,有关科创板概念股遭到市场投机炒作;

视角之二:第一批科创板挂牌交易之后对其他板块股价的影响;

视角之三:科创板股票形成一定的规模,注册制改革得到落实和体现出对其他板块股价的影响。

科创板对其他板块股价的影响当前主要体现在前两个方面,但随着时间的推移,我们认为真正的影响是第三种。第二种影响只是脉冲式的短期冲击,主要表现为7月29日之后的7个交易日,科创板股票价格均遭到不同程度的炒作，而同期的上证指数和其他主要指数均下跌5%～10%。随后，科创板对其他板块的冲击越来越不明显。因此对第二种影响在此不作分析，重点是分析第一种和第三种影响。

1. 科创板概念股的炒作及影响

科创板的设想是2018年11月5日习近平总书记在首届中国进出口博览会上提出的。在提出该设想前后，主板和中小板及创业板市场就掀起了炒作科创板概念股的热潮，当时的科创板规则还没有出台，所谓的科创板概念股就是指那些控股或参股了较多高科技类公司的上市公司，符合这类条件的主要是科技园区类上市公司，龙头股是"张江高科"和"市北高新"。

"市北高新"的全称是"上海市北高新股份有限公司"（A股代码：600604；B股代码：900902），它是市北高新集团旗下的一家以园区产业载体开发经营、企业服务集成及产业投资为核心业务的上市公司。公司以对接国家战略、发展高新产业、繁荣区域经济、服务企业成长为己任，以"加快科技化步伐，打造国际化园区"为主线，积极推进市北高新园区的开发建设并努力把园区打造成为一个视野国际化、产业科技化、生态园林化、服务集成化，国内一流、国际有一定影响力的高新技术服务业园区。

该公司2018年11月2日股价收盘于3.5元，宣布科创板设想当日（11月5日）股价涨停，并连续出现12个涨停板，11月20日股价收盘于11.07元，涨幅超过200%。随后几日巨额换手，第一波炒作结束。接着股价调整了2个多月，从2018年11月底的11元左右下跌到2019年1月底的6元左右，下跌幅度近50%。

2019年2月初，随着科创板规则的出台，科创板概念股的第二波炒作开始。"市北高新"股价从6元多持续上涨到3月初的20元左右，涨幅与第一波类似（超过200%）。在科创板运行的第一个交易日，该股跌停，收盘于10.87元，已经比最高点下跌了近50%。9月底，该股价已经回落到8.75元。

张江高科的股价运行特征与市北高新基本类似，对该股票的炸作从2018年11月1日开始启动，启动价格为9元左右，11月19日涨至近20

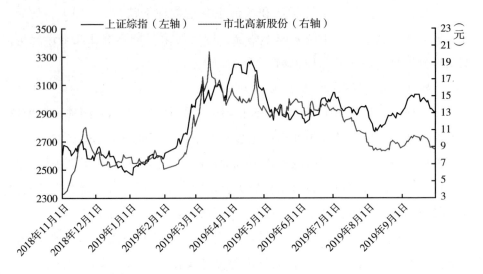

图5　市北高新股价与上证综指变压趋势

元，涨幅超过100%，但不及"市北高新"的第一波涨幅。第二波上涨的启动时间是2019年2月1日，股价从14元涨至3月13日的27元，涨幅近100%。7月22日，该股票价格下跌7%。9月底，该股票价格回落至15元左右，相对于高点回落了近50%。

2.科创板的注册制将影响A股市场的定价体系

推出科创板的意义并不仅仅在于市场多了一个板块，企业上市多了一个选择，最重要的是可以为全面实施注册制改革提供经验。从这个角度看，要分析科创板对市场的影响，就应该正确评估和分析注册制对市场的影响。

注册制提出的时间是2013年，在经历2015年股市大幅度波动之后，真正开始逐步落实注册制改革思路是从2016年开始，主要表现为新股发行"常态化"，在2017年前后我国A股市场出现了明显的分化走势，主要特征是蓝筹股得到市场越来越多的青睐，而绩差股遭到市场的抛弃，反映在股价上就是蓝筹股上涨而绩差股下跌。以下是我们对最近三年市场股价分化的统计分析结果。

本研究以2016年初至2019年第三季度末为样本研究时间，根据2016年初上市公司市值大小，把上市公司分为八组。

市值大于2000亿元的上市公司有23家，股价累计平均涨幅为45.59%，中位数为27.06%。贵州茅台以462.55%的涨幅高居榜首，截至2019年9月末，市值约1.44万亿元，仅次于中国工商银行（1.90万亿元）、中国平安（1.55万亿元）；中国中铁股价下跌41.73%，跌幅最大。

市值1000亿元至2000亿元的上市公司有45家，股价累计平均涨幅2.31%，中位数为－19.18%。五粮液以415.19%的涨幅高居首位，乐视网则获得94.24%的最大跌幅。

市值500亿元至1000亿元的上市公司有81家，股价累计平均涨幅－11.91%，中位数为－31.41%。恒瑞医药获得272.24%的最大涨幅，华信退获得99.05%的跌幅。

市值300亿元至500亿元的上市公司163家，股价累计平均涨幅－20.77%，中位数为－36.62%。涨跌幅最大的分别为泸州老窖和＊ST中安。

市值200亿元至300亿元的上市公司251家，股价累计平均涨幅－37.41%，中位数为－48.52%。涨跌幅最大的分别为牧原股份和暴风集团。

市值100亿元至200亿元的上市公司741家，股价累计平均涨幅－27.88%，中位数为－51.75%。涨跌幅最大的分别为山西汾酒和金亚科技。

市值50亿元至100亿元的上市公司1107家，股价累计平均涨幅－45.99%，中位数为－50.74%。涨跌幅最大的分别为水井坊和＊ST索菱。

市值50亿元以下的上市公司382家，股价累计平均涨幅－34.38%，中位数为－46.57%。涨跌幅最大的分别为久远银海和＊ST节能。

从数据可见，股价上涨幅度与上市公司市值呈正相关关系，即市值越大的公司股价上涨幅度也越大，1000亿元以上的两组平均涨幅均为正值，而市值在300亿元以下的四组中小市值上市公司的平均下跌幅度为50%左右（见表7）。

表7　2016年初至2019年9月底不同市值上市公司累计股价涨幅

单位：家，%

股票总市值	上市公司数量	最大值	最小值	均值	中位数	该样本2012~2014年涨幅	
						均值	中位数
大于2000亿元	23	462.55	-41.73	45.59	27.06	98.03	78.62
1000亿元至2000亿元	45	415.19	-94.24	2.31	-19.18	123.30	98.08
500亿元至1000亿元	81	272.24	-99.05	-11.91	-31.41	143.84	87.15
300亿元至500亿元	163	241.68	-97.81	-20.77	-36.62	143.85	97.91
200亿元至300亿元	251	464.91	-94.19	-37.41	-48.52	118.66	83.33
100亿元至200亿元	741	323.11	-97.77	-27.88	-51.75	89.91	71.04
50亿元至100亿元	1107	274.28	-90.84	-45.99	-50.74	67.57	57.48
50亿元以下	382	485.28	-90.22	-34.38	-46.57	49.81	43.44

资料来源：Wind资讯。

股价如此分化在我国股市的历史上是不曾有过的，我国A股运行的最大特点是市值越小的股票估值越高，小市值股票比大市值股票更受到投资者的追捧。我们仍然按照市值大小把上市公司分为八组，考察时间区间选择为2012年初至2014年底，之所以选择这个时间段，是因为：①该时间段距离当前比较近，上市公司样本变化不大；②避开了2015年的股价大幅度波动；③提出并落实股市的注册制改革时间是2015年初。

从2012年至2014年的统计数据看，股价涨幅与上市公司市值大小没有明显的相关性，各组别的股价涨幅基本相当，但市值1000亿元至2000亿元及50亿元以下的涨幅较大（见表8）。市值1000亿元至2000亿元的涨幅较大，体现的是部分蓝筹股业绩的高增长性。而市值50亿元以下的涨幅较大则与壳价值有关。从股市定价的理论看，股价是上市公司未来现金流的折现，但A股还隐含着壳的价值，否则无法解释为何已经没有任何主营业务的公司却存在30亿元以上的市值（在2015年前后）。

表8 2012年初至2014年末不同市值上市公司累计股价涨幅

单位：家，%

股票总市值分类	数量	最大值	最小值	均值	中位数
大于2000亿元	12	125.62（中国平安）	−6.21（中国神华）	58.27	70.99
1000亿元至2000亿元	14	275.94（中信证券）	−28.35（五粮液）	81.23	91.43
500亿元至1000亿元	30	292.35（中国中铁）	−37.19（兖州煤业）	66.06	59.47
300亿元至500亿元	40	332.62（中国铁建）	−54.97（张裕A）	59.13	40.61
200亿元至300亿元	57	244.49（方正证券）	−53.88（美邦服饰）	48.10	55.16
100亿元至200亿元	162	401.06（长江证券）	−52.553（水井坊）	57.52	50.94
50亿元至100亿元	370	593.66（上海莱士）	−77.02（协鑫集成）	63.96	46.73
50亿元以下	1602	1810.37（华数传媒）	−38.06（天龙光电）	93.89	71.53

注：市值为2012年初上市公司市值。
资料来源：Wind资讯。

2016年以来的绩差股价格大幅度下跌与注册制改革预期有关，其中的主要逻辑是注册制影响壳的价值。自2017年新股IPO正常化之后，排队等待发行新股的公司数量从800多家减少到300余家，新股发行审批的时间大大缩短。与此同时，监管部门提高了借壳重组的门槛。受此影响，上市公司的借壳现象减少，对应的是壳价值快速贬值，这是绩差股价格自2017年初开始持续下跌的根本原因。2018年尽管新股发行速度有所放缓，但受二级市场价格持续下跌影响，绩差股价格继续大幅度下跌。自2018年度宣布推出科创板并实施注册制改革之后，壳价值进一步贬值。

四 新三板市场的发展分析

（一）市场运行较平稳但流动性仍待提高

新三板市场自2012年成立以来，挂牌公司规模不断扩大，基本制度日

益完善，正在逐步实现常态化、市场化和法治化。2019年随着市场的有序出清，新三板市场规模在稳定的同时边际增长质量得以提高。根据全国股转系统数据，截至2019年11月末，新三板挂牌公司共9107家，总市值2.96万亿元。2019年以来，有834家公司出于挂牌的成本收益比的考虑而主动摘牌，348家公司因未按期披露定期报告而被强制摘牌。2019年新挂牌的233家公司平均营收和净利润分别为1.32亿元和946.40万元，同比增速分别为18.83%和16.79%，体现了市场边际增长的质量有所提高。

市场融资功能仍显弱化。据全国股转系统数据，2019年1月至11月市场累计发行586次，融资247.37亿元，其中外源性融资为150.43亿元，占比60.81%，较上年回升7.1个百分点，反映出市场流动性在深化改革的背景下稍有改善。非金融挂牌公司发行579次，融资230.76亿元。挂牌公司发行优先股、双创债、可转债次数分别为9次、6次、8次，分别融资2.70亿元、2.40亿元、1.62亿元。与交易所市场相比，新三板市场融资规模与融资效率有着明显差距。

做市交易效率有所提高。据全国股转系统数据，截至2019年11月末，市场合格投资者23.15万户，较上年末增长3.61%。11月29日平均市盈率为19.41倍，较上年末有所下降；60日市盈率为17.79倍，较上年末有所上升。受科创板概念股票受青睐的影响，2019年以来做市日均成交1.52亿元，同比增长51.94%。做市交易活跃度在10月25日新三板改革启动后进一步提高，日均成交1.96亿元，较前三季度增加29.57%。在并购重组方面，1月至11月挂牌公司完成重大资产重组17笔，涉及金额23.84亿元。挂牌公司收购131次，涉及金额91.74亿元；其中上市公司收购挂牌公司9笔，涉及金额45.69亿元。

（二）新三板深化制度改革

2019年10月25日，证监会启动新三板制度全面深化改革，重点推进完善市场分层制度、优化发行融资制度、建立转板上市机制、优化交易制度、健全市场退出制度等改革。本次改革的核心内容主要包括如下几个方面。

第一，完善市场分层制度。市场分层改革是此次全面深化改革的立足点和出发点。本次分层制度改革在进一步优化基础层、创新层的各项制度安排的基础上，以市值为核心辅以盈利能力、成长性、研发能力等指标设立精选层，使得递进层次的市场结构更趋丰富，为差异化的制度供给安排奠定了基础。精选层为优质中小企业提供了较低的投资者准入制度标准、高效的融资和交易制度、较高的信息披露标准，以及新设的转板上市制度。

第二，优化发行融资制度。本次改革引入公开发行制度，即股票公开转让的公司在满足相关条件的情况下，可以向全国股转系统符合投资者适当性管理规定的不特定合格投资者公开发行股票。同时，现行的定向发行制度也将进一步完善，内容包括取消单次融资新增股东35人限制、允许小额融资实施自办发行等，以进一步提高融资效率、降低融资成本。

第三，优化交易制度。精选层实施连续竞价交易机制，创新层、基础层集合竞价撮合频次适当提高。随着升级的市场交易机制的进一步实施，连续竞价与做市商制度并行的混合交易制度的实施将成为可能，市场交易定价功能也将进一步优化。

第四，建立转板上市机制。在新三板精选层挂牌满一年的企业可直接向交易所申请转板上市，由交易所审核并做出决定（无须证监会核准）。新三板市场建立的转板制度具有注册制特征，不仅降低了交易所上市成本，提高了新三板市场的流动性，也增强了资本市场各层次市场之间的有机联系，提高了市场配置资源的效率。

第五，完善投资者准入制度。对精选层、创新层和基础层分别设置差异化投资者准入标准。精选层的投资者适当性标准低于创新层和基础层，将引入公募基金等长期资金投资新三板市场，投资者基数更大且结构更丰富。

第六，健全市场退出制度。主动摘牌制度和强制摘牌制度的程序与要求更趋明晰，提高了挂牌公司的成本与风险主动把控能力，有利于保护投资者利益。

综合来看，本次新三板深化改革是深化多层次资本市场改革的重要组成部分，是继2013年新三板市场化基本制度框架确立后，完善市场化制度建

设方面最为全面、系统和深入的一次改革。本次改革通过设立精选层进一步丰富递进层次的市场结构；且以此为立足点和出发点，从准入、信息披露、交易方式等制度上为各层次市场提供差异化制度供给，并引入公开发行制度和建立转板上市制度，增强了资本市场各层次间的有机联系。

五 2020年展望

展望 2020 年，人民币汇率趋稳，外资配置 A 股的需求持续增加，蓝筹股将继续受到关注。市场无风险收益率持续走低，有利于股市活跃，但受注册制扩容的影响，绩差股的壳价值继续贬值，绩差股的股权质押风险上升。国内居民的资产配置 70% 为房地产，股票配置占比很低。2020 年房地产价格将难以维持过去的上涨势头，居民配置金融资产的边际需求有望增加。从股票市值与经济总量的比较看，国内股市的市值只有 GDP 的 50%，有望向均值水平回归。

从投资热点看，随着房地产市场的降温，周期类股票难以在 2020 年有超预期的表现，大消费类股票估值均已经处在高位，继续上行的动力不足。笔者认为，信息技术领域的芯片及操作系统等关键技术国产替代仍然将是 2020 年的投资热点。

从科创板来看，随着时间的推移，科创板股票的规模会越来越大，对其他板块股票定价的影响也会越来越明显。假如注册制推广到创业板和中小板，则注册制对存量股票的壳价值影响将更加深远，壳价值将持续贬值，对应的是小市值的公司股价持续下跌，而蓝筹股相对坚挺，股价分化继续。

从新三板来看，未来一段时间相关政策和措施的出台和落地是促进其发展的关键。主要涉及发行、交易、信息披露和投资者适当性等自律规则的修订完善，以及统筹推动公募基金等长期资金入市、转板上市等规则的起草等。可以预期的是，新三板市场的融资、交易、定价功能进将一步优化，服务创新创业型中小企业的定位更加精准；多层次资本市场之间的有机联系将更加紧密，企业在多层次资本市场的成长路径和预期将更加明确，对各层次市场形成健康稳定的市场生态将发挥巨大的推动作用。

B.10
2019年中国债券市场发展分析及2020年展望

张运才 王增武*

摘　要： 总的来看，2019年我国债券一级市场进一步回暖，二级市场运行基本平稳。社会融资环境好转，企业流动性压力有所缓解，非金融企业债，特别是高等级民营企业债券发行与净融资增加。无风险利率在3.0%~3.4%的区间震荡，期限利差、信用利差也基本保持稳定。同时，随着经济金融环境的变化，债券市场的结构分化趋势也进一步延续。高等级民营企业债券融资增加，但中低等级民营企业债券发行仍然困难；前期急剧扩张的同业存单发行与净融资大幅放缓；流动性风险与信用风险的显性化，债券违约的常态化也使期限利差、信用利差有所分化。2020年，预计经济将迎来新一轮的弱复苏，市场流动性合理充裕，社会融资成本有所下降，故10年期国债收益率会小幅上行，期限利差走阔，信用利差总体收窄。但我国的高债务问题仍会继续发酵，债券违约常态化趋势仍会延续，低等级债券发行困难不减，收益率难以出现较大幅度下降。

关键词： 无风险利率 期限利差 信用利差 债券违约

---

* 张运才，博士，国家金融发展实验室中国债券论坛特约研究员，主要研究方向为资本市场；王增武，中国社会科学院金融研究所副研究员，曾在IME，AEF以及《经济研究》和《金融评论》等期刊上发表学术文章多篇。

一　金融形势好转、经济下行压力犹存

2018 年以来，随着经济金融形势的变化，政府也相应做出了政策调整。我国经济曾于 2016 年前后出现短周期的企稳回升，但受经济金融降杠杆及外部环境发生明显变化等因素影响，2018 年后经济运行稳中有变、变中有忧。2018 年下半年，面对复杂严峻的国内外经济形势，政府提出要"稳就业、稳金融、稳外贸、稳外资、稳投资、稳预期"，加大了逆周期调控力度。但需要注意的是，政府政策的调整仍然是以供给侧结构性改革为主线的调整。2019 年中央经济工作会议提出"我国经济运行主要矛盾仍然是供给侧结构性的，必须坚持以供给侧结构性改革为主线不动摇"，而且，原先以"三去一降一补"为重点的供给侧结构性改革也开始向"巩固、增强、提升、畅通"八字方针转变，即巩固"三去一降一补"成果，增强微观主体活力，提升产业链水平，畅通国民经济循环。综合来看，2019 年政府经济政策有以下三个特点：其一，供给侧结构性改革仍然是主线，但更加注重用市场化、法治化手段来激发微观主体活力、促进全要素生产率的提高。其二，在继续以供给侧结构性改革为主线的同时，政府会根据经济形势的变化，加大逆周期调控，落实好"稳就业、稳金融、稳外贸、稳外资、稳投资、稳预期"。其三，政府虽会继续加强逆周期调控，但断然不会出现 2009～2010 年的"强刺激"，也不可能达到 2014～2015 年的强度，而且，去杠杆、严监管虽进入巩固阶段，但高债务问题仍然是中国金融领域最大的风险隐患。

在上述政策基调下，2019 年我国金融形势出现一定改善。人民银行于 2019 年 1 月下调金融机构法定存款准备金率 1 个百分点，为 2017 年以来首次全面下调法定存款准备金率，并于 9 月再次全面下调法定存款准备金率 0.5 个百分点，市场流动性环境好转。2019 年 3 月，财政部、税务总局、海关总署三部委发布了《关于深化增值税改革有关政策的公告》，规定"增值税一般纳税人发生增值税应税销售行为或者进口货物，原适用 16% 增值税税率的，税率调整为 13%；原适用 10% 税率的，税率调整为 9%"。增值税税率的下调虽不能增加企业利润，但有利于减小企业的流动性压力，也有利于最终消费的增加，而且增值税税率的永久下调，相比政府大规模投资支出，在供给侧结构性改革方面，具有更为深远的意义。边际宽松的货币政策与更为积极的财政政策使2019年我国的金融环境出现改善。2018年，我国新增社会融资规模19.4万亿元，同比减少3.1万亿元，12月的社会融资规模存量同比增速甚至创下9.85%的历史低点。2019年，社会融资规模存量同比增速出现回升，前11个月，社会融资规模增量累计为21.23万亿元，已超过上年全年水平。但由于内部长周期下行压力犹存，外部环境恶化，供给侧结构性改革主线下的宏观调控力度也不可能太强，且政策传导存在时滞乃至不畅，导致我国经济下行压力仍然存在。2019年前三季度，我国新增固定资产投资完成额累计同比增长5.4%，未现好转迹象；社会消费品零售总额同比增长8.2%，延续下降趋势。特别值得注意的是，更能代表经济活力的民间固定资产投资与制造业固定资产投资完成额累计同比增速在经历2016年下半年的回升后，于2019年再次出现较大下行（见图1）。与此同时，受中美贸易摩擦及全球经济放缓影响，以美元计价的出口金额同比增速也出现大幅下降。投资、消费、出口的全线下行使得2019年第三季度我国GDP增长率仅为6%。

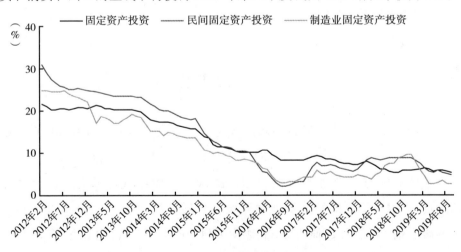

图1　固定资产投资完成额累计同比增速

资料来源：国家统计局。

总需求下行压力的加大也使得企业面临的通货紧缩压力加大。2019年第三季度，我国PPI同比涨幅已经为负值，加剧企业面临的困境。值得注意的是，10月的CPI同比涨幅虽然达到3.8%，但更多的是由于食品价格，特别是猪肉价格上涨带动，不含食品与能源价格的核心CPI同比涨幅也在下降。

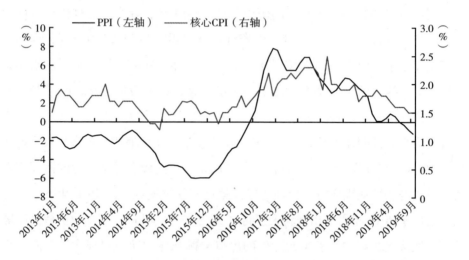

图2　PPI与核心CPI当月同比

资料来源：国家统计局。

二　一级市场

2019年，中国债券发行市场总体进一步好转。经历2014～2016年的急剧扩容后，我国债券市场在2017年后扩容速度明显放缓，特别是非金融企业债的发行与净融资大幅萎缩，民营企业债券甚至遭遇流动性紧张的局面。2019年以来，随着金融环境的好转，我国债券一级市场也进一步回暖。前11个月，债券发行规模410026.28亿元，同比增长2.1%，扭转了2018年同比减少的状况；净融资108608.28亿元，同比增长10.12%。

表1　中国债券发行总体状况

单位：亿元

券种	发行额			净融资额		
	2019年	2018年	2017年	2019年	2018年	2017年
政府债券	81183.7	78322.64	83622.73	44801.79	47725.2	55900.77
国债	37959.3	36670.97	40041.79	14369.47	14462.9	14734.33
地方政府债	43224.4	41651.67	43580.94	30432.32	33262.3	41166.44
金融机构债	221978.43	263444.7	251197.11	32964.66	36951.00	39585.36
同业存单	160351.13	210985.61	201675.7	5595.58	18961.1	17094.2
金融债券	61627.3	52459.11	49521.41	27369.08	17989.9	22491.16
非金融企业债券	83925.71	72170.35	56315.17	20170.31	15709.01	2440.4
企业债	3102.79	2418.38	3730.95	-1459.03	-4253.18	-1960.53
公司债	22893.75	16575.65	11024.74	10866.9	8678.85	7855.31
中期票据	18963.2	16962.15	10369.45	8807.78	7973.17	2411.34
短期融资券	33243.8	31275.3	23775.9	1618	4145.1	-6008.85
定向工具	5722.17	5478.87	4954.13	336.66	-834.93	-1646.87
含认股权债券	3189.4	1260.46	2119.95	2981.41	1200.44	2100.75
资产支持债券	19749.04	20132.48	14676.01	7690.11	10008.41	9824.85
合　计	410026.28	382871.54	407990.98	108608.28	111594.06	109915.04

资料来源：Wind资讯。

注：2019年为前11个月数据[①]。金融债券含政策性银行债券、商业银行债券、商业银行次级债券、保险公司债券、证券公司债券、证券公司短期融资券、其他金融机构债券。含认股权债券包括可转换债、可交换债、可分离债。由于金融机构与非金融企业均可发行含认股权债券与资产支持债券，因此我们将其单列。

　　2019年在债券市场整体回暖的同时，仍有几个问题值得高度关注。首先，中小商业银行风险暴露，同业存单发行金额大幅下降。前期，由于同业存单的"监管套利"等因素影响，商业银行同业存单发行金额突飞猛进。2018年，随着对同业存单监管的加强，其发行速度开始大幅放缓，但由于商业银行流动性压力的增大，同业存单发行规模仍创出新高。2019年5月，包商银行因出现严重信用风险被接管后，市场对商业银行信用风险担忧加剧，导致商业银行同业存单融资大幅下降。前11个月，同业存单发行金额160351.13亿元，净融资5595.58亿元，同比分别下降16.52%、65.88%。

---

　　① 如无特别说明，本报告所称2019年数据均为前11个月数据。

特别是，中小商业银行同业存单在包商银行被接管后一度出现了发行利率大幅上升、发行规模下降的状况。比如2019年6月，同业存单出现近2500亿美元的净偿还，城商行、农商行同业存单的发行利率较国有大行的发行利率也出现了较大提升（见图4）。这说明，随着信用风险向部分中小商业银行扩散，商业银行也出现了局部的、结构性的流动性风险。未来，随着对同业

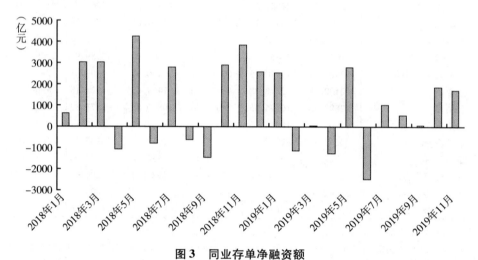

图3 同业存单净融资额

资料来源：Wind资讯。

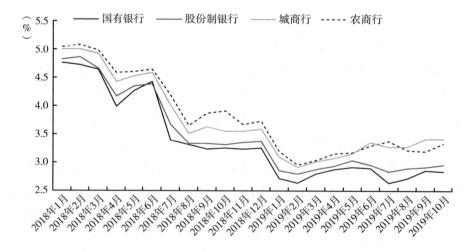

图4 商业银行同业存单发行利率

存单监管的加强及中小商业银行风险的暴露，同业存单"狂飙突进"的日子将一去不复返。此外，由于同业存单是金融机构融资最重要的工具，因此同业存单发行规模及净融资同比大幅下降，也直接导致了金融机构债券发行及净融资规模的下降。

其次，非金融企业融资环境好转，但民营企业融资难融资贵的问题仍然严峻。非金融企业债券融资状况大为好转，2019年前11个月，非金融企业债券发行83925.71亿元，净融资20170.31亿元，均超过2018年全年规模，较2017年更是有显著增长，含认股权债券较上年也有较大幅度增长，大大缓解了市场一度面临的流动性紧张的局面。2019年前11个月国有非金融企业各评级的债券发行规模及净融资同比均有增长，AA＋、AA及AA－发行规模及净融资额较上年更是出现大幅增长，AA－以下的也都已超过上年全年水平（见表2）。民营非金融企业高等级债券的融资也有所好转，AAA级民营非金融企业债券发行4855.49亿元，净融资1946.32亿元，已经超过上年全年的规模。但是，民营企业中低等级债券发行仍旧困难，2019年前11个月，AA＋、AA及AA－等级债券发行1810.5亿元，AA－以下等级发行2603.10亿元，较上年同期仍有较大幅度减少，净融资则均为负值（见表3）。同时，相同债券评级下，民营企业的融资成本仍然显著高于国有企业。以5年期AAA级公司债为例，2019年民营企业的融资利率平均约为5.24%，而国有企业的平均融资利率仅为4.63%，二者仍有61个基点的利差，虽较2018年出现较大下降，但仍处于较高水平（见表4）。非金融企业债券中，国有企业占绝对比重，民营企业中低等级债券发行困难，国有企业与民营企业同等级债券的发行利差仍处于较高水平，一方面说明民营企业的融资难、融资贵问题仍未得到根本缓解，另一方面说明国有企业债券"打破刚兑"仍然任重道远。

再次，地方政府专项债规模增加，但地方政府财政压力显著加大。2019年中央经济工作会议提出，要较大幅度增加地方政府专项债规模。2018年我国新增地方政府债务限额2.18万亿元，其中，新增一般债券限额0.83万亿元，新增专项债券限额1.35万亿元。2019年我国新增地方政府债务限额

表2　国有非金融企业债券融资

单位：亿元

年份	AAA		AA＋、AA及AA－		AA－以下	
	发行额	净融资额	发行额	净融资额	发行额	净融资额
2016	17156.30	10867.97	13430.00	8474.97	41425.07	3775.56
2017	15028.09	7071.34	8321.29	795.51	28118.48	－4399.77
2018	27301.87	18060.72	7129.54	－3139.75	37027.76	6260.16
2019	30253.90	16514.47	9252.72	1051.66	45730.76	9478.51

注：2019年数据为前11个月数据。

资料来源：Wind资讯。

表3　民营非金融企业债券融资

单位：亿元

年份	AAA		AA＋、AA及AA－		AA－以下	
	发行额	净融资额	发行额	净融资额	发行额	净融资额
2016	2545.52	2376.24	5993.48	5231.67	4445.17	610.87
2017	4493.47	3651.07	3163.69	1513.71	3863.64	150.15
2018	4794.12	1132.56	2608.45	－850.48	3267.69	－318.75
2019	4855.49	1946.32	1810.5	－1693.98	2603.10	－337.88

注：2019年数据为前11个月数据。

资料来源：Wind资讯。

表4　国有及民营企业5年期AAA级公司债发行利率

单位：%，个基点

年份	国有企业	民营企业	二者利差
2016	3.52	3.99	47
2017	4.98	5.50	52
2018	4.85	6.06	121
2019	4.63	5.24	61

注：2019年数据为前11个月数据。

资料来源：Wind资讯。

3.08万亿元，其中，新增一般债券限额0.93万亿元，新增专项债券限额2.15万亿元。可见，2019年地方政府债务限额的增加主要仍是专项债券限额的增加，而专项债券限额的增加是地方政府稳投资的结果。但值得注意的是，由于经济下行压力的加大及地方政府支出的增加，地方政府的财政压力明显加大。2019 年前 10 个月，地方一般公共预算收入 8.70 万亿元，同比增长 0.4%，增速较上年同期下降 6.7 个百分点；地方政府性基金预算收入 5.67 万亿元，同比增长 9.1%，增速较上年同期下降 21.2 个百分点。地方政府的支出却大幅增加，前 10 个月，地方政府一般公共预算支出 16.30 万亿元，同比增长 8.7%，增速较 2018 年同期增加 1.4 个百分点；不考虑土地出让支出的地方政府性基金预算支出 1.97 万亿元，较上年同期大幅增长。在经济下行压力加大的情况下，地方政府收入增速的大幅下降及稳增长责任的加大，进一步加剧了地方政府财权与事权不匹配的矛盾，也为地方政府债券出现风险埋下了隐患。

三 二级市场

2019 年，我国债券二级市场运行总体平稳。无风险利率在 3.0% ~ 3.4% 的区间震荡，但与发达国家的无风险利率的利差扩大。非金融企业债与国债之间的信用利差收窄，但不同等级非金融企业债之间的信用利差仍处于高位。债券违约主体仍然以民营企业为主，上市公司债券违约数量有所增加。

1. 无风险利率

2019 年中国无风险利率走势总体平稳，但也一波三折。2016 年第三季度起，受经济短周期企稳回升、金融监管加强等因素影响，我国以 10 年期国债收益率为代表的无风险利率开始大幅上升，从 2.7% 左右上行至接近 4.0% 的水平。2018 年后，一方面，经济下行压力加大，央行货币政策边际宽松，市场狭义流动性改善；另一方面，外部环境发生明显变化，国内信用风险、股票质押风险加剧，市场风险偏好下降，使无风险利率走势迅速反转，10 年期国债到期收益率从接近 4.0% 下行至 3.1% 左右的水平。2019 年以来，10 年期国债收益率在 3.0% ~ 3.5% 的区间运行，较前两年的"过山车"行情，可谓形成了窄幅震荡格局，并无明显的趋势。具体而言，可大致分为以下三个阶段：2019 年初至 4 月末，政府"六稳"政策逐渐发挥作用，中美关系大为缓和，社会融资规模存量增速触底回升，3月、4月的PMI重回50的"荣枯分界线"之上，市场对经济增长的乐观预期增加，10年期国债收益率也迅速从3.1%左右上行至3.4%；5月初至8月末，前期一度进展较为顺利的中美经贸谈判突然恶化，我国经济下行压力也再次加大，PMI重新跌回50之下，总需求全线回落，10年期国债收益率也随之再次下行，一度逼近3.0%；2019年9月以来，GDP增速跌至《政府工作报告》所提出的6%~6.5%的增长区间下限，CPI增速则突破2%~3%区间的上限，市场认为政府以更为积极的财政政策"保增长"的动力会加强，CPI仍有继续上行的空间，因此10年期国债收益率也回升至3.3%左右（见图5）。

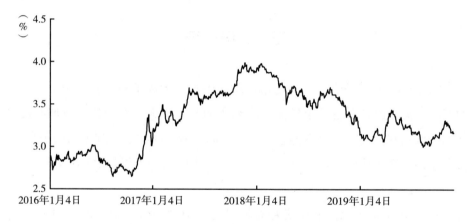

图5　10年期国债到期收益率

资料来源：中国债券信息网。

主要发达国家的无风险利率则普遍大幅下降。2018年以来，全球经济不稳定不确定因素明显增加，欧元区、日本经济增速已经大幅放缓，包括美国股市在内的金融市场动荡加剧。2019年，美国GDP增速也开始放缓，CPI同比增速回落至2%以下，特朗普总统基于某些政治考虑也强烈要求美联储停止紧缩性货币政策。基于此，美联储货币政策基调开始转变。2019年以来，美联储停止继续加息，并先后于7月、9月、10月分别下调联邦基金目标利率25个基点。此外，美联储在其1月《关于货币政策实行和资产负债表正常化的声明》中称，"公开市场操作委员会可以在储备货币充足的情况下实现对短期利率的控制，对短期利率的调控主要通过设定联邦基金目标利率来实现，并不需要美联储对储备货币进行调控""美联储将视经济、金融情况对资产负债表正常化进程进行调整，并将在单纯依靠下调利率政策不能达到所需的宽松力度时，调整资产负债表规模和结构"，暗示美联储可能会提前结束缩表。3月，美联储宣称，自2019年5月起每月对国债的缩减规模由之前的300亿美元减少至150亿美元，自2019年10月起将到期的抵押贷款支持债券与机构债转投每月上限200亿美元的国债，自2019年10月起停止缩表。7月的议息会议上，美联储宣布自2019年8月起停止缩表，比原计划提前两个月。而且，为应对美联储非储备负债增长造成的对货币市场的扰动，美联储还采取了购买国库券的策略。其他主要发达国家央行也转而采取更为宽松的货币政策。受此影响，全球无风险利率大幅下行。其中，美国10年期国债收益率已经跌至近年来的低点，欧元区与日本的10年期国债收益率更是转为负利率（见图6）。

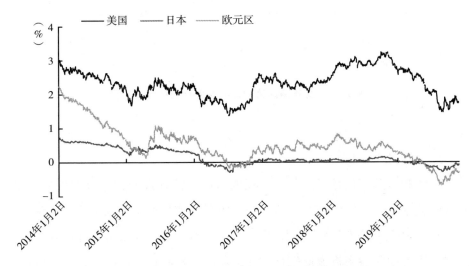

图6 美国、欧元区与日本的10年期国债收益率

资料来源：Wind资讯。

中国无风险利率的相对平稳与发达国家无风险利率的大幅下行，使中外利差加大。2018 年，中国国债收益率大幅下行，美国国债收益率则在美联储加息、缩表下大幅上行，使中美利差一度缩小至 20 个基点左右。2019 年以来，中国国债收益率总体平稳，美国国债收益率则出现大幅下行，从而使中美利差再次拉大。截至 11 月末，中美两国的 10 年期国债收益率利差已经扩大至约 150 个基点，处于近年来的较高水平（见图 7）。中国与欧元区、日本的国债收益率利差也明显加大。

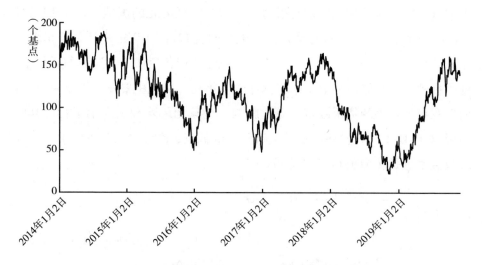

图 7　以 10 年期国债到期收益率衡量的中美利差

资料来源：Wind 资讯。

2. 期限利差①

期限利差的变化是经济基本面预期与市场流动性变化综合作用的结果。长期收益率主要受经济基本面的影响，短期利率虽根本上取决于经济基本面的变化，但受市场流动性变化影响极大。一般而言，如果市场预期未来经济放缓，则长期收益率将被迫先行下降，从而导致收益率曲线平坦化；如果市场流动性紧张，则短期利率较长期利率会出现更大幅度上行，并最终影响实

---

① 期限利差以 10 年期国债到期收益率与 1 年期国债到期收益率衡量。

体经济增长，收益率曲线也会平坦化。这就是期限利差的收窄，特别是收益率曲线倒挂，往往意味着经济增速放缓的原因。

近年来国债期限利差的变化也可以较好地验证上述分析。2014年下半年，长期利率较短期利率下行更多，期限利差大幅收窄，意味着2014年后我国经济面临较为严重的下行压力，随后我国GDP增长率从之前的8%左右跌破7%。2016年第三季度起，受经济短周期企稳回升及金融严监管影响，长期国债收益率和短期国债收益率均开始大幅上行，但短期利率因市场流动性趋紧而出现更大幅度上行，导致期限利差在2017年再次大幅收窄，收益率曲线甚至一度出现倒挂，预示着经济下行压力再次加大。果然，中国经济在短暂复苏后，2018年增速明显放缓，其中固然有长周期增长动力衰减及外部环境恶化的原因，但也确有经济金融降杠杆使市场流动性紧张、利率大幅上行的原因。2018年后，中国人民银行先后四次降准，保持市场流动性的合理充裕，使短期利率较长期利率出现了更大幅度的下降，才使得期限利差逐渐走阔。

2019年我国国债期限利差总体平稳。年初，央行曾全面下调金融机构存款准备金率1个百分点，市场流动性状况进一步改善，曾一度使期限利差扩大。随着社会融资规模增速的提高及部分领域出现暂时性流动性紧张，期限利差又有所收窄。但在央行货币政策的调控下，市场流动性恢复合理充裕的格局，以10年期与1年期国债收益率之差衡量的期限利差也逐渐恢复至2014年以来平均约60个基点的水平，与2016年平均期限利差也基本一致。

地方债、国开债及中短期票据期限利差与国债期限利差的走势基本相同。但是，2018年以前，国债、地方债、国开债、中短期票据期限利差总体相差不大。2018年以来，地方债、国开债、中短期票据期限利差与国债的期限利差明显拉大。2019年这一差距则进一步拉大，地方债、国开债、AAA中短期票据平均期限利差分别比国债平均期限利差高21个、29个、52个基点（见表5）。而且，国债期限利差基本与2014年的平均期限利差一致，也与2016年流动性较为宽松时的平均期限利差基本一致；地方债、国

开债、AAA 中短期票据的期限利差则显著高于 2014 年以来的平均水平。这说明，在当前的环境下，市场流动性偏好加强，流动性分层开始显现，流动性越差、期限越长的债券的收益率，越要求更高的溢价。

表5　国债、地方债、国开债与 AAA 中短期票据期限利差

单位：个基点

时间	国债	地方债	国开债	AAA 中短期票据
2014 年	66	69	62	76
2015 年	81	85	76	91
2016 年	58	64	71	78
2017 年	28	35	43	40
2018 年	60	62	85	75
2019 年	61	82	90	113
2014～2019 年	59	66	71	78

资料来源：Wind 资讯。

3. 信用利差

信用利差是相同期限、不同等级债券的收益率溢价，反映的是信用风险情况。在此，我们分别以 1 年期 AAA 级中期票据到期收益率与 1 年期国债到期收益率之差、1 年期 AAA 级中期票据到期收益率与 1 年期 AA 级中期票据到期收益率之差及 10 年期 AAA 级中期票据到期收益率与 10 年期国债到期收益率之差、10 年期 AAA 级中期票据到期收益率与 10 年期 AA 级中期票据到期收益率之差来反映信用利差的变化，并分别将其定义为信用利差 1、信用利差 2、信用利差 3、信用利差 4。大致而言，信用利差 1 与信用利差 3 更多反映了企业的流动性风险，而信用利差 2 和信用利差 4 更多反映了企业的信用违约风险。

一般而言，经济增长较快、社会融资环境较好的情况下，企业违约风险较低，信用利差收窄；反之，信用利差扩大。而且，由于资本市场对信息的极端敏感性，信用利差的变化往往先于经济的变化，因此，信用利差也是预测经济周期的良好先行指标。2014 年至 2016 年三季度，虽然经济增速放缓，但由于当时货币政策较为宽松、社会流动性充裕、债券市场大扩容，企

业融资环境较好，故信用利差总体呈收窄趋势，且 AAA 级中期票据与国债的信用利差、AA 级中期票据与 AAA 级中期票据的信用利差呈收敛态势。2016 年第三季度至 2017 年末，一方面流动性趋紧，另一方面经济短期企稳回升，故信用利差 1 与信用利差 3 大幅提高，而信用利差 2 和信用利差 4 保持相对稳定。2018 年以来，流动性环境有所好转，但经济下行压力加大，债券违约增多，故信用利差 1 与信用利差 3 呈下降趋势，而信用利差 2 和信用利差 4 则大幅提高。2019 年经济下行压力犹存，企业融资环境进一步改善，信用利差 1 和信用利差 3 总体仍有一定的下行，并且信用利差 1 已低于 2016 年的平均水平；但信用利差 2 和信用利差 4 则变化幅度相对不大，且信用利差 4 高于 2016 年的平均水平（见表6）。

表6 平均信用利差情况

单位：个基点

时间	信用利差 1	信用利差 2	信用利差 3	信用利差 4
2014 年	145	65	155	135
2015 年	110	69	119	135
2016 年	70	52	89	85
2017 年	114	45	127	62
2018 年	119	60	134	88
2019 年	64	35	116	109
2014 ~ 2019 年	104	54	123	54

资料来源：Wind 资讯。

4. 债券违约情况

2019 年中国债券市场违约常态化态势得到延续。前 11 个月，新增违约债券 36 只，涉及违约债券余额约 305.25 亿元，已超过 2018 年全年规模（见图8）。违约债券涉及制造业、房地产开发、建筑工程、电子元件、食品加工、零售等多个行业，并无明显的行业特征。违约主体中，既有中小企业，也有诸如西王集团、精功集团、中民投、中信国安集团、沈阳机床等大中型企业。此外，值得注意的是，违约主体中，民营企业仍占绝对比重，36

只新增违约债券中，有 29 只为民营企业债券。而且，上市公司债券违约数量继续增加，2018 年有 15 只，2019 年前 11 个月已达 17 只。

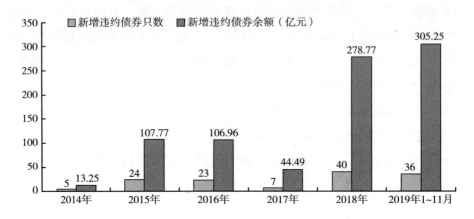

图 8　2014 年至 2019 年 11 月新增违约债券只数与余额

资料来源：Wing 资讯。

债券违约是我国债券市场打破"刚性兑付"、走向成熟必然要遇到的现象，也是我国经济"三期叠加"的必然反映。只有债券违约的"常态化"，才能形成更加合理的风险溢价与利率体系，促进债券违约互换等衍生品的发展，也才能促使投资者更加关注债券发行主体的信息披露情况、促使中介机构更加注重信用评级质量。同时，我国经济从前期的高速增长阶段转向高质量发展阶段，金融环境也总体趋紧，必然使产能过剩、财务过于激进的企业面临更为严重的流动性风险与信用风险。2018 年、2019 年，债券市场经历前期的大扩容后，公司类信用债市场进入偿债高峰期，也使得债券违约数量增加，但违约率仍处于较低水平。为简单起见，我们以当年新增违约债券余额/当年平均存量公司类信用债规模来衡量债券边际违约率，以存量违约债券规模/存量公司类信用债规模来衡量债券不良率，可发现即便债券违约数量较多的 2019 年，我国债券边际违约率也不过 0.18%，债券不良率也不过 0.74%，远低于国际水平。目前，我国债券违约以民营企业为主，一方面说明民营企业现金流更为脆弱，另一方面也说明国有企业的预算软约束问题仍然存在，我国债券市场打破"刚性兑付"仍然任重道远。

但是，必须防范债券违约转变为系统性金融风险。系统性金融风险的根源，一是高杠杆，二是风险的传染。我国非金融企业杠杆率奇高，是我国经济发展阶段、金融结构等因素综合作用、长期积累的结果，应当依靠经济增长、债务重组、股权市场发展等措施使其逐渐下降，万不可一蹴而就。在去杠杆的过程中，尤其要注意保持市场流动性的合理充裕，并充分考虑我国国情，大力缓解民营企业遭遇的商业银行信贷配给问题，避免信用风险演变为具有普遍性的流动性风险。而且，由于我国资本市场的发展，我国金融体系更趋复杂，风险的传染性更强，因此必须防范债券违约可能引发的传染效应。近年来，上市公司债券违约数量明显增加，而我国上市公司又普遍存在股票质押问题，且整体的股票质押规模较高。一旦上市公司大规模债券违约，必然引发股价的大幅下跌，从而导致股票质押平仓风险，并引发一系列的连锁反应。而且，我国中小市值上市公司由于"壳价值"的存在，估值普遍偏高，随着股票发行注册制改革的推进，其"壳价值"贬值与估值的回归是大势所趋，但股价的下跌同样会加剧上市公司的股票质押风险，造成其流动性紧张，进而可能引发债券违约风险。因此，从经济金融发展的全局出发，必须统筹处理好货币政策与金融稳定、债券市场打破"刚性兑付"与利率体系重塑、股票发行注册制改革与中小市值估值回归之间的关系。

5. 债券市场投资者结构

我国债券市场余额增速已经明显放缓。2015 年、2016 年，债券市场余额同比增速高达 34.72%、32.50%；2017 年后，债券市场的扩容速度已经大幅放缓，2017 年、2018 年债券市场余额同比增速分别为 16.38%、14.69%。截至 2019 年 11 月末，我国债券市场托管余额约 95.7 万亿元，同比增长 13.52%，较 2018 年进一步放缓（见图 9）。

政府是纯融资者，也是我国债券市场的最大融资主体。2017 年末、2018 年末、2019 年 11 月末，我国政府债券占比分别为 37.69%、38.42%、39.09%，均高于金融机构债券与非金融企业债券占比（见表 7）。但 2019 年 3 月末，美国、德国、日本政府债券占比分别为 45.50%、

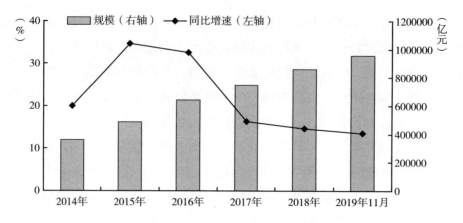

图 9　我国债券市场余额及同比增速

资料来源：Wind 资讯。

50.61%、74.05%（见表 8），远高于我国。同时，美国、德国、日本政府债券中，中央政府债券占比均超过 75%，而我国国债占比尚低于地方债。我国政府债券占比偏低，与我国经济发展阶段、社会保障水平等因素有关；国债在政府债券中的比重较低，则与中央与地方关系密切相关。可以预见，随着我国经济增长的放缓、人口老龄化的加剧，政府债券占比将持续提高；随着中央与地方的财权与事权关系的深刻调整，国债的占比也将大幅提高。

表 7　我国债券市场余额情况

类型	2019 年 11 月末		2018 年末		2017 年末	
	余额（亿元）	比重（%）	余额（亿元）	比重（%）	余额（亿元）	比重（%）
政府债券	373919.51	39.09	329473.21	38.42	281793.21	37.69
国债	162805.34	17.02	148803.67	17.35	134344.97	17.97
地方债	211114.17	22.07	180669.54	21.07	147448.24	19.72
金融机构债券	329998.48	34.50	301944.66	35.22	263295.68	35.22
同业存单	104196.84	10.89	98826.70	11.53	79936.10	10.69
商业银行债	45820.57	4.78	38116.02	4.45	31150.82	4.17
其他金融债[①]	179981.07	18.82	165001.94	19.24	152208.76	20.36
非金融企业债券	176210.93	20.50	179109.09	20.89	165423.09	22.13

续表

类型	2019年11月末		2018年末		2017年末	
	余额(亿元)	比重(%)	余额(亿元)	比重(%)	余额(亿元)	比重(%)
企业债	23662.94	2.47	25692.92	3.00	30479.81	4.08
公司债	47115.11	4.93	58243.96	6.79	50924.00	6.81
中期票据	64932.06	6.79	56402.23	6.58	48533.97	6.49
短期融资券	20603.50	2.15	19281.10	0.22	15162.00	2.03
定向工具	19897.32	2.08	19488.88	2.27	20323.31	2.72
资产支持证券	33537.55	3.51	26713.77	3.12	19347.23	2.59
含认股权债券	5828.97	0.61	3881.38	0.45	3033.23	0.41
其他②	17184.6	1.80	16319.60	1.90	14745.00	1.97
合计	956580.04	100.00	857441.70	100.00	747637.44	100.00

注：①含政策银行债、保险公司债、证券公司债、证券公司短期融资券等。
②含国际机构债与政府支持机构债、央行票据。
资料来源：Wind资讯。

表8　2019年3月末美国、德国、日本债券余额及结构

单位：十亿美元，%

类型	美国		德国		日本	
	余额	比重	余额	比重	余额	比重
政府债券	18996	45.50	1785	50.61	9192	74.05
金融机构债券	16345	39.15	1547	43.86	2460	19.82
非金融企业债券	6407	15.35	195	5.53	761	6.13
合计	41748	100.00	3527	100.00	12413	100.00

资料来源：Wind资讯。

商业银行是最大的债券持有主体，也是最重要的净资金融出方。截至2019年11月，在中债登和上清所托管的债券中，商业银行持有约475500亿元债券，占我国债券市场余额约49.7%的比重；商业银行债券发行余额约150000亿元，占我国债券市场余额的比重约为15.7%。同时，政府、非金融企业、非商业银行金融机构合计发行的债券余额约占我国债券市场余额的84.33%，而家庭、非金融企业、国外部门、非商业银行金融机构合计持有我国债券余额的39%。商业银行以信用创造的方式净提供了我国债券市场约 45.33% 的资金，我国债券市场也被深深地烙上了以商业银行为主的金融体系的烙印。商业银行债券融资，以期限较短的同业存单为主。其中，股份制银行、城商行是最主要的净融资者，非法人产品、信用社及县域商业银行则是最主要的资金提供者。特别值得注意的是，由于金融监管加强背景下商业银行流动性压力普遍加大，国有大行也于 2019 年改变了以往同业存单资金提供方的身份，同样成为净融资者（见表 9）。

表 9　2019 年 11 月末同业存单托管余额与未偿还余额情况

单位：亿元，%

金融机构	托管余额	托管余额占比	未偿还余额	未偿还余额占比	净融资额
政策性银行	5086.50	4.87	0	0.00	−5086.5
存款类机构	41195.91	39.41	104563.91	100.00	63368
全国性银行	9927.18	9.50	15758.30	15.07	5831.12
股份制银行	3124.92	2.99	38310.80	36.65	35185.88
城商行	4815.23	4.61	41396.01	39.60	36580.78
信用社及县域机构	23064.95	22.06	8785.50	8.40	−14279.45
外资银行	263.61	0.25	313.3	0.30	49.69
非银行金融机构	4686.17	4.48	0	0.00	−4686.17
非金融机构法人	0.50	0.00	0	0.00	−0.5
非法人产品	51238.36	49.01	0	0.00	−51238.36
境外机构	2327.47	2.23	0	0.00	−2327.47
其他	2.00	0.00	0	0.00	−2
合　计	104536.91	100.00	104563.91	100.00	0

注：由于统计原因，托管余额与未偿还余额略有差异。
资料来源：上清所、Wind 资讯。

境外投资者及非法人产品增速较快。2017 年 6 月债券北向通开通以来，境外投资者对我国债券市场的投资额持续快速增长。2018 年末、2019 年 10 月末，北向通投资者持有的我国债券市值分别为 17299 亿元、21276 亿元（见图 10），同比分别增长 50.77%、26.69%，远高于同期我国债券余额的增速。境外投资者不仅为我国债券市场带来增量资金，而且因其更偏好风险低、流动性强的利率债，因此也在一定程度上影响了我国的利率结构。2018

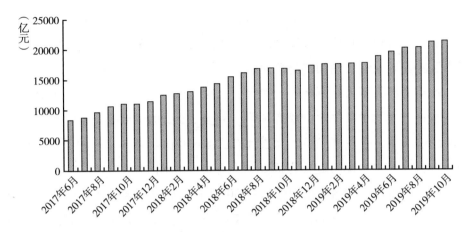

图10　债券北向通投资我国债券市场余额

资料来源：Wind资讯。

年4月《关于规范金融机构资产管理业务的指导意见》及其配套措施正式出台，金融机构对标准化资产的需求增加，从而使非法人产品债券托管余额大幅增加。截至2019年10月末，非法人产品在中债登的托管余额达110595亿元，同比增长18.46%，其中银行理财产品托管余额达20183亿元，同比增长35.27%；非法人产品在上清所的托管余额达110638亿元，同比增长13.99%。非法人产品，特别是银行理财产品的规范化与投资债券的增加，同样将深刻改变我国未来债券市场的投资者结构与债券利率结构。

四　2020年中国债券市场展望

经历2014~2016年债券市场的大牛市环境、2017~2018年的"过山车"行情后，我国债券市场在2019年呈现出总体平稳、结构分化的特征。对一级市场而言，流动性压力有所缓解，但低等级民营企业债券发行困难；对二级市场而言，无风险利率在3.0%~3.4%的区间内窄幅震荡，但因流动性风险、信用风险显性化，债券违约常态化，期限利差、信用利差开始分化。2020年，我国债券市场可能会因以下几个因素的影响而呈现新的特征。

首先，我国经济增长将弱复苏。随着政府"六稳"政策的推出，社会融资环境已经有所好转，企业税费负担也有所下降；12 月召开的 2020 年中央经济工作会议，也强调 2020 年要完善和强化"六稳"举措，健全财政、货币、就业等政策协同和传导落实机制，确保经济运行在合理区间，意味着短期内经济下行压力有所减轻。而且，全球金融危机以来，我国工业企业生产基本符合大约 3 年一轮的库存周期。目前，距 2016 年第三季度库存周期好转已逾三年，企业产成品库存累计同比增速也降至近 3 年来的低点，预计 2020 年我国将进入新一轮库存周期的上升期（见图 11）。2019 年 11 月，我国制造业经理人采购指数重回荣枯线 50 以上，也预示着经济短周期可能企稳。当然，我国经济总体仍处于"三期叠加"阶段，全球经济增长速度可能继续放缓，外部环境也难言根本好转，预示我国经济 2020 年的复苏可能仅是较弱的复苏。至于短周期复苏能否向中长周期复苏转变，弱复苏能否向新一轮的强复苏转变，则有待后续内外部环境的进一步改善。

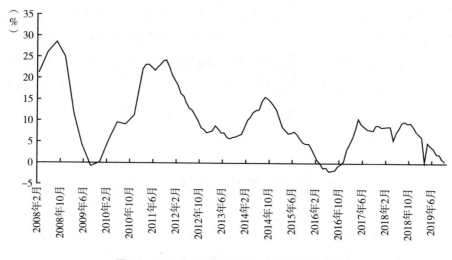

图 11　工业企业产成品库存累计同比增速

资料来源：Wind 资讯。

其次，稳健的货币政策基调不变，社会流动性合理充裕，社会融资成本将有所下降。央行行长易纲在《求是》上发文，总结了对货币政策执行的几个规律性认识，即货币政策既要关注经济增长，又不能过度刺激经济增长；要坚守币值稳定的根本目标，也要强化金融稳定目标；货币政策不能"单打独斗"，需要与其他政策相互配合，形成合力。也就是说，中国人民银行将以物价稳定为根本目标，强化金融稳定目标，兼顾经济稳定目标。这就意味着，在未来相当长的时间内，央行都不可能大幅降低利率，也不可能实行大规模资产购买计划。2019年12月召开的中央经济工作会议要求继续实施稳健的货币政策，且稳健的货币政策要灵活适度，保持流动性合理充裕，货币信贷、社会融资规模增长同经济发展相适应，降低社会融资成本。这意味着2020年流动性将继续合理充裕、维持不松不紧的格局，既会避免出现"大水漫灌"的局面，也会及时防范化解局部性、结构性的流动性紧张。对于当前社会融资成本较高的问题，央行一方面可能会小幅下调逆回购利率与中期借贷便利操作利率，引导债券收益率及LPR利率下行；另一方面将疏通货币政策传导机制，完善结构性货币政策，增加制造业中长期贷款，缓解民营企业融资难、融资贵的问题。

最后，高杠杆问题持续发酵。国际金融危机以来，我国宏观杠杆率大幅攀升，已经成为我国金融领域最大的系统性风险隐患。随着经济的下行与监管的加强，债务融资主体的流动性风险与信用风险会凸显出来，越来越多的旁氏融资者、投机性融资者会不可避免地面临债务违约问题。2014年以来，越来越多的市场主体在债券市场融资，绝大多数上市公司大股东也存在股票质押问题，使其财务信息更多地暴露在全市场投资者中，一旦其财务状况恶化，其必然面临流动性风险与信用风险交织的问题，更容易出现债券违约。2018年以来，财务策略激进、融资约束趋紧的民营企业首当其冲地出现债务违约问题。2019年，中低等级民营企业债券净融资继续减少，民营企业仍然是债券违约主体。但是，需要注意的是，民营企业当前之所以是我国债券违约的主体，一方面是因为民营企业财务策略激进，又遭遇较为严重的信用配给问题；另一方面则是因为国有企业、城投公司、商业银行甚至地方政府在更为友好的融资环境下，通过种种财务腾挪，避免了债券违约。2019年，在"六稳"政策下，国有企业与地方政府的债务负担甚至进一步加大。高杠杆问题下"刚性兑付"的存在，使大量"僵尸企业"得以存活，不仅

占用了大量的资金，制约无风险利率下行，还扭曲利率结构，使期限利差、信用利差不能真正反映流动性风险、信用风险状况。但是，随着各市场主体财务腾挪空间的逐渐压缩，债券市场违约也将逐步向国有企业、城投公司、商业银行乃至地方政府蔓延，债券市场打破"刚性兑付"也将向纵深发展。

在上述三个主要影响因素作用下，预计2020年我国债券市场将呈现以下几个特点：第一，10年期国债收益率小幅上涨，期限利差走阔。一方面，经济的弱复苏将使得长端收益率小幅上行；另一方面，央行引导社会融资成本下降的政策将使短端收益率小幅下降，从而使收益率曲线陡峭化。第二，非金融企业融资环境进一步好转，非金融企业债信用利差总体收窄。一级市场上，非金融企业债券发行与净融资继续增加，特别是民营企业融资难、融资贵问题继续缓解。二级市场上，非金融企业债券与国债的信用利差总体稳定，但不同等级信用债之间的信用利差总体收窄。第三，债券违约常态化态势延续。信用违约常态化可能向部分国有企业、城投公司蔓延。低等级信用债收益率仍然处于高位，且面临再融资困境。随着创业板注册制改革的稳步推进，中小市值股价下跌压力、债券违约风险加大。

参考文献

美联储：《关于货币政策实行和资产负债表正常化的声明》，美联储网站。
易纲：《坚持币值稳定目标，实施稳健货币政策》，《求是》2019年第23期。
彭兴韵：《违约与中国债券市场发展》，《债券》，2018年第8期。
中国人民银行：《2019年第三季度中国货币政策执行报告》。

B.11
2019年中国期货市场运行分析及发展建议[*]

马晓旭　谢小卉　付蓉　范垒基　陈茜[**]

摘　要： 风云变幻、砥砺前行的 2019 年，为中国经济的壮阔历史增添了新的篇章。过去一年，全球经济政治格局深度调整，中国积极应对国内外多重挑战，推动高质量发展不断迈出新步伐。2019 年，中国期货市场不忘服务实体经济的初心，牢记防范化解重大风险使命，深入贯彻落实党中央、国务院关于全面深化资本市场改革开放的要求，紧扣金融供给侧结构性改革主线，聚焦补短板、强能力，加大对外开放和对内放开力度。一是加快推出期货、期权品种，2019 年上市品种数量创历史新高，大幅拓宽了服务实体经济的领域；二是优化期货品种交易交割制度，市场运行质量稳步提升，更有效地满足了实体产业风险管理需求；三是"保险+期货（权）"试点由点及面，与脱贫攻坚战和乡村振兴战略深度融合；四是进一步完善市场风险监测指标体系，场外衍生品交易报告库建设扎实推进；五是特定品种对外开放平稳运行、不断扩容，市场吸引力持续提升；六是期货公司积极稳妥"走出去"成效明显，期货交易所境外布局逐步深化，跨境监管执法和国际交流合作不断加强。

关键词： 期货衍生品　实体经济　高质量发展

---

* 本报告中图表数据来自中国证监会、各期货交易所和中国期货业协会。
** 马晓旭、谢小卉、付蓉、范垒基、陈茜，供职于中国期货市场监控中心。

2019 年，我国全面建成小康社会、实现第一个百年目标进入决胜期。按照习近平总书记提出的"深化金融供给侧结构性改革，增强金融服务实体经济能力"的总要求，遵循中央政治局会议"要以关键制度创新促进资本市场健康发展"的方法论，我国期货行业持续深入推进市场化、法治化改革，着力提升对外开放水平，加强专业化队伍建设，牢牢守住不发生系统性风险的底线，全市场呈现出商品和金融、期货和期权、场内和场外、境内和境外等高质量协同发展的新局面。

一 中国期货市场运行现状

（一）品种体系不断丰富，产品系列日益完善

截至 2019 年 12 月底，我国已上市期货和期权品种总数 78 个，涵盖国民经济主要领域。包括：58 个商品期货、6 个金融期货、10 个商品期权、4 个金融期权。2019 年，红枣期货、尿素期货、20 号胶期货、粳米期货、不锈钢期货、苯乙烯期货和纯碱期货，以及天然橡胶期权、棉花期权、玉米期权、铁矿石期权、PTA 期权、甲醇期权和黄金期权等期货期权品种的上市，更进一步满足了相关实体企业及投资者的个性化、精细化风险管理需求，亦有助于降低全市场套期保值成本（见表 1）。

表 1 我国期货期权市场品种现状

品种名称	交易所	数量（个）
铝、铜、天然橡胶、燃料油、锌、黄金、线材、螺纹钢、铅、白银、沥青、热轧卷板、镍、锡、纸浆、不锈钢期货、铜期权、天然橡胶期权、黄金期权	上海期货交易所	19
原油、20 号胶期货	上海国际能源交易中心	2
普麦、强麦、棉花、白糖、精对苯二甲酸(PTA)、菜籽油、早籼稻、甲醇、玻璃、油菜籽、菜籽粕、动力煤、粳稻、晚籼稻、硅铁（铁合金）、锰硅（铁合金）、棉纱、苹果、红枣、尿素、纯碱期货、PTA 期权、白糖期权、棉花期权、甲醇期权	郑州商品交易所	25

续表

品种名称	交易所	数量(个)
黄大豆1号、豆粕、黄大豆2号、玉米、豆油、棕榈油、线性低密度聚乙烯、聚氯乙烯、焦炭、焦煤、铁矿石、鸡蛋、纤维板、胶合板、聚丙烯、玉米淀粉、乙二醇、粳米、苯乙烯期货、豆粕期权、玉米期权、铁矿石期权	大连商品交易所	22
沪深300股指期货、2年期国债期货、5年期国债期货、10年期国债期货、上证50股指期货、中证500股指期货、沪深300股指期权	中国金融期货交易所	7
上证50ETF期权、华泰柏瑞沪深300ETF期权	上海证券交易所	2
嘉实沪深300ETF期权	深圳证券交易所	1

（二）期货市场成交持仓总体稳定，资金创历史新高

2019年1～10月，我国期货期权市场单边累计成交量为31.85亿手，累计成交金额235.43万亿元，同比分别增长29.99%和37.38%，我国商品期货成交量已连续10年位居世界第一。2019年上半年，全球期货期权累计成交166亿手，同比增长11%，我国期货期权累计成交17.3亿手，同比增长23.5%。我国四家期货交易所中，上海期货交易所（简称上期所）成交

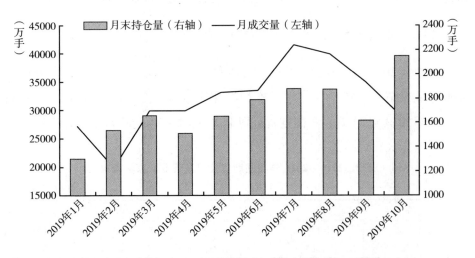

图1　2019年1～10月我国期货期权市场成交量、持仓量

量的世界排名为第 10 位，与 2018 年底持平；大连商品交易所（简称大商所）、郑州商品交易所（简称郑商所）、中国金融期货交易所（简称中金所）成交量的世界排名分别为第 11、第 12 和第 28 位，较 2018 年底分别提升 1 个、1 个和 3 个位次。2019 年前 10 个月，我国期货市场日均持仓量 1688.22 万手，同比增加 17.46%；日均成交持仓比（换手率）为 0.97，略高于上年同期的 0.82。截至 11 月末，我国期货市场总资金突破 5500 亿元，创历史新高。

（三）期货市场交易、交割制度不断完善

一是在充分了解行业规律和市场需求的基础上，期货交易所及时调整期货合约规则，做精做细存量品种。2019 年以来，上期所修改了黄金、燃料油、沥青交割违约细则，郑商所调整了棉纱、强麦交割规则，大商所在焦炭、焦煤品种上实行了滚动交割制度。二是加强交割仓库管理，推进期现结合业务创新。大商所继续推进线性低密度聚乙烯、聚丙烯、铁矿石交割注册品牌制度，在线性低密度聚乙烯、聚氯乙烯、聚丙烯品种上实行厂库交割制度；郑商所发布期货交割品牌及免检品牌管理办法；上期所推进钢材厂库交割方案研究，不断调整交割仓库布局和升贴水，完善交割仓库监控系统建设等。

（四）期货经营机构综合能力有效提升

2019 年 10 月底，我国共有期货公司 149 家（见表 2），期货公司总资产为 6260 亿元，净资产为 1169 亿元，较 2018 年底分别增长了 16% 和 6.2%（见图 2）。截至 2019 年 11 月，我国期货公司上市及挂牌总数达 20 家（见表 3）。

表 2　2016~2019 年我国期货公司及营业部家数情况

单位：家

年份	2016	2017	2018	2019
期货公司	149	149	149	149
营业部	1603	1673	1901	1957

注：2019 年数据为截至 2019 年 10 月底的数据。

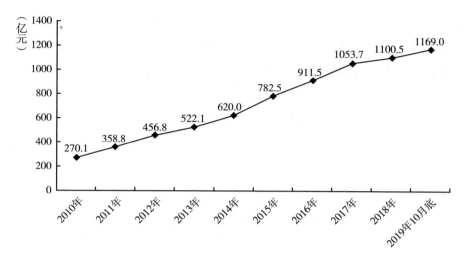

图2　2010年至2019年10月底期货公司净资产年度变化情况

表3　2019年11月末期货公司上市情况

	数量（家）	期货公司名称
A 股	3	瑞达期货、南华期货、弘业期货（IPO 阶段）
新三板	15	创元期货、永安期货、海航期货、天风期货、华龙期货、大越期货、先融期货、广州期货、迈科期货、渤海期货、福能期货、混沌天成期货、金元期货、长江期货、海通期货
港股	2	鲁证期货、弘业期货（3678.HK）

（五）场外市场快速发展，报告库建设取得阶段性成效

一是截至 2019 年 9 月底，我国期货公司已成立 85 家风险管理公司，总资产 553 亿元，净资产 210 亿元。1～9 月，开展期现类业务 2701 亿元，同比增加 81%；场外衍生品业务新增名义本金 9735 亿元，同比增加 40%。期货公司风险管理子公司可利用自身专业优势，为实体企业提供仓单服务、场外期权、基差交易等创新型业务，帮助企业实现更加精细化的风险管理。二是场外衍生品风险管理在防范金融风险中可发挥重要作用，加强场外衍生品交易报告库建设意义深远，有助于摸清场外市场底数，进行场内外联动分析，监测个体风险和防范系统性风险，也有助于促进我国资本

市场监管国际化进程。2019 年 10 月，FSB（金融稳定理事会）官网公开发布的《2019 场外衍生品市场改革实施进展报告》显示，中国期货市场监控中心已被 FSB 正式加入全球场外衍生品准报告库（TR-like Entities）列表。至此，中国内地司法管辖区的 4 家准报告库已全面覆盖商品、信用、权益、外汇、利率 5 大标的资产类别（见表 4）。目前，中国期货市场监控中心场外衍生品交易报告库三期系统已建设完成，智能化风险监测水平得以进一步提升。

表 4　中国内地司法管辖区受 FSB 认可的准报告库情况

所属系统	准报告库	商品	信用	权益	外汇	利率
证监会系统	中国期货市场监控中心	●		●		
	中证机构间报价系统股份有限公司	●		●		
人民银行系统	中国外汇交易中心				●	●
	中国银行间市场交易商协会		●			

注：全球共有 21 家正式报告库、15 家准报告库，合计 36 家。

（六）期货市场对外开放实现新突破

一是加大引入境外投资者力度。截至 2019 年底，我国原油、铁矿石、PTA、20 号胶等期货品种已成功实现引入境外交易者。境外客户的交易量和持仓量稳步增加，在部分品种上的最高占比可达 10% 左右。境外投资者通过其境内企业参与我国期货市场的能动性较高。二是积极开展国际化经营。以国际标准推进制度、业务和服务创新，加强境外市场培育和推广，提升境外机构投资者的参与便利性，探索我国期货市场服务全球实体经济的新模式。我国期货价格国际影响力稳步提升。三是期货公司加快"走出去"和"引进来"。"走出去"方面，我国已有 21 家期货公司在海外设立了分支机构，部分期货公司成为芝加哥商业交易所集团（CME Group）、伦敦金属交易所（LME）等境外交易所会员。其中，广发期货英国子公司加入 LME 圈内会员，实现较好盈利。"引进来"方面，从 2020 年起，我国符合条件的境外投资者持有期货公司股权比例可至100%，提前放开外资股比限制。四是有效深化国际监管合作，主动参与国际监管治理，跨境监管效率明显提升。

二 期货市场服务实体经济能力不断增强

（一）期货市场价格发现、套期保值功能进一步完善

一是在经济形势错综复杂的情况下，我国期货市场总体保持稳定，运行质量稳中有升。2019年上半年期货市场套期保值效率为88.3%，同比增长4.7个百分点；法人客户持仓占比为54.3%，同比增长2.5个百分点；期现价格相关性为88.0%，同比增长2.6个百分点。其中，铜、铝、天然橡胶期货品种经济功能发挥排名居前三。二是金融期货市场规模大幅扩大。1~10月金融期货累计成交量为0.5亿手，同比增长159.1%，全国市场占比提升至1.6%。股指期货恢复常态化交易，市场流动性进一步改善，促进了套保与定价功能的发挥，有效提升了金融服务实体经济的效率。截至目前，已有34只基本养老保险基金组合进入中金所，其中8只已在股指期货上开展交易。2019年，我国期货市场为实体企业提供了公开、透明、连续的价格信号和高效的风险管理工具，为国民经济健康稳定发展做出了积极贡献。

（二）期货市场助力金融市场国际竞争力提升

一是国际期货品种不断丰富。我国原油、铁矿石、PTA、20号胶期货品种陆续实现国际化，农产品期货国际化稳步推进。原油期货上市1年半以来，交易量稳居全球第3位，逐渐形成了反映中国和亚太地区石油市场供需关系的价格基准，维护了国家能源安全和利益，为我国企业跨境经营提供了价格参考和风险管理工具。二是对外开放环境显著优化。鼓励外商控股期货公司设立、优化投资者适当性制度等，降低境外投资者制度性交易成本，吸

引大量境外资金流入我国市场。三是市场主体国际参与度提升。2018 年以来，我国期货交易所积极在境外设立办事机构，踊跃参与境外期货市场股权布局，在行业国际组织中发挥着重要作用；期货公司跨境业务体系不断完善，形成境内外业务对接通道，大幅提升我国期货品种的国际知名度。四是跨境监管范围不断扩大。中国证监会已相继同多个国家和地区的证券期货监管机构签署监管合作谅解备忘录，维护了开放条件下的市场秩序，为境内企业参与国际竞争保驾护航。

（三）期货市场在供给侧结构性改革中发挥了独特作用

一是期货市场提供了多种市场化产业调节方式，主要体现在价格信号引导和促进产业结构调整两方面。二是期货市场通过合约设计体现国家产业政策导向。期货市场交易的是标准化合约，其上市运行的品种也是标准化的，这对于行业具有示范效应。三是"保险＋期货"试点助力农业供给侧结构性改革。2018 年度相较于 2016 年度，受益农户增长了 20.6 倍，支持资金增长了 11.5 倍。2018 年，上海期货交易所、郑州商品交易所、大连商品交易所共支持试点项目 156 个，预算支持资金约 4 亿元，承保现货 277.8 万吨，覆盖种植面积 735.6 万亩，惠及农户 25.9 万户。按照"愿保尽保"原则，首次选取 6 个县开展县域全覆盖试点。试点工作获得有关部委和省市的认可和支持，真正做到了金融服务实体经济，为后续实施产业扶贫、精准扶贫打下了坚实的基础。"保险＋期货"精准扶贫在保障农民利益、稳定农业生产、优化农业扶持方式、促进农业供给侧改革等方面发挥了积极的作用。

三　中国期货市场高质量发展面临的主要挑战

（一）期货衍生品市场结构仍需优化

1. 产品结构不合理

一是金融期货交易量占比较低。2019 年上半年，全球金融类期货期权成交量占比高达 80.0%，而我国金融类期货期权①成交量仅占全市场的 16.0%。二是场内期权市场体量不足。2019 年上半年，我国场内期权成交量占期货衍生品市场总成交量的 17.7%，而全球场内期权成交量占期货衍生品市场总成交量的 78.2%。三是场外衍生品市场规模较小。国际上场外衍生品的市场规模远高于场内，约占全球衍生品市场的 90%，我国场外衍生品市场规模发展迅速，但与国际水平还存在一定差距。

2. 投资者结构不合理

2018 年我国期货市场法人客户成交金额占全市场的 24.2%，2019 年上半年法人持仓占比约为 53.2%。国有企业参与期货市场在会计准则核算、考核评价机制等方面存在障碍，因此其参与期货套保的积极性不足。

（二）期货经营机构能力和服务水平有待提高

一是资金实力较弱。截至 2018 年底，仅有 22 家期货公司净资本超过 10 亿元，与证券公司资金实力相比差距较大。雄厚的资金实力是提升期货公司抗风险能力的前提条件，因此期货公司资本支撑亟须加强。二是业务范围窄。业务类型单一、规模小、集中度低等限制了期货公司发展具有竞争优势的差异化境外服务平台，较难与境外混业经营的机构开展竞争。三是人才储备不足。受期货业金融化程度较低等因素影响，期货公司专业性、复合型金融人才普遍缺乏。

（三）法律法规等基础性制度仍有待完善

第一，期货市场法治化进程尚不能完全适应市场发展需要。一是现行《期货交易管理条例》主要规范场内市场，而场外市场近年发展迅速且透明度较低，将场外衍生品纳入法律调整范围需求迫切。二是《期货法》缺失不利于期货市场对外开放。国际投资者对参与我国期货市场的合法合规性和民事纠纷解决存在担忧，因此在境内外物流和资金流互联互通、跨境监管协

---

① 我国金融类期货期权和场内期权成交量的计算均包含上证 50ETF 期权。

作等方面，亟待提供支持和保障的法律出台。三是衍生品合约在市场运作中形成的一系列特定制度规则（如净额结算等），与现行民商事法律条款存在一定冲突，需要在法律层面理顺关系，明确认定依据。

第二，期货市场运行基础制度建设存在短板。一是交易制度有待完善。目前国债尚无法冲抵商品期货的保证金，担保品机制在期货市场的应用仍有待深化。二是交割制度对境外投资者包容性不足。我国商品期货市场以完税计价和完税交割为主，保税交割参与度低、交割量少，不利于对外开放品种吸引更多境外产业客户参与。目前，部分交易所实现了交割配对后由交易所代境外买方拍卖完税仓单，但对于境外投资者参与交割而言仍不够便利。

（四）高水平对外开放任重道远

一是我国期货品种国际化尚处于初级阶段。境外投资者数量偏少，持仓成交规模有较大提升空间；外资参与全产业链的程度还需进一步提高。金融期货的开放在套期保值额度和投资者范围等方面仍然受限。对外开放的大门开得还不够大。二是市场主体国际化程度偏低且滞后于产品渠道开放速度。期货交易所对外开放起步较晚；期货经纪机构两极分化，头部公司跨境业务较活跃，多数期货公司实力不足，国际化发展乏力。

四 推动中国衍生品市场高质量发展

（一）针对短板，加强制度供给

一是积极推动《期货法》立法工作，不断完善交易所、期货公司相关管理办法，研究场外衍生品业务监管规则，统筹推进场外市场建设，规范市场运行和机构经营。促进我国期货市场规则与国际接轨。二是加快推出满足实体经济和高质量发展需求的期货品种，丰富衍生品工具体系，探索推出碳排放权、外汇期货等创新品种。加大对商品指数期货、航运指数期货等指数类期货的研究开发力度。三是简化品种审批程序，建立健全分级审批、同步审批机制。

（二）拓宽市场，提升质量

一是统一各交易所特定品种和期权适当性制度，实现各交易所适当性评估结果互认。二是引导更多产业客户参与期货市场，提升市场的机构化、专业化水平。逐步推出更多品种、不同类型的期货 ETF 产品，尽快实现商业银行和保险资金参与国债期货交易。三是推动期货风险管理功能与银行信贷相结合，促进期货公司与银行合作，共同服务产业客户。四是丰富交易指令，研究推出大宗交易，探索结算价交易机制；扩大做市商制度试点范围，提高重点品种合约连续性。

（三）扩大开放，促进合作

一是促进境内交易所与境外交易所加深产品与业务方面的合作。二是丰富特定品种的国际化路径，全面推进现有品种的国际化。三是简化境外交易者适当性制度，扩大境外客户范围，探索引进境外做市商，全面提升境外交易者参与我国期货市场的意愿和可行性。四是推进期货公司国际化发展，支持符合条件的期货公司设立、收购、参股境外期货类经营机构。五是加强与境外监管机构的沟通协调，提升开放环境下的监管能力，为市场开放保驾护航。签署、完善与境外监管机构在跨境监管合作方面的制度安排，积极加入行业内重要国际组织。

（四）夯实基础，重视人才

一是大力推进符合条件的期货公司上市，鼓励期货公司开展市场化并购重组。加大市场化改革力度，通过优化牌照管理、优化期货公司分类监管评价制度等方式，促进行业优胜劣汰。二是进一步扩大"保险＋期货"试点，探索推进风险管理公司与产业实体通过股权等方式进行合作。三是将科技监管的理念和方法嵌入风险识别、计量、处置的全链条中，全面提升

风险防控的技术水平,为期货市场改革发展稳定保驾护航。四是在人才引进和激励机制上下功夫;加强培训,开展多层次人才交流,培养和造就高素质分析师队伍。

参考文献

方星海:《推进期货市场供给侧改革,提供更高质量的金融服务》,http://www.cfachina.org/ggxw/XHGG/201904/t20190421_2638068.html,2019 年 4 月 21 日。

李雪静、杨阳、武佳薇等:《关于促进期货和衍生品市场健康发展的研究意见》,中证金融研究院,2019。

姜洋:《发现价格》,中信出版社,2018。

B.12
2019年中国外汇市场发展 分析及2020年展望

摘　要： 2019 年在国际风险挑战明显增多的复杂局面下，我国外汇管理
部门扎实推进改革开放，有效防控外部冲击风险，为国民经济
平稳运行营造了良好的外汇市场环境。因此，我国跨境资金流
动基本稳定，外汇市场供求保持平衡，外汇储备规模稳中有
升。首先，本报告概述了 2019 年我国国际储备资产的总体情
况，分析了外汇储备规模的变化及原因，总结了外汇储备经营
管理的现状；其次，汇总了 2019 年发布实施的主要外汇管理政
策，分析了对跨境资金流动风险的应对策略及效果，并梳理了
外汇市场基础设施建设的推进情况；再次，分析了人民币兑美
元及多边汇率的走势，总结了外汇市场交易及外汇收支情况；
最后，展望了 2020 年我国外汇市场的发展前景。

关键词： 外汇市场　外汇储备　外汇管理政策　汇率

一　外汇储备与外汇储备管理

2019 年以来，我国经济总体平稳且稳中有进，有效应对了复杂的国际
局势，国际收支保持基本平衡，外汇储备规模总体稳定。

---

* 宣晓影，助理研究员，2008 年 3 月毕业于日本同志社大学，获得政策科学博士学位，现供职于中国
社会科学院金融研究所国际金融与国际经济研究室，主要从事国际经济与金融领域的比较研究。

（一）外汇储备总体稳定，但单月波动较大

据国家外汇管理局公布的数据，2019 年前三季度，我国储备资产余额32044.51 亿美元（剔除汇率、价格等非交易价值变动影响），较 2018 年末增加 365 亿美元。其中，外汇储备资产 30924.31 亿美元，在国际货币基金组织的储备头寸 84.15 亿美元（见表 1）。截至 11 月末，我国外汇储备规模为 30956 亿美元，较 2018 年末上升 229 亿美元，升幅为 0.7%。另外，据中国国际收支平衡表初步公布的 SDR 计值，2019 年前三季度我国国际储备资产增加 327 亿 SDR，其中，外汇储备资产增加 321 亿 SDR。

表 1　2019 年 1 ~ 10 月中国新增国际储备资产

单位：亿美元

项目	2019 年 1 月	2019 年 2 月	2019 年 3 月	2019 年 4 月	2019 年 5 月
外汇储备	30879.24	30901.80	30987.61	30949.53	31010.04
国际货币基金组织储备头寸	84.85	84.68	84.09	83.46	82.83
特别提款权	107.86	107.94	107.22	107.08	106.83
黄金	793.19	794.98	785.25	783.49	798.25
其他储备资产	− 1.63	− 1.54	− 2.99	1.05	0.16
合　计	31863.52	31887.86	31961.18	31924.61	31998.10
项目	2019 年 6 月	2019 年 7 月	2019 年 8 月	2019 年 9 月	2019 年 10 月
外汇储备	31192.34	31036.97	31071.76	30924.31	31051.61
国际货币基金组织储备头寸	82.33	85.39	84.46	84.15	85.05
特别提款权	108.11	108.50	108.22	107.85	109.16
黄金	872.68	888.76	954.50	930.45	946.51
其他储备资产	− 3.11	− 4.65	− 3.95	− 2.25	− 1.09
合　计	32252.35	32114.97	32214.99	32044.51	32191.25

注：本表计数采用四舍五入原则。本表计数均剔除汇率、价格等非交易价值变动影响。
资料来源：国家外汇管理局。

从 2019 年外汇储备月份增量变化来看，1 月、6 月和 10 月增幅较大，7月和 9 月下滑幅度较大，其他月份受各种因素影响外汇储备小幅波动（见

图1）。例如，11月美元指数小幅上涨约1%，仅汇率估值对外汇储备的负面贡献就有约100亿美元，此外，美国国债价格小幅下跌也对外汇储备有一定的负面影响。

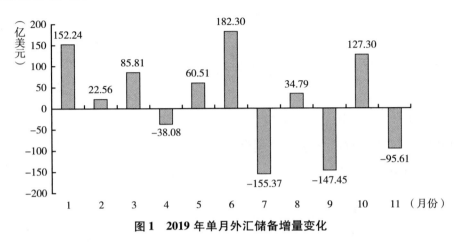

图1　2019年单月外汇储备增量变化

资料来源：国家外汇管理局。

（二）外汇储备经营管理

我国外汇储备规模占全球外汇储备总量的近30%。2019年7月28日公布的《国家外汇管理年报（2018）》，首次披露了我国外汇储备的经营业绩和货币结构等数据，并介绍了外汇储备的投资理念、风险管理和全球化经营平台等情况。根据其公布的数据，2005年至2014年我国外汇储备的10年期平均收益率为3.68%。实际上，我国外汇储备的管理模式与能力不仅在全球央行资产管理者中处于领先地位，也在国际资产管理机构中跻身一流。[①] 首先，我国外汇储备管理坚持多元化、分散化的投资策略，并提升了全领域的投资运营能力，在有效防范风险的同时，发挥了外汇储备投资期限长、风险承受力强等优势，取得了良好的投资效果。其次，我国逐步开发了多层次、市场化的投资基准体系，努力与国际接轨。再次，外汇储备经营管

[①]　李红燕：《外汇储备经营管理服务国家战略》，《中国金融》2019年第2期。

理人员围绕基准灵活施策，充分发挥了投研协同效应；此外，我国还通过自主研发全方位信息化管理体系强化了信息系统服务和综合服务能力。最后，我国不断探索外汇储备多元化运用的有效方式，将外汇储备的商业化运用与服务国家战略有机结合。

二　外汇管理政策的制定与实施

2019 年以来，外汇管理部门持续推进"放管服"改革，出台了一系列相关政策。同时，有效控制了跨境资金流动风险，并进一步完善和提升了外汇市场基础设施建设。

（一）出台多项外汇管理政策

2019 年，外汇管理部门在促进货物贸易和服务贸易投资自由化以及保险机构和跨国公司投资便利化等方面推出了多项措施，同时，也有效支持了"一带一路"沿线的贸易投资活动。具体来看，国家外汇管理局出台的政策如表 2 所示。

表 2　2019 年国家外汇管理局出台的主要政策及内容

序号	政策	主要内容
1	《跨国公司跨境资金集中运营管理规定》（3 月 18 日）	（1）对外债和境外放款实施宏观审慎管理；（2）大幅简化外债和境外放款登记；（3）推动资本项目外汇收入结汇支付便利化；（4）完善准入退出机制；（5）调整优化账户功能；（6）加强事中事后监管。
2	《"一带一路"国家外汇管理政策概览（2018 年）》（4 月 22 日）	更新了原 68 个国家的外汇管理政策，并将范围扩大至与我国签订共建"一带一路"合作文件的 123 个国家。从多方面对"一带一路"国家外汇管理政策情况进行了编译和梳理。
3	《支付机构外汇业务管理办法》（4 月 29 日）	（1）已参与跨境外汇支付业务试点的支付机构,应于该《办法》实施之日起 3 个月内进行名录登记；（2）在满足条件的情况下,银行可参照该《办法》第十二条申请凭交易电子信息为跨境电子商务经营者、购买商品或服务的消费者提供结售汇及相关资金收付服务；（3）确保支付机构跨境外汇支付试点平稳过渡。自发布之日起施行。

续表

	政策	主要内容
4	《关于进一步促进保险公司资本金结汇便利化》(6月5日)	(1)保险公司可依据实际需求,直接在金融机构办理外汇资本金和境外上市募集外汇资金结汇;(2)保险代理机构和保险经纪机构完成业务备案后,可通过其经常项目外汇账户办理代收代付保险项下资金原币划转,其中赔款资金可办理结汇或购汇;(3)近三年受到行政处罚的保险公司及其分支机构不得申请经营外汇保险业务;(4)保险公司、保险代理机构或保险经纪机构及其分支机构整改期间停止接受新的外汇保险业务;(5)为保证保险公司、保险代理机构或保险经纪机构及其分支机构外汇相关业务合规,所在地分局应对业务实施监管;(6)违反本通知相关规定的,外汇管理部门将依据《外汇管理条例》等规定予以处罚。自2019年7月1日起实施。
5	《取消合格境外投资者(QFII/RQFII)投资额度限制 扩大金融市场对外开放》(9月10日)	具备相应资格的境外机构投资者只需登记即可汇入资金,开展符合规定的证券投资。大幅提升了境外投资者参与境内金融市场的便利性,中国债券市场和股票市场将更广泛地被国际市场接受。
6	《关于进一步便利境外机构投资者投资银行间债券市场有关事项的通知》(10月16日)	(1)同一境外机构投资者QFII/RQFII可双向非交易过户;(2)托管账户内资金与直投资金账户内资金可以在境内直接双向划转;(3)境内托管行和结算代理人应做好境外机构投资者债券非交易过户和资金划转相关服务、数据报送和监测工作;(4)同一境外机构投资者分别通过QFII/RQFII和直投渠道投资境内银行间债券市场的,只需通过QFII/RQFII境内托管行或者直接投资结算代理人向中国人民银行上海总部备案一次;(5)境外央行、国际金融组织、主权财富基金在QFII/RQFII和直投渠道间进行债券非交易过户和资金境内划转参照本通知执行;(6)同一境外机构投资者如以所管理产品名义开立账户的,应当为同一非法人类产品。自2019年11月15日起施行。
7	《关于进一步促进跨境贸易投资便利化的通知》(10月23日)	跨境贸易便利化措施:(1)扩大贸易外汇收支便利化试点;(2)取消非投资性外商投资企业资本金境内股权投资限制;(3)扩大资本项目收入支付便利化试点;(4)放宽资本项目外汇资金结汇使用限制;(5)简化小微跨境电商企业货物贸易收支手续;(6)改革企业外债登记管理。 跨境投融资便利化措施:(1)取消资本项目外汇账户开户数量限制;(2)优化货物贸易外汇业务报告方式;(3)放宽出口收入待核查账户开立条件;(4)便利企业分支机构名录登记;(5)推进境内信贷资产对外转让试点;(6)允许承包工程企业境外资金集中管理。

资料来源:国家外汇管理局网站。

（二）有效防控跨境资金流动风险

在中美贸易摩擦形势极为严峻的情况下，2019年我国跨境资金流动未出现大进大出的现象，居民和企业也未发生恐慌性购汇，究其原因主要有三方面：一是自2015年汇改以来，中国人民银行已积累了充分的经验。二是高额而稳定的储备发挥了稳定汇率预期的作用，使得汇率做空力量很难构成实质性影响。三是我国已形成对跨境资金流动进行宏观审慎管理的工具箱，并结合微观监管构成"两位一体"管理框架，能够针对异常行动或变动进行有效监测、预警与矫正，从而加强了对外汇业务高风险领域的管理。在我国经济长期发展大势未改的前提下，未来这些因素都将推动外资持续流入中国。

（三）不断完善和提升外汇市场基础设施建设

1. 增加外汇市场参与主体

2019年，外汇管理部门通过适度扩大证券公司结售汇业务试点来增加外汇市场的参与主体，丰富外汇交易品种，进一步拓展了外汇市场的深度、广度及活跃度。截至11月25日，债券通（北向通）香港结算行增加到25家（见表3）。同时，银行间外汇市场拥有人民币外汇即期做市商30家（另有尝试做市机构5家）、远掉做市商27家（另有尝试做市机构8家），以及人民币兑欧元、日元、英镑、澳元、新西兰元、新加坡元等22种货币的直接交易做市商。

表3 银行间外汇市场人民币外汇会员

单位：家

年份	即期会员	远期会员	掉期会员	货币掉期会员	期权会员	债券通香港结算行
2012（截至10月31日）	350	76	75	—	—	—
2013（截至11月6日）	394	87	86	—	—	—
2014（截至11月7日）	448	97	96	84	36	—
2015（截至10月28日）	503	111	110	91	55	—
2016（截至11月11日）	569	143	143	118	79	—

年份	即期会员	远期会员	掉期会员	货币掉期会员	期权会员	债券通香港结算行
2017（截至12月1日）	623	178	177	148	103	19
2018（截至12月7日）	654	198	196	164	114	21
2019（截至11月25日）	690	230	228	187	137	25

资料来源：中国外汇交易中心，http://www.chinamoney.com.cn。

2. 推出银行间外汇市场电子化服务平台

为进一步提升外汇市场服务体验与效率，中国外汇交易中心于2019年6月22日推出了银行间外汇市场电子化服务平台（iSupport），通过在线方式提供会员资格及相关业务申请服务。之后，为满足市场需求，银行间外汇市场自2019年9月23日起又推出了市场数据高速接口服务（CMDS Pro）。

3. 运用区块链技术助力中小企业跨境融资

2019年3月22日，国家外汇管理局推出"跨境金融区块链服务平台"，并率先在7个省（直辖市）、14家法人银行试点。之后，平台再次扩容至17个省（自治区、直辖市）。截至11月20日，平台累计完成应收账款融资放款折合82.14亿美元（其中人民币62.75亿元），服务企业共计1590家（中小企业占比约70%）；自愿加入平台的法人银行达160多家，约占全部办理外汇业务银行的1/3。此外，国家外汇管理局还努力推进跨境区块链平台的新场景研究与建设。

三 外汇市场运行与人民币汇率

在复杂多变的外部环境下，2019年人民币兑美元汇率中间价趋于贬值，但在全球货币中表现相对稳定。同时，无论从外汇供求还是跨境收支来看，我国外汇市场运行总体稳定、基本平衡。

（一）人民币汇率在全球货币中相对稳定

1. 人民币兑美元汇率中间价贬值

2019年前三季度，人民币兑美元汇率中间价贬值3.0%，特别是5月与

8月的贬值幅度较大（见图2）。根据张明的研究，中美贸易摩擦的变动可能是这段时间人民币兑美元汇率走势的重要驱动因素[①]。中美贸易摩擦加剧影响了外汇市场投资人的情绪，从而通过市场供求变动影响汇率。之后，随着中美贸易摩擦达成阶段性协议，人民币兑美元汇率出现明显反弹，中间价甚至在11月8日重新返回7.0以上（报价6.99）。人民币兑美元汇率在8月初破7后，外汇市场预期仍旧平稳，至今，人民币兑美元汇率围绕7.03上下波动，汇率韧性的强度凸显。

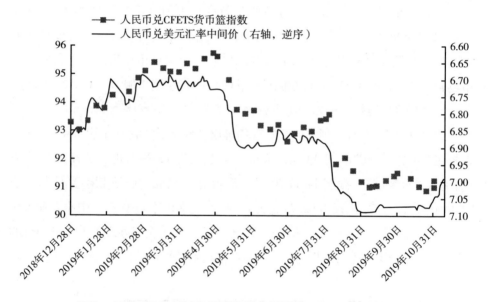

图2　人民币兑美元汇率中间价及人民币兑 CFETS 货币篮指数

资料来源：Wind 资讯。

---

① 例如，5月9日美国政府宣布自5月10日起，对从中国进口的2000亿美元清单商品加征的关税税率由10%提高至25%。这很可能是导致5月人民币兑美元汇率急跌的主要原因。8月2日美国贸易代表办公室宣布对10月1日生效的约2500亿美元中国输美商品税率由25%上调至30%的行为向公众征求意见。这很可能是引发8月人民币兑美元汇率急跌（包括人民币兑美元汇率破"7"）的主要原因。而中美利差变动及短期资本流动变化等并不能解释这段时间人民币兑美元汇率的变动。见张明《人民币兑美元绕"7"振荡，中美贸易谈判进程是主要驱动因素》，财经网，2019年11月12日。

2. 人民币兑美元汇率双向波动弹性增强

人民币兑美元汇率双向波动弹性维持在较高水平。据国家外汇管理局公布的数据，截至2019年上半年，境内外市场的人民币兑美元汇率1年期历史波动率分别为4.2%和5.1%，较年初分别下降0.1个和0.3个百分点，但仍处于历史较高水平；期权市场隐含波动率分别为4.6%和5.6%，较年初分别下降0.6个和0.5个百分点。另外，人民币兑CFETS货币篮指数的走势，与人民币兑美元汇率走势之间，呈现出非常显著的正相关特征（见图2），且人民币兑CFETS货币篮指数的最低值与最高值相比贬值了约5.0%。实际上，近年来，面对汇率弹性增强，市场主体已逐步转变人民币汇率单边走势的习惯性观念，开始进行综合预判并进行差价交易，从而影响着外汇市场的供求状况。这意味着我国外汇市场更加成熟，市场主体更加理性，汇率起到了"自动稳定器"的作用。同时，人民币汇率双向波动增强无碍于人民币资产受到全球投资者的青睐，2019年前三季度，境外投资者分别净增持中国债券和上市股票713亿美元和185亿美元。

3. 人民币对一篮子货币基本稳定

根据中国外汇交易中心的数据，2019年6月末CFETS人民币汇率指数、参考BIS货币篮子和SDR货币篮子的人民币汇率指数分别为92.66、96.08和92.89，分别较上年末小幅贬值0.66%、0.72%和0.27%。2019年1~10月，CFETS人民币汇率指数贬值1.9%，美元指数上涨3.3%，EMCI新兴市场货币指数下降3.1%，人民币汇率表现相对稳定。

（二）外汇市场交易持续扩大

国家外汇管理局统计数据显示，2019年1~10月我国外汇市场累计成交24.39万亿美元，同比增长6.1%。其中，银行对客户市场和银行间外汇市场分别成交3.39万亿和21.00万亿美元；即期和衍生产品（包括远期、掉期、期权）分别成交9.40万亿和15万亿美元，衍生产品在外汇市场交易总量中的占比达61.5%（见表4）。同时，我国外汇市场的交易产品构成也进一步接近全球市场。

表4   人民币外汇市场的交易情况

单位：亿美元

交易品种	2019年1~10月	2018年1~10月	2018年合计
即期	93973	88662	110647
银行对客户市场	28124	28327	34315
银行间外汇市场	65849	60335	76332
远期	3174	4899	5419
银行对客户市场	2545	4178	4543
银行间外汇市场	629	721	875
外汇和货币掉期	139678	129650	166171
银行对客户市场	970	780	1036
银行间外汇市场	138708	128869	165135
期权	7071	6690	8474
银行对客户市场	2250	2005	2363
银行间外汇市场	4820	4685	6111
合计	243896	229901	290711
其中:银行对客户市场	33890	35290	42257
银行间外汇市场	210006	194610	248454
其中:即期	93973	88662	110647
远期	3174	4899	5419
外汇和货币掉期	139678	129650	166171
期权	7071	6690	8474

注：数据均为单边交易额，采用四舍五入原则；银行对客户市场数据采用客户买卖外汇总额数据，银行间外汇市场数据采用单边交易量数据。

资料来源：国家外汇管理局。

（三）外汇收支基本平衡

2019年前三季度我国外汇收支基本平衡，并呈现如下特点：第一，银行结售汇逆差为482亿美元，较之前逆差收窄。同时，银行代客涉外收付款呈现顺差26亿美元。第二，银行结售汇月均逆差54亿美元，其中，第三季度银行结售汇逆差比第二季度收窄38%，比2018年同期下降64%，外汇市场供求基本平衡。第三，客户从银行买入外汇与客户涉外外汇支出之比

（售汇率）为 67%，与 2018 年下半年基本持平，企业外汇融资更加稳定。同时，企业境内外汇贷款降幅收窄，跨境贸易项下的外汇融资趋稳。第四，客户向银行卖出外汇与客户涉外外汇收入之比（结汇率）为 65%，较 2018 年下半年提升 0.6 个百分点，企业和个人等主体外汇存款有所下降。第五，银行对客户远期结售汇顺差 1055 亿美元，2018 年同期逆差为 453 亿美元。第六，外汇储备余额稳中有升。

（四）短期呈现资本外流

我国外汇市场尽管 2019 年前三季度整体基本平衡，但 3～9 月，出现了短期资本外流的现象，特别是 8 月，境内银行代客涉外收付款差额出现了前三个季度内的最大逆差（见图3）。

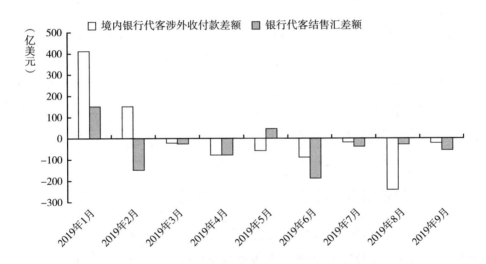

图3　2019年前三季度短期资本流动态势

资料来源：Wind资讯。

四　2020年中国外汇市场发展展望

2020 年，国际金融市场将依然动荡，但我国经济的基本面不会改变，

在改革开放力度持续加大以及内生发展动力不断增强的情况下，我国外汇管理部门有能力抵御各种风险，为稳定发展提供坚实基础。

（一）外汇储备规模波动中保持总体稳定

这几年我国外汇储备规模大体在3.1万亿美元上下波动。由于受估值效应、贸易情况、跨境资本流动等多种情况共同影响，外汇储备的年度及月度波动在所难免。下一阶段，随着对外开放步伐不断加速，逆周期宏观调控政策逐渐发力，贸易状况有望改善，银行代客远期净结汇有望保持顺差，远期人民币具有升值预期，这些向好的因素都有助于保持外汇市场供求稳定、跨境资金流动基本平衡，抵御各种风险冲击，从而保持我国外汇储备规模继续稳定。

（二）人民币汇率在均衡合理区间保持基本稳定

从基本面来看，中美货币政策走向均呈现出审慎放松的态势，这意味着人民币兑美元汇率如果受基本面主导的话，短期将会在"7"上下震荡。未来一段时间，人民币兑美元汇率走势仍将随中美贸易摩擦谈判进程的变化而变化，即谈判进程向好，则人民币兑美元汇率有望继续反弹，如果谈判出现反复，则可能再度贬值。除此以外，我们还需要关注美元指数走强、国际资本避险以及其他新兴经济体可能出现的货币危机。

（三）跨境资金平稳流动，监管框架日趋完善

未来，在全球经济增长持续放缓，各国竞相进入负利率阶段的背景下，我国经济增速在全球主要经济体中将继续位居前列。我国A股和债券市场被纳入国际主流指数的比例逐渐提高，将引发境外资金主动或被动流入我国。同时，我国金融业的进一步开放，包括取消QFII和RQFII的投资额度限制、正式启动"沪伦通"等改革措施，将大幅度提升境外投资者参与境内金融市场的积极性，推动外资持续稳定流入，进而有利于跨境资金平稳流动。为此，我国将进一步健全宏观审慎与微观监管相结合的"两位一体"管理框架，并继续严打外汇市场的违法违规行为。

（四）推动开放，持续深化"放管服"改革

接下来，国家外汇管理局将继续深化"放管服"改革，进一步提升贸易投资的自由化和便利化程度，支持区域开放创新和特殊区域建设。同时，推动扩大对外开放，支持境外投资者投资境内金融市场，提升跨境投融资便利化程度。另外，还将统筹规划，加强顶层设计，建立健全数字化信息化监管平台，努力提升研究和服务决策水平，丰富宏观审慎管理工具箱，严打外汇市场违法违规行为，切实防范跨境资本流动风险，在维护国家经济金融安全的同时，实现我国金融市场高水平开放。

参考文献

李红燕：《外汇储备经营管理服务国家战略》《中国金融》2019年第2期。

张明：《人民币兑美元绕"7"振荡，中美贸易谈判进程是主要驱动因素》，财经网，2019年11月12日。

国家外汇管理局，http：//www.safe.gov.cn。

中国外汇交易中心，http：//www.chinamoney.com.cn。

中国金融信息网，http：//www.xinhua08.com。

万得网页，https：//www.wind.com.cn/。

B.13
2019年中国财富管理市场
发展变化及未来展望

王增武　唐嘉伟*

摘　要： 资管新规执行一年多以来，财富管理市场不断完善细分行业的监管细则。2019 年 11 月 22 日，为规范保险资产管理产品业务发展，银保监会发布了《保险资产管理产品管理暂行办法（征求意见稿)》，至此，资管行业各主体均已接轨资管新规。与此同时，财富管理市场也呈现出了市场结构调整、业务转变、科技升级等特点。在本报告的评述中，我们从资管新规以及各项细则的框架出发，以财富管理市场金融机构的产品、服务变化为重点，兼顾金融科技与财富管理的结合，分析 2019 年我国财富管理市场的变化。展望未来，在监管导向下国内财富管理市场的产品及服务将逐渐转型成功，下一步要向服务升级迈进，利用金融科技整合资源，提高产品服务效率，打造差异化的服务。

关键词： 财富管理　银行理财　金融科技

2019 年是在《关于规范金融机构资产管理业务的指导意见》（简称"资管新规"）指导下国内财富管理市场发生结构调整的重要一年，可以将

---

* 王增武，中国社会科学院金融研究所副研究员，在 *IME*，*AEF* 以及《经济研究》和《金融评论》等期刊上发表学术文章多篇；唐嘉伟，硕士研究生，现就职于西部证券股份有限公司，主要研究方向为财富管理和债券市场，在《银行家》等期刊上发表学术文章多篇。

之称作"整改之年"。具体而言，一方面是监管层面对细分领域监管细则的补充完善，另一方面是机构及其产品的主动调整。本文在分析 2019 年财富管理市场变化的同时，对其发展走势在三个方面进行了展望：其一，财富管理产品的"正本源"；其二，财富管理模式的"科技化"与"数字化"；其三，财富管理方向的"服务升级"。

一　政策法规：细节完善

2018 年 4 月资管新规正式发布后，金融监管协同效应开始显现，为进一步完善资管行业细则，各监管机构对资管业务不断制定基于资管新规指导的行业补丁规则及办法。2019 年，银保监会分别针对信托公司、商业银行以及保险公司制定了《信托公司资金信托管理办法（征求意见稿）》、《商业银行理财子公司净资本管理办法（征求意见稿）》以及《保险资产管理产品管理暂行办法（征求意见稿）》，分别为信托公司资金信托管理、商业银行理财子公司净资本管理以及保险资产管理产品管理提供了监管框架。其中，2019 年 11 月下发的《保险资产管理产品管理暂行办法（征求意见稿）》填补了保险监管领域的空白，明确了保险资管产品为私募产品，要求保险资管对组合类投资非标产品比例不超过 35%，降低了保险资管投资非标产品的风险，同时有助于引导其转向股权投资。至此，资管新规下大资管领域的分业细则框架基本形成，各行业也均开展了一系列产品的整改。

表 1　2019 年以来资管新规配套细则

颁布时间	机构	文件
2019 年 2 月	银保监会	《信托公司资金信托管理办法（征求意见稿）》
2019 年 9 月	银保监会	《商业银行理财子公司净资本管理办法（征求意见稿）》
2019 年 10 月	央行	《标准化债权类资产认定规则（征求意见稿）》
2019 年 10 月	国家发改委	《关于进一步明确规范金融机构资产管理产品投资创业投资基金和政府出资产业投资基金有关事项的通知》
2019 年 11 月	银保监会	《保险资产管理产品管理暂行办法（征求意见稿）》

资料来源：央行、银保监会、国家发改委。

二 市场发展：结构调整

通过银保监会和证监会下辖金融机构发售的产品可看出国内财富管理市场供给特点，总体可分为三个阶段。第一阶段为2004～2010年的起步阶段，第二阶段为2011～2016年的发展阶段，第三阶段则为2017年至今的规范发展阶段。具体而言：第一，受资管新规影响，2019年前两个季度财富管理市场的总体规模增速有所下降，较2018年同期下降4个百分点左右，为近年来的首次总规模下降；第二，2019年前两个季度银保监会下辖的各类金融产品规模占市场总量的61.13%，较上年增长了4个百分点，市场集中度进一步提高。分市场而言，与过去金融产品的普涨格局有所不同，2019年表现为涨跌分化，以通道类为代表的信托计划、券商资管以及基金专户等存量规模有所回落，公募基金、私募基金的市场存量规模则有所提升（见表2）。

表2 财富管理市场存量规模

单位：万亿元，%

年份	银行理财	私人银行	信托计划	券商资管	公募基金	基金专户	期货资管	私募基金	保险运用	汇总	GDP	深度
2007	0.90	—	0.71	0.08	2.23				2.67	6.59	26.58	24.79
2008	1.40	0.29	1.20	0.09	2.57				3.05	8.60	31.4	27.39
2009	1.70	0.82	1.98	0.14	2.45				3.74	10.83	34.09	31.77
2010	2.80	1.10	3.04	0.18	2.42				4.60	14.14	40.15	35.22
2011	4.60	1.88	4.81	0.28	2.19				5.52	19.28	47.31	40.75
2012	7.10	2.63	7.47	1.89	2.87				6.85	28.81	51.94	55.47
2013	10.20	3.60	10.91	5.20	3.00		—	—	8.28	41.19	56.88	72.42
2014	15.00	4.66	13.98	7.95	4.54		0.01	2.13	9.30	57.57	63.65	90.45
2015	23.50	6.32	16.30	11.89	8.40	12.73	0.10	5.07	11.18	95.49	66.67	143.23
2016	29.05	8.35	20.22	17.58	9.16	16.89	0.29	7.89	13.12	122.55	74.41	164.70
2017	29.50	9.05	26.25	17.37	11.14	14.38	0.24	10.32	14.92	133.17	82.71	161.01
2018	32.00	9.96	22.70	16.12	12.64	11.61	0.19	12.79	18.33	136.34	88.04	154.86
2019	—	—	22.53	12.53	13.46	10.94	0.13	13.33	15.70	130.58	90.18	144.80

注：①私人银行的数据截至2018年末，银行理财数据截至2018年第一季度末，其余数据均截至2019年第二季度末。②2019年的GDP数据是以2019年前两个季度的GDP数据为基础进行测算的。③财富管理市场深度＝汇总的资产管理市场余额/GDP×100%。

资料来源：银保监会和证监会及其下辖的行业协会或官方机构发布的相关报告。

　　另外，从净值型银行理财产品的发行情况来看财富管理市场的产品设计变化，总体特点是"破刚兑和净值化加速"。随着资管新规及其细则的落地，打破刚性兑付以及实现产品净值化已经成为未来银行理财产品的发展趋势。从整改趋势看，许多银行在2018年即开始尝试理财产品的净值化管理。这从各家银行2018年年报中也可看出端倪：中国建设银行2018年年报显示，其净值型产品增长迅速，全年发行192只，余额2996.24亿元，较上年新增2975.09亿元；中信银行2018年年报显示，截至报告期末，非担险理财产品存续规模9252.59亿元，比上年末下降2.89%，其中，净值型产品规模占比达26.44%，产品整体风格稳健；中国邮政储蓄银行2018年年报显示其净值型理财产品占比由年初的不到1%提升到11.18%；招商银行2018年年报显示，其净值型产品占理财产品余额的比例已达14.04%。而从整个银行理财产品市场的发行数量情况也可见一斑，数据显示，2019年1～11月净值型理财产品共发行7330只，而2018年1～11月该数量为770只，同比增长8倍有余。每月的净值型理财产品也呈现出逐月递增的趋势（见图1）。与之相对的是，保本、保息型理财产品发行节奏逐渐放缓，从上市公司半年报中可以看出：截至2019年6月末，中国工商银行、中国建设银

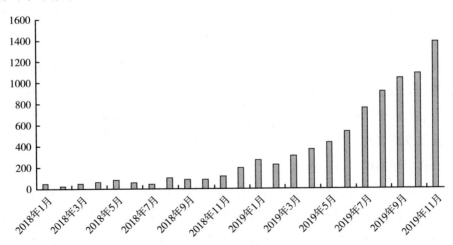

图1　商业银行净值型理财产品发行数量

资料来源：中国理财网、中国社会科学院金融研究所财富管理研究中心。

行、中国农业银行、中国银行的非保本理财产品规模余额分别为 2.33 万亿元、1.81 万亿元、1.54 万亿元、1.06 万亿元，较 2018 年末分别减少 9.47%、1.90%、9.88%、8.56%。而交通银行为落实监管要求，更是提前于 2019 年 11 月 20 日终止"沃德薪金定投组合"产品协议。可见，资管新规及理财新规出台后，商业银行正在有序消化存量产品，压缩保本理财产品的数量及规模。

三　业务开展

2019 年是整个财富管理市场在资管新规指导下的整改之年。而从业务进行的角度看，整改主要针对银行理财子公司的展业情况、券商资管的资金流向、信托资金的来源及流向进行，下文主要基于机构财富管理业务开展情况分析其业务变化趋势。

1. 银行理财子公司

对于商业银行来说，自 2018 年陆续设立理财子公司后，理财产品的交接工作逐渐展开，理财子公司开始承接母公司的产品及后续工作。中国工商银行作为第一家进行理财产品平移的银行，选择了分批次的平移方式。据 2019 年 10 月 21 日公告，按照国家金融监管政策要求，前期由中国工商银行股份有限公司发行运作、符合相关监管要求的理财产品及相关配套服务，将统一平移至工银理财有限责任公司运作管理，理财产品管理人相应变更为工银理财有限责任公司。与此同时，中国工商银行还将相关职能部门和团队，如投资管理、风险控制和运营团队一并移至工银理财，与之相匹配的产品说明书和协议书也一并更新。

不难发现，银行理财子公司不仅从母行平移承接了整个管理团队，也将会承接母行全部理财产品，从而真正实现银行理财产品的风险隔离。这也与监管层对若干理财子公司产品挂靠在母行的也需要进行转移，单独由理财子公司管理的要求相一致。

本文对净值型理财产品的发行主体进行了分析，发现大型商业银行及全国性股份制银行由于其整体实力相对较强，是当前市场净值型理财产品的发行主力，城商行和农商行及农村合作银行参与主体数量及单家发行数量目前相对较少，考虑到其下沉资质，未来仍有较大提升空间；外资银行在净值型理财产品的参与主体及发行数量上依然较少，但考虑其在投研能力以及开发净值型理财产品的经验上有一定的优势，因此未来也是有一定的发展空间。此外，从产品投向来看，目前商业银行的主要投资标的仍以固定收益类产品为主，净值型理财产品主要以"业绩比较基准"替代之前的"预期收益率"，"业绩比较基准"采用固定值、区间值以及基准组合三种模式，但其并不构成对理财产品的收益承诺，仅是通过模拟回测资产配置过往表现或资产组合基准进行估算，因此市场化程度更高，市场上出现了较多的负收益产品。

理财子公司产品的另一个重要特点就是"低门槛"。其产品门槛由原来动辄5万元的银行理财已低至1元，且其投资标的相较于传统银行理财更为丰富，可以满足多样化的投资理财需求。可以说银行理财子公司产品的发售正式对公募基金发起了挑战。首批银行理财子公司的多款"1元起售"产品成为"抢手货"。值得一提的是，1元起售的银行理财产品在流动性上有所欠缺，且较普通银行理财产品期限略长。

2. 券商资管

2019年上半年券商资管规模在监管框架下延续了2018年的持续下降趋势，而其主要表现形式为定向资管计划规模的下降。从业务类型来看，券商资管中占比较大的为定向资管计划，2019年6月定向资管计划规模占券商资管总规模的80.60%。而从动态变化来看，券商资管规模整体下滑趋势基本与定向资管计划规模下滑同步，延续了2018年的趋势（见图2）。2019年6月券商资管规模同比下降了17.96%，而定向资管计划规模同比下降了22.10%，考虑到定向资管计划中通道类业务占比较大，因此，券商资管的2019年整体形势是以通道业务为主的券商资管规模下降。

3. 信托

信托业务转型体现在三方面：一是信托规模持续下降，2017年12月末信托资产余额为26.25万亿元，达到峰值，之后开始逐渐下滑，2019年延

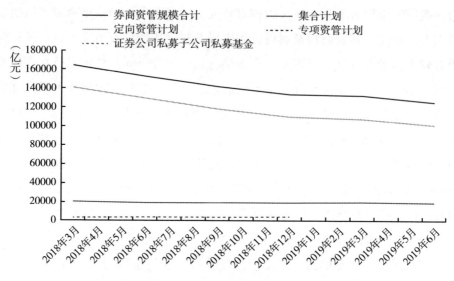

图2　2018年3月至2019年上半年券商资管规模

资料来源：中国社会科学院金融研究所财富管理研究中心。

续小幅下行趋势，2019年第三季度末信托资产余额为22.00万亿元，比上年末下降0.71万亿元，同比下降幅度有所收窄。二是从存续信托资产来源看，通道类信托下降明显。将信托资产分为集合资金、单一资金及管理财产三类，我们可以看到以通道类为主的单一资金信托规模2019年第三季度末相较于2018年末下降1.15万亿元，下滑11.68%，下降幅度继续扩大；规模占比也由43.33%下降至39.50%。与之相对的是，集合资金信托规模不降反升，2019年第三季度末余额为9.84万亿元，相较于2018年末上升0.73万亿元。从结构占比看，集合资金信托规模占比由2018年底的40.12%上升至2019年第三季度末的44.74%，信托结构有所优化（见图3）。三是从信托资金投向看，2019年第三季度末投向金融机构的余额相较于2018年底下降3528亿元，下滑11.65%，下降幅度相较于上年同期有所收窄；规模占比由2018年末的15.99%下降至2019年第三季度末的14.45%。在资金投向占比中相比于2018年末有小幅上升的是基础产业和房地产，而工商企业的占比则基本维持在29%~30%的水平（见图4）。

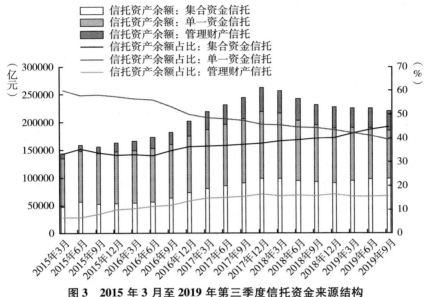

图3 2015年3月至2019年第三季度信托资金来源结构

资料来源：信托业协会、中国社会科学院金融研究所财富管理研究中心。

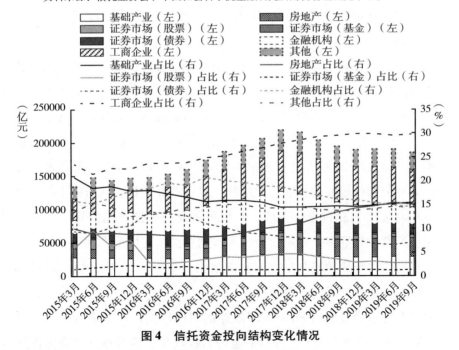

图4 信托资金投向结构变化情况

资料来源：信托业协会、中国社会科学院金融所财富管理研究中心。

四　金融科技

2019 年财富管理行业的一个重要发展趋势就是金融科技与财富管理相结合，主要基于两个宏观背景：一个是供给侧改革及结构化转型的经济大环境，另一个是资管新规和理财新规对财富管理行业的整顿。金融科技作为财富管理行业重要的转型手段，成为越来越多机构着重布局与发展的领域。将金融机构分为前、中、后台来看，目前前台的金融科技布局主要着眼于提升以客户为中心的服务能力，现有的技术主要包括大数据的基础画像识别、满足 KYC 要求以及提供基于 AI 的营销、销售、全渠道推荐与投放；中台的金融科技布局主要着眼于金融机构的投研能力挖掘和信息平台的建设，这主要涉及大数据基础平台、计算引擎、AI 算法、知识图谱、NLP 等技术；后台的金融科技布局主要着眼于产品研发、风险管理、运营管理等事项，例如资管产品的收益测算与分析、内部风险控制管理、产品运营管理等。

目前，大部分券商开始涉足金融与科技相结合的领域，运用金融科技的主要业务包括经纪业务的网上开户、手机 App 以及智能投顾服务等。券商通过线上和线下相结合的模式，可以充分利用大数据、云计算等技术，为客户提供差异化的服务。同时，借助互联网金融服务方面的优势，进一步拓宽获客渠道，加快对金融产品的创新，丰富财富管理的功能，提升客户体验感，推动资金管理规模的长期稳健增长。以某券商为例，其着眼于投顾服务的 App 的功能类别涵盖量化选股、数据可视化、智能产品应用、实时账户更新和投资者教育等多个领域。通过大数据算法搭建模型，利用人工智能技术为客户提供以量化策略为主要内容的数据分析专区，主要提供精选策略、盯盘策略和大数据图表三个服务模块。

商业银行也通过加码 Fintech 积极拥抱零售转型，多家银行以营业收入的 1% 作为每年的投入资金。银行的金融科技转型主要表现在三个方面：一是银行内部的数字化转型。运用大数据、人工智能等前沿技术推动银行在战略、组织、产品、风控、营销等方面的数字化变革。二是银行系金融科技子公司相继成立。建设银行、兴业银行、平安银行、招商银行等大中型商业银行陆续成立金融科技子公司，这些子公司在组织管理、薪酬体系、孵化创新等方面也将更具灵活性。金融科技子公司在为集团内部提供科技服务的同时，也将对外输出其技术能力。三是国有大行等与"BATJ"等公司开展合作，例如工行与京东、建行与阿里、农行与百度、中行与腾讯开展了合作。而在金融科技的具体应用方面，主要有网点、营销、风控、客服等领域。智能网点方面，各大银行传统网点开始向智能化、社区化、轻型化方向发展。比如建行推出"无人银行"、光大银行推出智能柜台、平安银行推出"零售新门店"，诸多柜面非现金业务已被智能设备覆盖。智能营销方面，华夏银行通过大数据，基于地理位置、交易偏好、购买偏好、访问偏好等信息，对用户群体进行画像，推出了夜间发售的理财产品等。智能风控方面，主要是提供借贷全生命周期管控，包括贷前、贷中和贷后服务，如贷前阶段可通过对客户进行身份识别，并根据客户多维信息对客户进行风险评级，继而给予授信额度。智能客服方面，本质是利用人工智能技术替代人力与客户交互的情景，主要应用有智能客服机器人等。

展望下一阶段，以人工智能、区块链、云计算、大数据为代表的金融技术将继续对财富管理的行业模式产生重大的影响，各大金融机构也应当继续拥抱科技金融，以智能化与数字化方式不断优化业务体系，将金融科技与财富管理紧密结合，以金融科技为手段，服务财富管理端，提升用户体验。

五　结论、展望与建议

2019年，在资管新规配套细则的不断完善下，我国财富管理市场进行了相应的产品和业务调整。

第一，监管框架不断完善。2019年银保监会分别针对信托公司、商业银行以及保险公司制定了《信托公司资金信托管理办法（征求意见

稿）》、《商业银行理财子公司净资本管理办法（征求意见稿）》以及《保险资产管理产品管理暂行办法（征求意见稿）》，不断完善细分领域制定新规则。

第二，与过去金融产品的普涨格局不同，2019年表现为涨跌分化，以通道类为代表的信托计划、券商资管以及基金专户等存量规模有所回落，公募基金和私募基金的市场存量规模则有所提升。

第三，从开展业务的角度看，一方面是银行理财子公司逐步展业，而其仍以大型商业银行理财子公司为主。从产品运行来看，目前商业银行净值型理财产品主要以"业绩比较基准"替代之前的"预期收益率"，"业绩比较基准"采用固定值、区间值以及基准组合三种模式，但其并不构成对理财产品的收益承诺，仅是通过模拟回测资产配置过往表现或资产组合基准进行估算，因此市场化程度更高，不乏收益率为负值的产品。另一方面是从券商资管及信托机构业务执行角度可看出理财业务的分化现象，券商资管和信托的通道业务规模不断下滑，金融机构间产品嵌套现象逐步消退。

第四，2019年金融科技与财富管理的结合不断升级，金融科技创新正引发财富管理行业商业模式的颠覆性变革。以证券公司为例，金融科技的投入已经不再局限于经纪业务，而是贯穿于投资、资产管理等业务以及中后台管理平台，金融科技的发展也成为券商年报中浓墨重彩的一笔。

资管新规过渡期将在2020年底结束，因此2020年财富管理市场的转型要加速，要从"通道"向"本源"转变。以商业银行为例，在大资管环境下，银行理财产品与证券公司、基金公司和信托公司等金融机构的金融产品竞争日趋激烈，基于此，银行理财子公司的定位至关重要，其业务方向的定位和差异化竞争优势将成为其突围的关键，如当前较为流行的"固定收益+FOF/MOM"投资策略模式，对于投研能力相对较弱的城商行而言不失为一种短期选择。另外，金融科技也是未来财富管理行业一个重要的转型手段。将金融科技逐步与各个业务相融合，借助金融科技实力强化服务能力，强化智能化的科技运营和管理，进一步完善面向客户的服务平台，优化线上线下一体化业务体系，是未来财富管理机构从产品向服务升级的一个重要方式。

B.14
2019年中国金融基础设施发展
分析及2020年展望

尹振涛　康佳琦*

摘　要： 2019 年，支付清算行业制度体系不断完善，支付系统业务量稳中有增。支付模式不断创新，支付清算行业监管持续加强，线上线下融合趋势加深，支付安全性不断提升，需求市场空白不断被填补；征信法律制度不断健全，征信市场日臻成熟，征信者素质逐渐提高；反洗钱工作继续加强，反洗钱和反恐怖融资体系不断健全，反洗钱国际化合作继续拓展；消费者保护工作加强保障，相关保护条例不断出台，消费者宣传效果显著；证券清算结算体系运行平稳，诸多领域进展取得突破；金融标准化工作取得积极进展，标准规范继续完善，标准体系不断健全；金融统计数据库逐渐完善，"金融大脑"保障有力。

关键词： 支付体系　征信　金融标准化

一　支付业务运行平稳，支付监管持续加强

（一）制度体系愈加完善

2019 年支付清算体系不断加强，法律制度体系不断完善。2019 年 4 月，

---

* 尹振涛，经济学博士，副研究员，中国社会科学院金融研究所法与金融研究室副主任，中国社会科学院金融法律与金融监管研究基地秘书长；康佳琦，中国社会科学院大学（研究生院）硕士研究生。

中国人民银行发布《中国人民银行关于进一步加强支付结算管理防范电信网络新型违法犯罪有关事项的通知》，指出应进一步加强支付结算管理，尽快落实健全紧急止付和快速冻结机制，加强账户实名制管理，加强转账管理，强化特约商户与受理终端管理，广泛宣传教育，落实责任追究机制等制度。

（二）支付业务运行平稳

1. 支付系统

2019 年第四季度，据中国人民银行统计，支付系统共处理支付业务 1751.49 亿笔，金额 1782.64 万亿元。

（1）人民银行支付系统。2019 年第四季度，人民银行支付系统处理支付业务笔数和金额分别占支付系统业务笔数和金额的 2.88% 和 74.87%；小额批量支付系统业务量同比显著增长，其次大额实时支付系统业务金额保持增长但业务笔数同比下降；网上支付跨行清算系统业务量平稳增长，同城清算系统业务量下降较快，境内外币支付系统业务量持续增长。（见表1）

表1　银行支付系统业务统计量

项目	第四季度					
	处理业务笔数（亿笔）	同比增长（%）	处理业务金额（万亿元）	同比增长（%）	日均处理业务笔数（万笔）	日均处理业务金额（亿元）
大额实时支付系统	2.63	−7.58	1264.25	8.83	423.42	203900.00
小额批量支付系统	7.97	32.63	23.10	118.29	866.72	2511.10
网上支付跨行清算系统	39.36	19.45	33.61	38.85	4277.73	3652.94
同城清算系统	0.54	−45.07	11.31	−54.78	87.26	1823.95
境内外币支付系统	0.006	8.62	2.36	4.32	0.94	381.24
人民银行支付系统	50.50	18.02	1334.63	9.07	5656.07	212300.00

资料来源：中国人民银行。

（2）其他支付系统。2019 年第三季度，农信银支付清算系统业务笔数增长较快，同比增长超过 34%；银行卡跨行支付系统业务量与人民币跨境支付系统业务量同比分别增长 11.69%、34.41%；银行行内系统业务笔数和金额均有小幅增长；网联清算平台运行平稳（见表2）。

表2　2019 年第三季度其他支付系统业务统计量

类别	处理业务笔数（亿笔）	同比增长（%）	处理业务金额（万亿元）	同比增长（%）	日均处理业务笔数（万笔）	日均处理业务金额（万亿元）
银行行内系统	40.34	6.80	302.96	1.44	4385.07	3.29
银行卡跨行支付系统	384.04	11.69	44.91	0.53	41700.00	0.49
城市商业银行汇票处理系统和支付清算系统	0.01	7.34	0.19	8.78	1.36	0.002
农信银支付清算系统	3.84	34.42	7243.51	4.32	417.78	0.007
人民币跨境支付系统	0.005	34.41	9.43	34.48	0.78	0.14
网联清算平台	1085.54	—	54.72	—	118000.00	0.75

资料来源：中国人民银行。

2. 银行结算账户

（1）银行账户数量。截至2019 年第三季度末，据中国人民银行统计，全国共开立人民币银行结算账户 110.17 亿户，环比增长3.33%。（2）单位银行结算账户数量。2019 年第三季度末，全国共开立单位银行结算账户 6673.41 万户，环比增长2.85%。其中：基本存款账户4775.97 万户，本季度新增150.38 万户；一般存款账户1506.99 万户，本季度新增30.08 万户；专用存款账户372.21 万户，本季度新增4.73 万户；临时存款账户18.24 万户，本季度减少0.09 万户。（3）个人银行结算账户数量。截至2019 年第三季度末，全国共开立个人银行结算账户109.50 亿户，环比增长3.33%。①

3. 非现金支付业务

2019 年第四季度，全国银行业金融机构共办理非现金支付业务958.58

① 资料来源为中国人民银行网站。

亿笔，金额969.55万亿元，同比分别增长51.23%和0.90%。本季度，银行卡新发卡量增速放缓，银行卡交易量持续增长；商业汇票业务量增长较快，同比增长幅度约为23.46%，电子商业汇票系统业务量保持增长；贷记转账等其他结算业务金额基本稳定；移动支付业务量保持快速增长，其中，非银行支付机构网络支付业务交易笔数达2025.10亿笔，交易金额总量同比上涨约21.07%（见表3）。

表3　非现金支付业务交易统计量

项目	2019年第四季度			
	交易笔数（亿笔）	同比增长（%）	交易金额（万亿元）	同比增长（%）
银行卡	933.62	53.01	226.92	7.82
票据　商业汇票	0.05	13.48	4.97	23.46
票据　电子商业汇票系统	0.06	24.99	5.16	5.78
贷记转账等其他结算业务	24.46	5.99	707.18	−0.71
移动支付　银行支付机构处理网络支付业务	621.03	—	654.92	—
移动支付　非银行支付机构处理网络支付业务	2025.10	28.28	68.57	21.07

资料来源：中国人民银行。

（三）传统消费场景结合新型支付模式

2019年，重庆市轨道交通（集团）有限公司联合中国银行重庆市分行逐步推出移动支付便民服务措施，在上半年完成"轨道交通移动支付项目"，将轨道交通运营线路全覆盖。据中国银行保险监督管理委员会2019年6月报告，建设银行三明分行建立"诊间、多点、移动支付"结算系统示范点，实现用移动支付便民惠民。采用"先医保结算后移动支付、扫码盒子＋智能POS"联合模式，在尤溪总医院搭建"现代支付系统平台"，全面实现医疗费用的缴纳、退款、查询、对账等功能，支持龙支付、银联、微信等多元支付渠道，共铺设300个扫描蹲、80台智能POS，实现门诊收费处、住院收费处等诊间多点支付结算，极大地便利了公众就医。截至2018年末，该平台已处理网络支付业务7.8万笔，金额1706万元。

（四）支付监管持续加强

2019年监管机构加强了对支付行业的监管，2019年前三季度中国人民银行就第三方支付行业开出的罚单已逾80张，罚单金额在2000万元以上的达到6张。2019年9月12日，中国人民银行对腾讯旗下的第三方支付公司——财付通支付科技有限公司再开出149万元的罚单。2019年10月，海航旗下的第三方支付平台——国付宝被合计罚没4646万元；同日，中国人民银行上海总部公示了对支付宝的行政处罚信息，支付宝因违反支付业务规定而被罚款412万元。相比2018年，2019年的罚单数量以及罚单金额都体现了监管更加严格。

二 证券清算结算系统运行平稳，诸多领域进展取得突破

2019年我国证券清算结算系统总体平稳运行，业务规模发展迅速；证券清算结算系统体系建设全面推进，诸多领域取得突破性进展；证券清算结算体系有所改善，国际化进程继续推进。

1. 中国证券登记结算系统

截至2019年10月，中国证券登记结算系统过户总笔数大幅增加，同比增长38%，结算净额同比增长超过30%；登记存管证券总市值同比增长超过20%，新增投资者数同比小幅下降。

截至2019年12月，期末投资者总数为15975.24万户。其中自然人有15937.22万户，非自然人有38.02万户。

2019年10月底，中国证券登记结算统计数据显示，存管证券总只数为19846只，存管证券总市值为676450.33亿元。其中股票总只数为3817只，股票总市值为553131.13亿元；债券总只数为10714只，债券现货总市值

为 101354. 33 亿元；基金总只数为 987 只，基金总市值为 7618.91 亿元；资产证券化产品总只数为 4328 只，资产证券化产品总市值为 14345.96 亿元。

表 4　中国证券结算登记主要指标概览

类别	2019 年 10 月	同比增长（%）
新增投资者数（万户）	79.38	−12.61
期末投资者数（万户）	15811.65	9.35
登记存管证券只数（只）	19846	19.63
登记存管证券总面值（亿元）	183866.29	13.95
登记存管证券总市值（亿元）	676450.33	22.87
非限售市值（亿元）	592906.58	23.93
过户总笔数（万笔）	116458.97	38.00
过户总金额（亿元）	842143.93	15.09
结算总额（亿元）	918418.03	15.09
结算净额（亿元）	39607.05	30.20

资料来源：中国结算公司网站。

表 5　截至 2019 年 12 月期末投资者统计

期末投资者数量		投资者数（万户）
自然人	已开立 A 股账户投资者	15874.80
	已开立 B 股账户投资者	237.99
非自然人	已开立 A 股账户投资者	38.02
	已开立 B 股账户投资者	2.19

资料来源：中国结算公司网站。

表 6　2019 年 10 月中国证券登记结算公司存管情况统计

证券存管种类		存管证券只数（只）	存管证券总市值（亿元）
股票	A 股	3720	551824.40
	B 股	97	1306.73
权证		0	0.00

证券存管种类		存管证券只数（只）	存管证券总市值（亿元）
债券	国债	332	5874.10
	地方债	1405	3546.94
	政策性金融债	15	1464.87
	企业债	1852	6472.90
	公司债	6112	73041.73
	可转债	190	3102.95
	分离式可转债	0	0.00
	中小企业私募债	808	7850.84
基金	封闭式基金	3	95.47
	ETF	253	6541.85
	LOF	722	797.55
	实时申赎货币基金	9	184.04
资产证券化产品		4328	14345.96

资料来源：中国结算公司网站。

2. 中央债券综合业务系统

截至 2019 年 11 月，中央国债登记结算有限责任公司（以下称"中央结算公司"）统计显示，我国累计发行债券面额为 143223.2 亿元，同比增长 12.32%。其中，商业银行债券和企业债券发行面额增长较多，同比分别增长 76% 和 64.92%；政府支持机构债券和非银行金融机构债券有所回落，同比分别下跌 34.78% 和 3.75%。

3. 银行间市场清算所股份有限公司业务系统

截至 2019 年 12 月银行间市场清算所股份有限公司统计月报显示，固定收益产品本年度累计发行总只数为 34871 只，年度累计发行面额为 251828.80 亿元。其中同业存单累计发行只数最多，年度累计发行面额最高。

表7　截至2019年11月债券累计发行情况（按券种）

债券种类	本年累计面额（亿元）	本年累计同比增长（%）
政府债券	79653.70	9.76
央行票据	0.00	—
政策性银行债	34626.90	5.40
政府支持机构债券	1650.00	−34.78
商业银行债券	14271.50	76.00
非银行金融机构债券	1743.50	−3.75
企业债券	3087.09	64.92
资产支持证券	8190.51	5.39

资料来源：中国债券信息网。

表8　固定收益产品发行情况

种类	本年度只数（只）	本年度发行面额（亿元）
超短期融资券	3040	31363.99
非公开定向债务融资工具	858	6165.32
短期融资券	462	4436.20
证券公司短期融资券	176	4491.00
非金融企业资产支持票据	695	2887.36
金融债	56	2025.00
中期票据	1634	18352.40
同业存单	27892	179705.73
标准化票据	4	13.80
绿色债务融资工具	26	318.00
政府支持机构债权	28	2070.00

资料来源：上海清算所网站。

三　征信体制逐步完善，规模扩大覆盖面广

2019年，央行发布消息称我国已建立全球规模最大的征信系统。截至2019年6月，征信系统累计收录9.2亿自然人、2591万户企业和其他

组织的相关信息，个人和企业信用报告日均查询量分别达550万次和30万次。[1]

征信市场逐步开放。2019年7月，国家金融稳定发展委员会发布《关于进一步扩大金融业对外开放的有关举措》，其中第一条为"允许外资机构在华开展信用评级业务，可以对银行间债券市场和交易所债券市场的所有种类债券评级"。该举措支持外资信用评级机构开展所有种类债券评级业务，是中国金融市场扩大开放的重大举措。2019年1月，标普信用评级中国有限公司完成备案，这是首家获准在中国境内开展业务的外资评级机构。

企业征信市场逐步发展。①企业征信备案数量逐渐增加。截至2019年10月末，全国共有21个省（市）的134家企业征信机构在中国人民银行分支行完成备案。[2] ②小微企业征信逐步发展。截至2019年6月，有260万户小微企业的信息记录在金融信用信息基础数据库中，并有超过55万户小微企业已经获得信贷支持，贷款余额达11万亿元。[3] 2019年，中国人民银行征信中心企业征信系统中53%的企业为小微企业。2019年，为推进小微企业和农村信用体系建设，中国人民银行与地方政府、金融机构以及乡镇合作建设小微企业和农户的金融信息数据库，帮助商业银行有效地识别客户，助力小微企业和"三农"的发展。

征信宣传活动规模扩大影响广泛。2019年5～9月，中国人民银行在全国范围内开展专题宣传活动——"征信服务小微与民营企业融资发展"，旨在集中性、全方位地展示征信体系支持小微和民营企业融资的重要作用。本次大规模长时间有力度的宣传活动，在一定程度上助推了企业融资，促进企业发展，助力全社会形成"用征信、讲诚信、助发展"的良好氛围。

---

① 资料来源：中国人民银行。
② 资料来源：中国人民银行征信管理局。
③ 资料来源：中国人民银行。

四　反洗钱监管整肃升级，反洗钱工作获得国际认可

2019 年，反洗钱监管升级处罚力度加大，反洗钱监管体系正在加速完善，机关工作持续推进，反洗钱工作国际合作与交流增多，反洗钱宣传力度增大。

第一，监管加强、惩罚力度加大。从 2019 年 1 月起，《互联网金融从业机构反洗钱和反恐怖融资管理办法（试行）》正式实施，该文件将互联网金融行业纳入反洗钱监控领域，表明反洗钱监管与处罚进一步升级。2019 年 2 月，中国银行保险监督管理委员会公布并实施《银行业金融机构反洗钱和反恐怖融资管理办法》，健全我国银行业中的反洗钱法律政策并丰富反洗钱工作体系。

第二，反洗钱工作获得国际认可，持续推动国际合作。2019 年 4 月，金融行动特别工作组（FATF）公布了《中国反洗钱和反恐怖融资互评估报告》，高度认可近年来中国在反洗钱工作方面取得的积极进展，包括建立了多层次的国家洗钱风险评估体系，制定了国家反洗钱战略政策。中国反洗钱监测中心于 2019 年新增两个国际合作伙伴，截至 2019 年，中国反洗钱中心与包括美国在内的 55 个国家和地区建立了金融情报的交换机制，持续推动反洗钱工作国际化。

第三，反洗钱宣传继续，增强群众反洗钱意识。2019 年，为积极响应中国人民银行反洗钱宣传工作的号召，全国各大支行明确了反洗钱工作的重要性以及举办了多场反洗钱宣传活动，使得反洗钱法律以及制度得到深入贯彻，反洗钱观念深入人心。

五　金融消费者权益保护工作不断推进

2019 年，金融消费者权益保护工作稳步发展，各地各行业不断完善法律保护工作，加大对金融消费者的知识宣传和道德劝告力度。

第一，各行业各地方不断完善其关于金融消费者的保护法律。2019 年 4

月，北京市互联网金融行业协会出具《北京市互联网金融行业协会关于互联网金融消费者金融投资的风险提示》，提出五大做法，规范投资意识和金融消费心理，对金融消费者提高素质和加强宣传教育有正向反馈作用。2019年11月，中国银保监会发布《中国银保监会关于银行保险机构加强消费者权益保护工作体制机制建设的指导意见》，对银行保险机构分别从八大方面给出具体的参考意见以及办法。保护金融消费者的相应的法律条例愈加完善，进一步加大了对消费者的保护力度。

第二，金融消费者的宣传教育工作得到大力促进。2019年，各地方支行响应央行号召，针对本地金融消费者开展金融知识、金融法律以及保护条例的宣传教育与普及工作，同往年相比，2019年的金融宣传工作在金融产品和需求人群方面更有针对性和具体性。2019年9月，中国银保监会联合中国人民银行、中国证监会、国家网信办共同举办了"金融知识普及月"活动。普及月期间，中国银保监会系统和银行保险机构共投入宣传人员461万人次，覆盖银行保险机构营业网点30.7万个，开展各类活动29.3万次，发放资料1.8亿份，受众消费者达9亿人次。[①] 本次活动有效地提升了社会公众的金融素养和风险防范意识，强化了金融监管机构的内外联动，增强了银行保险机构的主体责任意识，强化了重视消费者权益保护工作的理念。

六　金融标准化工作取得积极成果

2019年，金融标准化工作取得突破性进展，在普惠金融、货币金融、金融科技、网络安全等领域积极探索金融标准为民利企，为金融健康发展提供技术支撑，中国的金融标准化建设正不断向前推进。

新型金融标准体系逐渐完善。2019年1月，金融行业标准目录增设"银行间市场基础数据元"与"银行间市场业务数据交换协议"的标准，截至2019年10月，金融行业标准针对不同的金融领域和金融业务已有251项

---

① 资料来源：中国银行保险监督管理委员会。

具体标准规范；2019 年 4 月，金融国家标准目录增设"保险术语"的相关标准，截至 2019 年 10 月，金融国家标准目录已有 65 项具体标准。这表明新型金融标准体系逐渐完善，同时说明中国金融标准化事业开创了新局面。金融标准正在由专业技术导向向专业技术与金融治理相融合转变，从政府单一供给到"政府＋市场"多元供给转变，从"封闭做标准"向"开放做标准"转变。

金融企业标准化建设成绩显著。2017 年以来，中国人民银行先后制定发布了《移动终端支付可信环境技术规范》《云计算技术金融应用规范》等多项金融科技标准，充分发挥了标准在金融科技应用于发展方面的规范引领作用。2012 年至今，中国人民银行先后发布《网上银行系统信息安全通用规范》《金融行业信息系统信息安全等级保护评测指南》《金融业信息系统机房动力系统规范》等标准，为保护人民群众财产安全提供标准支撑。

未来，金融标准化工作应继续保持金融标准供给，坚持"引进来"和"走出去"并重，坚持开展调查研究，了解新技术对标准产生的影响，夯实金融标准化基础，进一步优化标准工作分工与布局。

七　金融统计数据库不断完善，数据逐渐开放共享

2019 年，金融统计数据建设工作坚持"统一标准、同步采集、集中校验、汇总共享"的工作机制，逐步建立起统一科学的金融业综合统计管理和运行机制，不断地制定并完善了标准的制度和体系，坚决守住不发生系统性金融风险的底线，是我国金融基础设施建设中的重要一环。

首先，2019 年金融业统计改革数据采集实行"同步采集"。对于新建统计数据，由中国人民银行与其他金融管理部门直接同步采集；对于现行统计数据，由中国人民银行协调汇集。2019 年在大数据、云计算技术支持下，中国人民银行调查统计司出具六类衡量指标，包括社会融资规模、货币统计概览、金融机构信贷收支统计、金融市场统计、企业商品价格指数（CGPI）、金融机构资产负债统计，基本覆盖金融业全市场，努力建设并运

行国家金融基础数据库。

其次，2019年金融统计数据库建设工作在国务院领导下，按照共建、共享原则为金融管理部门提供全面有效的信息支持，进一步完善金融支持国民经济重点领域和薄弱环节政策效果评估数据。金融机构和组织可通过数据库等获得所需数据，支持金融工作的开展并防范金融风险和信用风险。

最后，根据国务院办公厅印发的《关于全面推进金融业综合统计工作的意见》，按照政策需要的迫切性和基础建设的可行性，提出分阶段展开工作、分步骤落实重点。以金融机构资产管理为突破口，建立系统重要性金融机构统计，建立金融控股公司等金融集团统计，编制金融业资产负债表，完善货币信贷统计，建立并完善债券市场统计等金融基础设施统计，启动国家金融基础数据库建设，做好大国金融数据建设工作。

八 2020年中国金融基础设施建设展望

2019年9月中央全面深化改革委员会举行第十次会议，审议通过了《统筹监管金融基础设施工作方案》。习近平总书记在会议中发表重要讲话，指出金融基础设施是金融市场稳健高效运行的基础性保障，是实施宏观审慎管理和强化风险防控的重要抓手。要加强对重要金融基础设施的统筹监管，统一监管标准，健全准入管理，优化设施布局，健全治理结构，推动形成布局合理、治理有效、先进可靠、富有弹性的金融基础设施体系。2020年是中国实现"全面小康"的关键一年，要进一步推进实施金融服务实体经济的各项政策措施，要牢牢把握统筹监管金融基础设施的重要方略，继续深入贯彻落实习近平重要讲话精神，为全面建设小康社会奠定坚实的基础。

支付行业将在2020年迎来发展新机遇。随着高新产业和新兴科技的不断出现，金融行业与科技行业联系将日益紧密，支付行业也将迎来发展的新契机。2020年支付行业应积极面对新技术，应用新的科技手段不断创新支付场景、支付手段等。第一，从银行来说，对外要和支付龙头机构积极寻求合作和交流机会，对内要加强内部产品、产业、技术链的创新。第二，从第

三方收单机构来说，要积极建立科学有序的收单流程，创新发展方式，主动转型发展。第三，从互联网公司来说，应提高自身竞争力以及风险防范能力并完善处置措施。第四，从设备支付硬件厂商来说，应积极与银行、第三方、银联和网联合作，将自身硬件优势资源与软件优势资源融合创新发展。

征信市场建设在 2020 年将取得较大突破。我国征信市场发展至今虽时间不久但规模迅速扩大，影响范围广泛，已迅速地建立起全球规模最大的征信系统。2020 年随着科技的发展和影响力的不断扩大，以及征信市场逐步对外开放，我国信用服务市场规模将继续增加，规范性继续提高，市场更加开放。但在发展过程中，也要注意到发展均衡化、信息资源对称化等问题。如何建立好"政府＋市场"双轮驱动的发展模式，如何构建一个可持续发展的征信体系，是我国征信管理工作面临的问题。2020 年，信用信息数据采集要做到与多元消费场景结合，全方位覆盖，征信服务要做到不仅向民营企业开放还要向海外市场开放，信用宣传做到范围广、影响力大、宣传力度强，让守信之风树立于公序良俗。

反洗钱工作在 2020 年仍是工作重点。周边国际环境的不断变化，使我国反洗钱工作的难度也随之增加，给我国的反洗钱工作带来了新的挑战和机遇。首先反洗钱工作的重点应放在继续完善反洗钱机构，不断科学地管理反洗钱成本，逐渐提高反洗钱效率和质量上。其次，继续建立风险导向型监管体系，科学合理地运用该体系评估潜在风险并寻求检测措施。再次，继续紧密联系国际合作伙伴，培养良好的合作伙伴关系，主动吸收西方国家的经验和技术并与之开展交流，继续扩大反洗钱工作的国际管辖范围。最后，顺应科技发展，吸纳科学技术和培养相关人才，不断提高反洗钱工作的效率与质量。加强我国反洗钱和反恐怖融资体系和机制建设，是我国金融基础设施建设工作中的重要一环。

金融消费者保护工作在 2020 年仍要继续维持。在下一步工作中，我国应继续完善金融消费者保护的相关法律法规，做好消费维权的后台受理与服务工作，利用大数据技术等保障消费市场健康发展；同时，要做好消费宣传工作，提高金融消费者的素质，宣扬理性消费观和投资观，对维稳发展发挥长远作用。金融消费者是金融消费市场中的微观个体，因此维持消费者稳定性是维持我国金融消费市场稳定的重要前提。

证券清算结算系统在2020年继续保持平稳运行，稳中有新进展。为保证金融基础设施高效且安全，促进多层次资本市场健康发展，2020年应注意以下几个方面：①推进建设债券市场监测指标体系。②健全市场化良性退出机制。③强化风险预警与违约处置。④推进债券市场深化改革。⑤继续推进债券市场对外开放。2019年我国证券清算结算系统取得多领域的突破与进展，并且随着制度体系的逐渐完善，债券市场的对外开放程度不断提高，证券清算结算系统的安全性与效率也大大增加，但是仍面临着很大的风险与挑战。要进一步完善体制机制以及风险预警系统，以保障金融基础设施安全运行。

按照《金融业标准化体系建设发展规划（2016～2020年）》，金融业标准化体系建设即将进入尾声，应积极开展金融标准化研究，尽快提升金融标准国际化水平，抓紧培养新时代金融标准化人才队伍。同时积极推动金融领域强制标准零的突破，狠抓金融标准实施，夯实金融标准化基础，从而保障金融"大脑"稳定安全运行，提升普惠服务水平，提高货币金融服务和风险防控水平，最终实现金融科技发展和风险防控能力加强。

金融统计数据库的建设工作在2020年应继续完善。未来，应扩大金融统计数据库外延，全面加强对风险防控环节的统计监测，继续加强统计基础设施建设，继续完善金融统计标准体系，提高运用现代信息和大数据技术的能力，争取早日确立"统一标准、同步采集、集中校验、汇总共享"的工作机制，最终建成先进的国家金融基础数据库。

参考文献

杨涛、程炼：《中国支付清算发展报告（2019）》，社会科学文献出版社，2019。

文巧甜：《金融科技背景下商业银行消费金融创新研究》，《现代管理科学》2019年

第 1 期。

尹振涛：《加强金融基础设施的统筹监管》，《学习时报》2019 年 10 月 23 日，第 2 版。

李伟：《标准化建设助力金融高质量发展》，《中国金融》2019 年第 6 期。

曲维民、郭美岑：《关于金融标准化几个基本关系的思考》，《上海金融》2019 年第 8 期。

许可、尹振涛：《金融数据开放流通共享》，《中国金融》2019 年第 4 期。

张伟强、邓颖、宋哲、石子尧：《负责任的借贷——从实际可负担能力看消费者信用评估》，《清华金融评论》2019 年第 6 期。

专题报告篇

Special Reports

B.15
2019年中国金融科技发展
分析及未来展望

董昀 李鑫*

摘 要： 2019年，中国金融科技发展有以下特点：第一，我国政府持续加强金融科技发展的顶层设计，金融科技发展的基础制度和基础设施不断完善，金融科技的发展目标、路线图和主线逐渐清晰。第二，互联网金融风险化解工作已经收到显著成效，多个领域的风险得到有效管控。第三，国内银行业高度关注互联网时代金融科技发展的新趋势，坚持体制机制和发展模式创新的同时，更加强调金融科技在战略转型中的作用。第四，加密数字货币Libra给我国金融科技发展带来新挑战，

---

* 董昀，中国社会科学院金融研究所金融科技研究室副研究员，主要研究方向为金融科技、创新发展、宏观经济；李鑫，中国民生银行研究院研究员，主要研究方向为金融科技、银行、支付清算。

我国已经采取有效措施加以应对。第五，我国开放银行开始起步，目前已有不少积极的实践探索，但开放程度仍然偏低。展望未来，科技在我国金融发展中的支撑性作用将进一步显现，我们要把安全创新、规范创新作为我国金融科技发展的"生命线"。

关键词： 金融科技　互联网金融　区块链　开放银行

一　2019年中国金融科技发展态势与总体规划

2015 年以来，互联网金融快速发展积累的风险逐渐显现，我国监管当局加强了对互联网金融风险的管控与清理；2015 年 7 月，十部委联合印发了《关于促进互联网金融健康发展的指导意见》，互联网金融监管的许多空白得到填补。

互联网金融风险的暴露并不意味着金融业放慢了运用新技术的步伐，新一代信息技术仍在全球范围内高速发展，新技术与金融的融合发展仍在如火如荼地进行。金融科技已经发展成为我国金融业创新和改革的重要推动力量。监管部门、地方政府、业界、学界、媒体与公众，都对金融科技表现出极大热情，金融科技投融资活动急速升温，中国金融科技发展迎来新时代。零壹财经统计数据显示，2018 年全球至少发生 1097 起金融科技投融资事件，融资总额 4360.9 亿元，其中中国金融科技融资事件 615 起，融资总额为 3256.3 亿元，美国和印度金融科技融资事件分别为 153 起和 114 起。德勤金融研究中心的数据则显示，全球金融科技融资企业数量有所下降，亚洲在早期金融科技融资方面超越美国。2018 年，中国市场的金融科技投资总额高速增长，达到 230 亿美元，首次超越了美国。

2019 年，中国金融科技政策的演进呈现出一条清晰的路径：在有效治理互联网金融风险的基础之上，持续加强金融科技发展的顶层设计，金融科技发展的基础制度和基础设施不断完善，金融科技的发展目标、路线图和主线逐渐清晰，金融科技政策的前瞻性、针对性、有效性和系统性正在增强。

党中央高度重视金融科技发展与风险防范。2019年2月22日，习近平总书记在主持中共中央政治局第十三次集体学习时提出，要深化金融供给侧结构性改革，其中着重强调了科技创新在金融供给侧结构性改革中的重要作用。既强调要适应发展更多依靠创新、创造、创意的大趋势，推动金融服务结构和质量提升；也强调要运用现代科技手段和支付结算机制，适时动态监管线上线下、国际国内的资金流向流量，使所有资金流动都置于金融监管机构的监督视野之内。2019年10月24日，习近平总书记在主持中共中央政治局第十八次集体学习时强调，要把区块链作为核心技术自主创新的重要突破口，明确主攻方向，加大投入力度，着力攻克一批关键核心技术，加快推动区块链技术和产业创新发展；并指出要推动区块链技术和实体经济深度融合，解决中小企业贷款融资难、银行风控难、部门监管难等问题。区块链技术是金融科技发展的重要底层技术，习近平总书记的重要指示为我国区块链技术与金融的融合发展指明了前进方向。

在中央精神的指引下，监管部门对我国金融科技的发展进行了系统谋划。2019年8月中国人民银行印发的《金融科技（Fin Tech）发展规划（2019～2021年）》（以下简称《规划》）对我国金融科技发展而言具有标志性意义。这份规划是我国金融科技发展的第一份系统全面的顶层设计方案，从发展形势、总体要求、重点任务和保障措施四个方面全面地描绘未来三年中国金融科技发展的蓝图。《规划》的指导思想是"守正创新、安全可控、普惠民生、开放共赢"十六字方针。与之相对应，《规划》提出了五条基本原则：一是平衡好安全与发展，二是协同好金融与科技，三是统筹好监管与服务，四是兼顾好继承与创新，五是协调好包容与审慎。在上述思想和原则的指导下，《规划》提出了未来三年我国金融科技发展的六项重点任务：加强金融科技战略部署、强化金融科技合理应用、赋能金融服务提质增效、增强金融风险技防能力、加大金融审慎监管力度、夯实金融科技基础支撑。按照《规划》的要求，我国将在2021年建立起金融科技发展的"四梁八柱"。

《规划》提出的若干重要战略举措正在逐步落地。其中，数据信息是金融业的核心资源，对个人金融数据信息的有效保护和规范使用是金融科技持续健康发展的重要前提条件。2019 年之前，个人金融数据信息保护的法律法规基础比较薄弱，只有 2011 年发布的《中国人民银行关于银行业金融机构做好个人金融信息保护工作的通知》（银发〔2011〕17 号），法律效力较低，适用范围也有限。有鉴于此，中国人民银行于 2019 年 4 月将制定《个人金融信息（数据）保护试行办法》列入本年度规章制定工作计划。2019 年 5 月，中国人民银行办公厅下发了《中国人民银行办公厅关于 2018 年支付服务领域金融消费权益保护监督检查情况的通报》（银办发〔2019〕72 号），特别提到当前我国支付服务领域存在着金融消费者信息安全管理不规范的问题，部分机构存在收集信息范围过大、未经消费者授权收集其个人金融信息、业务系统存储不规范等问题。2019 年 6 月，央行副行长朱鹤新在国务院新闻办公室吹风会上指出，要先研究推动个人金融信息保护立法，明确各方的权益义务，使个人金融信息保护取得实效。到 2019 年 10 月，据媒体报道，央行《个人金融信息（数据）保护试行办法（初稿）》已经出炉，正在下发征求意见过程之中。这个文件的出台，将使得我国个人金融数据信息保护工作迈上新台阶，个人金融信息保护工作的指导思想、基本原则、工作主线等问题可望得到有效解决，将为保证个人信息安全、维护个人权益和金融稳定筑起"防火墙"。

除了个人金融信息保护工作之外，金融科技标准和金融科技监管等方面也有新的举措落地。2019 年 12 月 5 日，央行科技司二级巡视员杨富玉表示，中国人民银行正在组织制定金融科技标准，涉及人工智能、区块链、大数据、云计算等 17 项技术，标准的制定过程力求实现编制主体多元化，金融机构、科技企业、科研院所、高校乃至外资企业都将参与其中。同日，中国人民银行发布公告表示，支持在北京市率先开展金融科技创新监管试点，探索构建符合我国国情的金融监管政策体系。这表明我国金融科技监管新机制的探索已经迈出重要一步。

在央行的全国性金融科技发展规划出台前后，东部地区的一些地方政府也在酝酿出台本地金融科技发展规划。2018年10月，广州市人民政府发布《广州市关于促进金融科技创新发展的实施意见》，提出用3～5年时间推动建成数字化、电子化、智能化的广州现代金融服务体系，将广州建设成为我国重要的金融科技强市。培育发展一批具有国际知名度和影响力的研发应用金融科技的金融机构、相关企业及项目，打造若干金融科技龙头企业和独角兽企业。2018年12月8日，《北京市促进金融科技发展规划（2018～2022年)》正式对外发布。该规划强调，北京市在金融科技研究、金融要素聚集、金融科技企业数量以及金融基础设施等方面优势明显，拥有发展金融科技的独特优势。该规划提出，要形成"一区一核""多点支撑"的金融科技空间布局，努力把北京建设成为具有全球影响力的国家金融科技创新与服务中心。此外，上海等地的金融科技规划方案也在紧锣密鼓的设计之中。

二 2019年中国互联网金融治理工作进展

2017年6月，中国人民银行等部委联合印发《关于进一步做好互联网金融风险专项整治清理整顿工作的通知》，标志着互联网金融专项整治清理整顿工作进入攻坚阶段。两年多以来，治理已经收到显著成效，多个领域的风险得到有效管控。

网贷方面，借贷机构数量、借贷余额和借款人数均大幅下降，到2019年10月底，全国纳入实时监测的在运营机构数量已降至427家，比2018年末下降59%；借贷余额比2018年末下降49%，出借人次比2018年末下降55%；行业机构数量、借贷规模及参与人数已连续16个月下降。在虚拟货币交易发行方面，173家虚拟货币交易及代币发行平台已全部无风险退出。

在支付结算风险防范方面，2019年以来，央行下发《关于加强个人 II、III 类银行结算账户风险防范有关事项的通知》（银支付〔2019〕55号），以及《关于进一步加强支付结算管理防范电信网络新型违法犯罪有关事项的通知》（银发〔2019〕85号文），对支付结算领域存在的风险进行了紧急排查，进一步筑牢了金融业支付结算安全防线。与此同时，非银行支付服务市

场专项整治工作也已经基本完成。对持证机构加强监管，建立网联平台，开展"断直连"工作，严厉打击无证经营支付业务行为，这一系列组合拳产生了积极效果，截至 2019 年 6 月底，共清理无证机构 389 家，有力地强化了市场纪律。

可以认为，前些年互联网金融"野蛮生长"、游离于监管体系之外的状况已经得到有力遏制和根本扭转。2019 年 11 月 28 日，国务院金融稳定发展委员会第十次会议指出，当前我国金融市场运行平稳，市场秩序好转，防范化解重大金融风险攻坚战取得阶段性成果。

这表明，互联网金融专项整治清理整顿工作的存量清理和风险化解工作已经进入收尾阶段。根据国务院金融稳定发展委员会第十次会议精神，下一步防范化解互联网金融领域重大风险工作，根本上要靠深化金融改革开放，通过改革提供机制保障，提供动力支持。优化治理体系、建立长效机制、提升监管能力、防止死灰复燃将是下一步工作的中心任务。

互联网金融治理工作的深化也表明，互联网等新技术给金融发展带来的并不必然是福音，它是一柄双刃剑，既可以用于推动金融创新和效率改进，也可以催生寻租、套利等滋生风险的活动。只有扎牢制度的笼子，才能使金融与科技的融合发展给经济社会带来更多的福利。

三 2019 年中国银行金融科技发展与数字化转型

2019 年以来，国内银行业高度关注互联网时代金融科技发展的新趋势，在坚持体制机制和发展模式创新的同时，更加强调金融科技在战略转型中的作用。在具体举措方面，银行业数字化转型主要呈现以下六大特征。

一是科技领域资源投入力度加大。2018 年以来商业银行严控成本，成本收入比较上年同期下降 4 个百分点，但在金融科技方面的支出不降反增。同时，为了打造面向未来的新优势，随着银行数字化转型的深入，各银行对金融科技的投入力度还在不断加大。从主要银行来看，金融科技投入占营业收入的比重已接近 3%。这些科技投入虽然在短期内会带来成本收入比的上升，但它们未来创造的回报肯定会更加可观。

二是重视科技人才队伍的建设。2019年以来包括邮储银行、农业银行等在内的多家银行召开了金融科技专场校园招聘会，而交通银行更是启动了金融科技人才"万人计划"。对于金融科技人才队伍建设，未来银行将越来越注重提升STEM（Science，Technology，Engineering，Mathematics）人才的占比。

三是积极探索数据化和智能化经营模式。多数银行正在利用金融科技有效提升经营效率，这主要体现在借助个性化推荐系统提升产品营销成功率、通过大数据风控为开展线上消费金融业务奠定基础、以智能投顾打造资管业务新的增长点并显著降低人工成本等方面。

四是更加注重中台能力建设布局。为提高前台业务针对市场需求快速组装的能力，着重打造标准化、模块化的金融组件，2019年以来，不少银行开始借鉴阿里巴巴从"大中台、小前台"到业务和数据双中台的变革路径，进行了中台层面的建设布局。

五是加快组织架构调整变革，成立银行金融科技子公司。在银行创新产品速度加快的背后，体制机制和组织架构的调整亦应同步跟上。在组织架构方面，各家银行从顶层统筹、新设机构、重组优化等多个方面入手，保障科技与业务的有效协同。同时，为利用市场化机制推动银行在金融科技方面的研发和场景应用落地，大力强化科技能力建设，国内商业银行积极以成立金融科技子公司的方式开展内部孵化，部分银行实现了开放赋能的科技输出。

表1　我国银行系统金融科技子公司概况

银行	科技子公司	成立时间	产品体系	注册资本（万元）
兴业银行	兴业数科	2015年12月	银行云、普惠云、非银云、数金云	50000
平安银行	金融壹账通	2015年12月	智能银行云服务、智能保险云服务、智能投资云服务、开放平台	120000
招商银行	招银云创	2016年2月	金融基础云服务、金融业务云服务、专项咨询云服务	5000
光大银行	光大科技	2016年12月	金融云、IT系统建设、云缴费	1000

续表

银行	科技子公司	成立时间	产品体系	注册资本(万元)
建设银行	建信金科	2018 年 4 月	风险计量、人脸识别、整体系统解决方案、专项咨询	160000
民生银行	民生科技	2018 年 5 月	渠道整合、能力共享、业务支撑服务、智能运营、风控等技术解决方案	20000
北京银行	北银金融科技	2018 年 5 月	数字化、智能化、全方位金融科技综合服务	5000
工商银行	工银科技	2019 年 5 月	技术创新、软件研发、产品运营	60000
中国银行	中银金科	2019 年 6 月	技术创新、软件研发、平台运营与技术咨询	60000

资料来源：中国民生银行研究院。

六是通过互联网与场景化，推动服务渠道优化升级。各家银行一方面继续推动网点智慧转型，借助金融科技重构线下服务全流程，实现线上线下渠道的融合发展；另一方面，推动金融场景生态建设，深化支付结算、信贷融资、财富管理等金融业务与生活缴费、内容服务等场景的融合，提高用户黏性和产品转化率。

四 2019年中国数字货币与区块链领域竞争格局

2019 年 6 月 18 日，全球最大社交平台 Facebook 上线加密数字货币项目 Libra，并发布项目白皮书，引发全球关注。Libra 功能定位是支付和普惠金融，致力于建立一套简单的、无国界的货币和为全球数十亿用户服务的金融基础设施。

Libra 加密数字货币具有三个主要特点：一是基于区块链技术。Libra 项目的开发建立在开源、可扩展的"Libra 区块链"基础上。二是以资产储备为后盾。Libra 加密数字货币由一篮子波动相对较小的资产作为价值储备，包括稳定且信誉良好的中央银行现金及政府证券等，且严格对照真实储备资产价值进行制造和销毁。三是由独立协会管理。由 Facebook 发起建立的独立的非营利性会员制组织——Calibra 协会，对 Libra 加密数字货币进行管理，协会目前共有 28 家会员，包括 Mastercard、Visa、Paypal 等支付巨头，eBay、Uber 等电商和移动互联网公司以及 Vodafone 等电讯运营商。

由于存在诸多问题，Libra 项目能否落地存在较大不确定性。尽管如此，Libra 项目在区块链、数字货币等领域还是引起轩然大波，也对我国金融科技发展构成了重要挑战。

一是区块链技术的竞争将加剧。区块链技术已发展十年，至今仍未出现大规模商业化应用。但自 Libra 项目上线以来，各国相关产业人士及投资人士普遍对其予以积极回应，或许将引发全球新一轮的区块链投资和研发热潮。特别是在支付清算领域，2019 年以来基于区块链技术的应用探索已呈加速态势。未来支付清算或将成为区块链技术率先尝试大规模落地应用的"主战场"。此外，基于区块链技术的支付应用更易摆脱欠发达国家金融基础设施薄弱的限制，一旦成功落地，势必会对目前依托银行账户体系的网络支付巨头，如我国的支付宝、微信支付等的海外业务拓展构成直接竞争和挑战。

二是超主权货币和数字货币成为各国博弈的新战场。挂钩一篮子货币和资产储备的设计使 Libra 加密数字货币看上去像一种数字化的 SDR，这再次引发舆论对"超主权货币"的关注。全球金融危机以来，储备货币发行国货币政策的溢出效应已成为各国央行普遍关注的焦点问题之一，特别是各国对美元储备的依赖加大了相互间政策协调的难度，一定程度上加剧了全球经济失衡。在此背景下，创建与主权国家脱钩并能保持币值长期稳定的超主权货币，成为改革国际货币体系的探索方向之一。而 Libra 加密数字货币的构想则使人们进一步认识到存在跳出依托"全球央行"的思维定式、通过网络分布式规则构建超主权货币的可能。这或将正式开启各国关于构建数字化超主权货币的讨论和协商，同时各国国内法定数字货币的研发速度也将加快。我国在超主权货币的讨论协商和数字货币研发方面需要加快步伐，赢得更多的话语权。

三是加密资产的波动性增强。Facebook 上线 Libra 项目的消息助涨了市场对比特币等其他加密数字货币的投机情绪。自 2019 年 6 月 18 日消息公布

后，比特币价格波动明显加大，从 9000 美元涨至最高 13000 美元，截至 6 月 30 日价格在 11000 美元左右，累计上涨近 20%。加密资产价格的暴涨暴跌不仅会导致相关风险快速聚集，也极易诱发洗钱、恐怖融资、金融诈骗、非法集资等经济犯罪行为，更甚者可助推资本外逃、削弱部分主权国家的经济调控能力。

面对新形势，我国已经采取积极有效的应对策略。

一是推动区块链自主可控发展，促进应用加速落地。在 2019 年 10 月 24 日中央政治局第十八次集体学习之后，我国有关部门和各级政府纷纷采取措施进一步推动区块链技术及相关服务健康发展，加快推进关键技术攻关，完善标准体系。

二是加快法定数字货币研发。我国决策当局把握数字经济时代货币形态变革的历史契机，适度加快我国法定数字货币研发速度，确保技术路线与现有法律体系及人民币发行流通机制实现有效协调。央行副行长范一飞于 2019 年 11 月 28 日表示，目前央行法定数字货币 DC/EP 基本完成顶层设计、标准制定、功能研发、联调测试等工作，下一步将合理选择试点验证地区、场景和服务范围，稳妥推进数字化形态法定货币出台应用。我们认为，基于我国在法定数字货币探索和实践中的国际领先优势，可进一步推进国际社会对数字化超主权货币的协商和探讨，借此也体现我国在促进国际货币体系治理机制改革方面的大国担当。

三是保持对加密资产的高压态势，积极探索应用监管科技。我国对加密资产继续保持高压态势，对新出现的违法违规问题依法严厉打击，以巩固前期清理整治工作取得的积极效果。同时，我国正积极探索新技术在金融监管领域的应用，借此提升监管效率，以监管科技（RegTech）来应对由区块链等金融科技（FinTech）带来的风险和监管挑战。

五　2019年中国开放银行发展态势

近年来，开放银行（Open Banking）及其内含的数据共享理念在欧美国家兴起。这是一种用户无须提供密钥即可与其账户所在机构之外第三方分享和掌控自身金融数据的新方式，即基于数据的安全共享，用户可通过第三方管理自己的银行账户，选择更好的金融产品和服务。三类参与者构成了一个完整的开放银行生态：一是把数据公开的银行；二是期望共享数据的第三方机构、开发者等；三是被银行和第三方服务的客户。倡导者认为这将促进金融领域的竞争，有利于为用户提供更好的服务。

自 2018 年 7 月浦发银行正式推出 API Bank 无界开放银行以来，"开放银行"概念在我国银行业内迅速升温，包括国有大型商业银行、股份制银行、民营银行等在内的多家银行相继推出或计划推出自己的"开放银行"。2018 年也被视为中国的开放银行元年。

表 2　我国部分银行开放平台 API（SDK）产品概览

	中国银行	工商银行	浦发银行	平安银行	华瑞银行	众邦银行
平台	中银开放平台	互联网金融开放平台	API 开放平台	能力开放平台	开放平台	开放平台
主要产品/类型	资金借贷 投资理财 外汇行情 金融支付 客户风险等级 跨境金融	账户管理 资金结算 员工薪资 商户收单 网络融资 投资理财 跨境财贸 商户运营 安全认证	数据 支付 风控 增值 运营	支付 理财 信用 安全 营销	支付 电子钱包 电子卡包 极度贷 场景贷 企业经营贷	供应链融资 投资 融资 账户及支付
网址	http://open.boc.cn/	https://open.icbc.com.cn/icbc/apip/	https://open.spdb.com.cn/	https://open.orangebank.com.cn:567/devportal/pages/open/	https://open.hulubank.com.cn/	https://open.z-bank.com/

2019 年以来，我国银行业机构继续积极推动开放银行的发展，各大银行在不同方向上进行了积极的探索。

中国农业银行致力于建设开放银行产品体系，实现金融服务与场景深度

融合。在国家政务平台和各类生活场景中提供Ⅱ、Ⅲ类账户开户、缴费、信用卡、贷款等金融服务，将金融服务主动送到客户身边。大力推进产品研发模式和经营模式转型，推出银利多、助业快e贷、乐分易等一批有竞争力的线上产品。

兴业银行的开放银行平台门户对外提供9大类244个API接口，涵盖用户、账户、消息、支付、安全、社交、理财、检索、感知等领域，利用开放API与商业生态连接，为集团及合作银行带来新客户、结算型存款等收益。

中信银行的开放银行项目已经接入21个合作方。中信百信银行深入推进"开放银行+"生态策略，已融入电商、内容、租房、出行、新消费、产业互联网等六大类场景，合作伙伴达80余家。

平安银行积极布局开放银行，对外输出金融服务能力，拓展获客渠道。该行以打造引领中国开放银行的风向标和行业最佳实践作为目标，利用开放应用程序编程接口（Open API）与外部场景平台结合，实现高效引流，拓展银行服务生态圈。

长沙银行一方面输出开放银行能力，推动智慧园区产融合作平台、智慧医疗、智慧学校、智慧烟草、智慧政务等平台落地和提质发展；另一方面推进开放银行建设，初步完成开放银行体系构建，实现账户、支付、风控、理财、信贷、人脸识别、指纹识别、语音识别等能力输出的基础条件。

总体而言，国内开放银行刚刚起步，虽然已有不少积极的实践探索，但开放程度仍然偏低。这主要表现在两个方面：第一，平台资源更多是为分支机构或合作伙伴服务，而非面对更加广泛的外部使用者，从API分类来看，实际上大多应归为内部API或伙伴API。第二，理念上大多仍停留在希望与互联网企业合作导流上，而非借此构建全新的商业生态和盈利模式。

究其原因，一方面，国内数据泄露及滥用问题较严重，在监管日趋严格的情况下，商业银行不可能实现较高层次的数据开放；另一方面，我国银行业尽管受到金融科技公司的较大竞争压力，但仍未到被迫开放的程度。因此相较于国外，我国可能会出现更多种"开放银行"模式，但整体开放程度较低。

从国际银行业来看,开放银行是大势所趋,因此宜积极跟进开放银行建设,践行 BaaP 模式,并将其作为落实金融科技战略的抓手之一。从目前情况看,多数银行并不需要对核心系统大动干戈,只需要配置合适的 API 接口,就能满足共享数据的外部需求,且有助于内部数据之间的交互,可谓一举多得。

API 平台及产品竞争的背后,实际上是银行综合实力的全面比拼。因此银行需要在架构、流程、文化等方面有针对性地进行调整,强化行内不同条线板块、不同部门之间的业务协作,全面提升获客、运营、风控、科技等能力,以增强开放性产品的适配性,使其可以更好地借助各类渠道高效输出。在此基础上,甚至还可进一步在业务流程和创新流程上进行开放,将自身的金融产品创意、营销能力以及远程服务等功能对第三方开放,在促进业务增长的同时,提高银行社会声誉。

需要注意,开放银行使得业务风险敞口更多,拉长了整个风险管理的链条,不仅可能提高管理信用风险、市场风险等传统银行业务风险的难度,而且会增加数据泄露、网络安全、合作方欺诈、法律合规等方面的风险发生的可能性。因此,一方面,针对开放银行进行全面的风险评估,在此基础上审慎确定开放的业务和数据类型,健全平台准入和治理机制,采取充分的信息安全保护措施;另一方面应建立充分的缓释和隔离机制,尤其应建立一整套事前授权、事中跟踪、事后补救的数据安全防控机制,确保数据交互可追溯,并制定紧急补救措施和追责制度。

六 中国金融科技发展未来展望

当前,我国金融科技呈现出加速发展态势,金融科技领域的投资迅速增长,各大城市发展金融科技的热情日益高涨。随着金融供给侧结构性改革的深入推进,预计科技在我国金融发展中的支撑性作用将进一步显现,人工智能、区块链、云计算、大数据、物联网、5G 等重大底层技术的研发水平将持续提升,金融服务的供给模式、供给质量和供给效率将会发生新的重大变

化，新场景、新产品、新商业模式将持续涌现，科技企业与金融机构在金融科技领域的竞争将更加激烈，彼此之间的合作与融合也将更加密切。

当然也要看到，金融科技的发展并不会自动导致风险的降低，反而可能会使得风险涉及面更广、扩散速度更快、溢出效应更强，从而对保护隐私、监管和执法等方面带来重大挑战。在准确把握金融科技本质特征的基础上，我们要把安全创新、规范创新作为中国金融科技发展的"生命线"。在"十四五"时期促进金融科技创新，首先要避免粗放式扩张和防止泡沫积累，处理好创新与安全的边界，守住不发生系统性风险的底线，防范非系统性风险的积累，明确金融科技创新的底线与负面清单，在此基础上推动中国金融科技高质量发展。

参考文献

董昀：《从创新发展的视角理解金融科技的内涵》，《银行家》2019 年第 10 期。

董昀、李鑫：《中国金融科技思想的发展脉络与前沿动态：文献述评》，《金融经济学研究》2019 年第 5 期。

孙国峰：《金钉子：中国金融科技变革新坐标》，中信出版集团，2019。

杨涛、贲圣林主编《中国金融科技运行报告 2019》，社会科学文献出版社，2019。

B.16

2019年中国上市公司发展
分析及2020年展望

徐 枫 郭 楠[*]

摘 要： 2019年中国上市公司盈利能力继续下滑、治理水平缓慢提升、信息披露状况不断改善、研发动力明显增强、社会责任感明显增强。从上市公司财务报告角度评估中国供给侧结构性改革，结果表明：资金流向方面，实体企业投资回报率较低，市场资金仍将停留在虚拟经济体系。经济结构调整方面，产业结构升级已有成效、并购重组热情高涨、创新投入动力增强，银行资产质量改善。五大改革任务方面，去产能任务接近尾声，企业增产动力强烈；去库存任务接近尾声，上中下游行业差异较大；去杠杆任务告一段落，稳杠杆成为重心；企业税负和劳动力薪酬成本均在下降；薄弱行业回报率增加，补短板进展有望加快。

关键词： 上市公司质量 资金脱实向虚 供给侧结构性改革

截至2019年第三季度，沪深两市A股上市公司共计3689家，同比增加138家；全部上市公司资产合计262.49万亿元，同比增加10.54%。分板块统计看，主板维持平稳增长态势。2019年第三季度主板上市公司共计1945家，同比增加

---

* 徐枫，金融学博士，中国社会科学院金融研究所副研究员，主要研究方向为金融市场；郭楠，文学硕士，华北电力大学国家能源发展研究院研究员，主要研究方向为能源金融、科技金融。

43 家；主板上市公司资产共计248.25万亿元，同比增加9.79%，与上年年持平。2019年第三季度中小板上市公司共计938家，同比增加21家；中小板上市公司资产共计11.21万亿元，同比增加27.10%。创业板上市公司共计773家，同比增加41家；创业板上市公司资产共计2.85万亿元，同比增加13.10%。科创板于2019年6月13日起航，7月22日首批登陆25家公司，2019年第三季度科创板上市公司增加到33家，资产规模共计1838.04亿元。

分行业统计看，金融部门更受资本市场青睐。2019年第三季度金融行业上市公司共计105家，同比增加17家；金融行业上市公司资产总计196.46万亿元，同比增加10.54%，同比增速上升2.17个百分点。非金融行业上市公司共计3584家，同比增加121家；非金融行业上市公司资产共计66.03万亿元，同比增加10.53%，同比增速下降5.04个百分点。

分产权统计看，国有部门更受资本市场支持。2019年第三季度中央企业上市公司共计376家，同比增加24家；资产共计92.09万亿元，同比增加11.09%，同比增速上升2.93个百分点。地方国企上市公司共计709家，同比增加52家；资产共计19.67万亿元，同比增加12.46%，同比增速与上年基本持平。民营上市公司共计2207家，同比反而减少57家；资产共计17.99万亿元，同比增加0.56%。公众上市公司共计208家，同比增加50家；资产共计130.66万亿元，同比增加10.68%。其他性质上市公司共计189家，同比增加69家；资产共计2.08万亿元，同比增加80.87%。

表1 2019年第三季度沪深A股上市公司结构分布情况

单位：家，万亿元

	2019年第三季度		2018年第三季度	
	数量	资产	数量	资产
板块：主板	1945	248.25	1902	226.12
中小板	938	11.21	917	8.82
创业板	773	2.85	732	2.52
科创板	33	0.18		
行业：金融	105	196.46	88	177.73
非金融	3584	66.03	3463	59.74

	2019 年第三季度		2018 年第三季度	
	数量	资产	数量	资产
产权:中央企业	376	92.09	352	82.89
地方国企	709	19.67	657	17.49
民营企业	2207	17.99	2264	17.89
公众企业	208	130.66	158	118.05
其他性质企业	189	2.08	120	1.15
合　计	3689	262.49	3551	237.47

资料来源：Wind 数据库。

一　上市公司质量分项评估

（一）实体企业效益性质量继续下滑

从总体表现来看，2019 年第三季度沪深 A 股上市公司效益性质量延续下滑态势。从营业收入看，上市公司平均营业收入为 96.80 亿元，同比增长 7.47%，下降 3.98 个百分点；从盈利能力看，上市公司平均加权净资产收益率为 5.34%，同比下降 0.56 个百分点；从亏损比例看，亏损上市公司共计 407 家，占比高达 11.03%，同比增加 0.81 个百分点。

从细分结构来看，仅有金融行业上市公司业绩有所改善。分上市板块看，主板上市公司盈利表现衰退最显著。2019 年第三季度主板上市公司平均加权净资产收益率为 5.33%，同比下降 0.81 个百分点；中小板上市公司平均加权净资产收益率为 5.03%，同比下降 0.50 个百分点；创业板上市公司平均加权净资产收益率为 5.46%，同比下降 0.32 个百分点（见图 1）。分产权性质来看，地方国企盈利表现衰退最显著。2019 年第三季度中央企业上市公司平均加权净资产收益率为 5.27%，同比下降 0.12 个百分点；地方国企上市公司平均加权净资产收益率为 4.70%，同比下降 0.9 个百分点；民营上市公司平均加权净资产收益率为 5.46%，同比下降 0.64 个百分点（见图 2）。分行业属性来看，非金融部门上市公司盈利进一步恶化。2019年第三季度金融行业上市公司平均加权净资产收益率为6.76%，同比上升0.89个百分点；非金融行业上市公司平均加权净资产收益率为4.42%，同比下降0.23个百分点（见图3）。

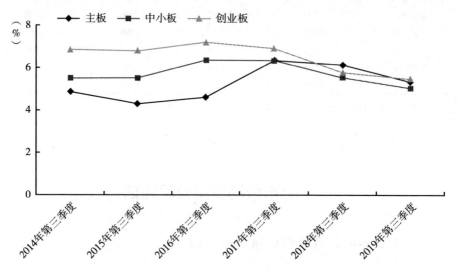

图1　不同板块类型上市公司平均加权净资产收益率

资料来源：Wind 数据库。

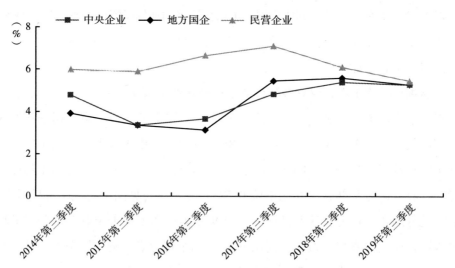

图2　不同产权类型上市公司平均加权净资产收益率

资料来源：Wind 数据库。

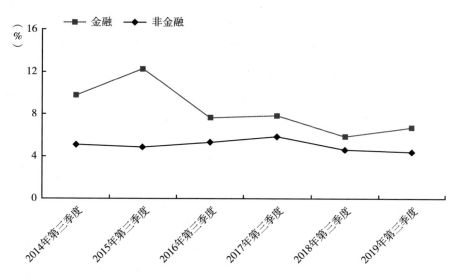

图3 不同行业类型上市公司平均加权净资产收益率

资料来源：Wind 数据库。

（二）上市公司规范性质量缓慢提升

本研究采用南开大学中国公司治理研究院发布的数据，衡量上市公司规范性质量的演变情况。从综合指数看，2019 年中国上市公司治理得分为63.19，较 2018 年增加 0.17。从具体特征看，一是公司治理水平总体逐年上升，但改善幅度明显收窄，结构性指标出现趋同。二是国有企业治理指数提升较快，主要是参与混合所有制改革企业"一股独大"现象改善明显、股权结构优化所致。三是治理不平衡性在减弱，地区间治理指数最大差异已经缩小到 3.02。四是经理层治理水平较低，主要是经理层期权、股权等激励机制滞后所致。五是利益相关者治理指数下降，主要是监管机构处罚力度增大，企业债务和股权纠纷、知识产权诉讼增加所致。六是创业板和中小企业板治理指数明显下降，主要是信息披露指数降低所致。

（三）上市公司透明度质量日益改善

根据《上市公司信息披露工作评价办法（2017 年修订）》，上海证券交

易所对沪市1448家上市公司2018年7月1日至2019年6月30日信息披露情况进行评价。评价结果显示：评价档次为"A"的上市公司合计314家，评价档次为"B"的合计825家，评价档次为"C"的合计259家，评价档次为"D"的合计50家。同时，上海证券交易所还针对沪市上市公司2019年上半年信息披露和违规运作情况进行通报。通报结果显示：对上市公司发出纪律处分书合计86份，同比增加11份。其中，发出公开谴责决定11份、通报批评决定30份、监管关注决定45份。案件处理合计198人次，同比增加19人次，共涉及上市公司股东40名、董监高人员149名、财务顾问项目主办人6名、年审机构1家、年审会计师2名。

根据《上市公司信息披露工作评价办法（2017年修订）》，深圳证券交易所对深市上市公司2018年1月1日至12月30日期间信息披露情况进行评价。评价结果显示：评价档次为"A"的上市公司合计353家，占比为16.55%，同比下降1.40个百分点；评价档次为"C"和"D"的上市公司合计383家，占比为17.96%，同比增加2.02个百分点。同时，深圳证券交易所还针对深市上市公司2019年上半年信息披露和违规运作情况进行通报。通报结果显示：对上市公司发出纪律处分书合计62份，同比增加37份。其中，公开谴责22份、通报批评52份。处分上市公司股东47名、年审会计师3名、董监高人员202名。其中8名责任人被取消上市公司董、监、高任职资格。

（四）上市公司创新动力明显增强

上市公司研发投入和产出明显有所好转。从投入指标看，2019年中报显示，上市公司研发支出总额占营业收入比例为9.68%，较2018年增加3.93个百分点；研发人员数量占比为25.20%，较2018年增加1.62个百分点。从产出指标看，2019年中报显示，上市公司无形资产均值为8.50亿元，较2018年增加10.82%。从创新性企业看，民营企业研发投资动力明显增强。2019年中报显示，研发费用超过25亿元的企业既包括美的、格力、海尔等传统转型企业，也包括京东方、海康威视、比亚迪等新动能企业。

（五）上市公司责任感质量明显增强

上市公司社会责任报告（CSR）成为社会公众和投资者获取公司非财务信息的重要渠道。近年来，受到监管政策影响，上市公司逐渐形成发布CSR的惯例。2019年中国上市公司社会责任报告呈现如下特征：一是发布CSR的上市公司持续增加。2019年前10个月，发布CSR的上市公司合计945家，占比为26%。其中，发布CSR的沪市上市公司合计568家，占沪市上市公司比例为37.4%；发布CSR的深市上市公司合计377家，占深市上市公司比例为17.3%。二是发布CSR的国有企业更多。2019年前10个月，发布CSR的国有上市公司合计520家，占比为55%。其中，地方国有企业合计328家，中央企业及其所属公司合计192家。此外，发布CSR的民营企业合计369家。三是发布CSR的制造业企业数量最多、金融企业发布率最高。2019年前10个月，发布CSR的制造业上市公司合计485家，占比为51%，但发布率仅为20.9%；发布CSR的金融业上市公司合计81家，占比为9%，但发布率高达77.9%。四是主要以社会责任报告命名。2019年前10个月，以社会责任报告、履行社会责任的报告等命名的报告合计902份，以ESG报告，环境、社会及（和）管治报告，环境、社会及（和）治理报告等命名的报告合计32份，以社会责任报告暨ESG报告命名的报告8份，以可持续发展报告命名的报告23份。

二 资金脱实向虚状况评估

货币增长与经济增长偏离度、金融增长与经济增长偏离度开始回落，以及资产价格与商品价格偏离度再度扩大，意味着宏观层面资金开始重返虚拟经济体系。实体企业投资支出增速放缓、增持现金动力减弱，以及购买金融资产意愿降低，则意味着实体经济投资活力进入低迷状态。虽然供给侧结构性改革致力于提高经济增长质量，但国内总需求难以提振，叠加中美贸易摩擦导致出口需求减少，使得微观实体企业经营绩效将延续下行态势，市场资

金也将可能再度脱实向虚。

宏观经济金融指标显示市场资金开始重返虚拟经济。一是货币增长与经济增长之间偏离度开始回落。2019 年前三季度，平均广义货币供应量（M2）增速为 8.23%，比同期 GDP 和平均 CPI 增速之和低出 1.38 个百分点，而 2018 年前三季度为低出 3.42 个百分点，2016 年前三季度为高出 2.63 个百分点。二是金融增长与经济增长之间偏离度开始回落。2019 年前三季度，银行业总资产增速为 7.71%，比同期 GDP 和平均 CPI 增速之和低出 1.90 个百分点，而 2018 年前三季度为低出 4.72 个百分点，2016 年前三季度为高出 6.59 个百分点。三是资产价格与商品价格之间偏离度再度上升。2019 年 9 月，我国 70 个大中城市新建住房价格指数涨幅均值为 9.27%，比同期 PPI 增幅高出 10.04 个百分点，而 2018 年 9 月高出 4.90 个百分点，2016 年 9 月高出 8.27 个百分点。

微观企业数据显示，实体经济投资活力进入低迷期。一是实体企业投资增速放缓。以非流动资产项中的在建工程（合计）会计科目为例，2019 年前三季度，沪深 A 股非金融类上市公司在建工程规模合计 2.99 万亿元，同比增加 7.17%，增速同比减少 3.11 个百分点；平均在建工程规模为 9.47 亿元，同比增加 4.87%，增速同比减少 3.35 个百分点。二是企业增持现金动力减弱。以流动资产项中的货币资金会计科目为例，2019 年前三季度，沪深 A 股非金融上市公司持有货币资金合计 7.86 万亿元，同比增加 0.92%，增速同比减少 9.27 个百分点；平均现金持有量为 21.94 亿元，同比增加 0.92%，增速同比减少 7.17 个百分点。三是购买金融资产意愿降低。以非流动资产项中的可供出售金融资产会计科目为例，2019 年前三季度，沪深 A 股上市公司购买理财产品合计 1.04 万亿元，同比减少 23.22%。以非流动资产项中的投资性房地产会计科目为例，2019 年前三季度，沪深 A 股非金融上市公司持有投资性房地产合计 1.19 万亿元，同比减少 23.45%。

供给侧结构性改革虽然有助于提高经济增长质量，但国内总需求难以提振，叠加中美贸易摩擦导致出口需求减少，使得微观实体企业经营绩效将延续下行态势。一是实体企业财务业绩有所下滑。2019 年前三季度，沪深 A

股制造业上市公司平均净资产收益率为 5.66%，同比减少 0.79 个百分点。实体企业部门投资回报率下滑，并未阻止市场长期资金进入，但银行信贷行为更加谨慎。二是市场投资热情明显降温。2019 年前 9 个月，全国制造业固定资产投资额同比增长 2.50%，增速同比减少 6.2 个百分点。三是银行中长期信贷增速减缓。2019 年第三季度，全国重工业中长期贷款余额为 7.96 万亿元，同比增长 4.59%，增速同比减少 1.10 个百分点。诸多企业投资和银行信贷指标预示着，近期微观层面资金脱虚返实是小概率事件。

导致实体企业经营绩效下降的因素包括 PPI 负增长导致的销售利润下降、资产周转减速导致的报酬率下降，以及企业负债增加导致的财务费用上升。对实体企业投资回报率的演变原因进行杜邦分析，不难发现：一是 PPI 负增长导致销售利润下降。2019 年 7 月 PPI 同比增幅为 −0.3%，成为 2016 年 9 月以来的首次负增长。相应的，2019 年第三季度，沪深 A 股制造业上市公司销售净利润率均值为 −0.63%，同比减少了 6.84 个百分点。二是资产周转减速导致资产盈利能力下降。2019 年前三季度，沪深 A 股制造业上市公司总资产周转率均值为 0.47 次，同比下降了 0.02 次。相应地，2019 年前三季度，沪深 A 股制造业上市公司总资产报酬率均值为 3.94%，同比减少了 2 个百分点。三是企业负债增加导致财务费用上升。2019 年前三季度，沪深 A 股制造业上市公司权益乘数均值为 2.14 倍，同比增加了 0.08 倍。相应的，2019 年前三季度，沪深 A 股制造业上市公司利息费用均值为 0.93 亿元，同比增加了 7.76%。

三 经济结构调整成效评估

（1）上市公司结构调整成效评估。从三次产业结构角度看，支持服务业发展力度仍然不足。2019 年第三季度，服务行业上市公司营业收入合计 18.70 万亿元，占沪深 A 股上市公司总营业收入的比例为 51.80%。而相应的，2019 年第三季度，全国服务业增加值占 GDP 的比例为 60.60%。从产业转型方向看，战略性新兴产业发展状况喜忧参半。2019 年前三季度，沪

深 A 股大数据概念上市公司营业收入合计 1291.57 亿元, 同比减少了 11.23%; 高端装备行业上市公司营业收入合计 7569.08 亿元, 同比减少了 11.90%; 新材料行业上市公司营业收入合计 1014.00 亿元, 同比增加了 7.54%; 泛在电力物联网概念上市公司营业收入合计 857.21 亿元, 同比增加了 4.58%。从产权改革试点看, 混合所有制改革进展明显。2019 年前三季度, 沪深 A 股中央企业重组概念上市公司营业收入合计 9.04 万亿元, 同比增加了 8.99%; 国有资产改革概念上市公司营业收入合计 6993.39 亿元, 同比增加了 9.85%。

（2）上市公司并购重组成效评估。从重组事件看, 重大并购重组热情明显高涨。2019 年前 11 个月, 上市公司披露重大重组事件 365 起, 同比增加了 199 起; 涉及重组交易金额合计 1.29 万亿元, 同比增加了 38.54%。从重组目的看, 整合产业链上下游的纵向扩张较少, 横向整合战略推动的重大重组占比最高。2019 年前 11 个月, 沪深 A 股市场横向整合重组交易金额合计 4899.03 亿元, 占全部重组交易金额比例为 38.0%, 同比增加了 12.76%。占比居第二位的是买壳上市推动的重大重组。2019 年前 11 个月, 沪深 A 股市场买壳上市重组交易总额为 1977.07 亿元, 占全部重组交易金额比例为 15.3%, 同比增加了 135.24%。占比居第三位的是其他目的推动的重大重组。2019 年前 11 个月, 沪深 A 股市场其他目的重组交易总额为 1037.96 亿元, 占全部重组交易金额比例为 8.0%。需要说明的是, 2018 年前 11 个月此类交易尚无成功案例。基于纵向扩张的并购重组较少, 意味着短期内企业难以提升质性竞争力。从重组形式看, 发行股份融资开始成为主流。2019 年前三季度, 沪深 A 股市场通过增发新股购买资产推动的重大重组交易金额合计 3256.74 亿元, 同比增加 64.79%。其次为通过协议收购推动的重大重组交易金额, 合计 1274.24 亿元, 同比增加 118.50%。

（3）上市公司研发创新成效评估。从上市公司财务表现看, 创新型企业存在投资回报溢价。将中国战略性新兴产业成份指数覆盖标的上市公司视为创新型企业代表。2019 年前三季度, 这一指数成份股上市公司营业收入合计 1.94 万亿元, 同比增长了 4.80%; 平均加权净资产收益率为 5.76%,

超出同期沪深A股非金融上市公司净资产收益率1.34个百分点。创新溢价激励着更多上市公司增加研发经费投入。从研发支出费用情况看，上市公司创新投入有所好转。2019年前三季度，沪深A股上市公司平均研发支出费用占营业收入比例为4.01%，同比增加了0.28个百分点。

（4）商业银行贷款资产质量评估。一是商业银行不良贷款率逐步得到控制。2019年前三季度，沪深A股上市商业银行不良贷款余额合计1.37万亿元，同比增长了5.29%；但平均不良贷款率为1.45%，同比反而下降0.06个百分点。二是国有银行资产质量改善更为突出。2019年前三季度，沪深A股国有上市银行不良贷款余额增速为4.06%，比同期民营银行低出1.23个百分点；平均不良贷款率同比下降0.08个百分点，比同期民营银行不良贷款率降幅高出0.02个百分点。三是商业银行不良贷款拨备率继续增加。2019年第三季度，沪深A股上市商业银行平均不良贷款拨备率为252.34%，同比增加了16.58个百分点。商业银行风险防控能力进一步提升。四是限制性行业贷款投向较高。政策限制性行业方面，2019年上半年，沪深A股上市银行对建筑业投放贷款余额为2.61万亿元，同比增长12.24%；对房地产行业投放贷款余额为6.47万亿元，同比增长19.70%。政策支持性行业方面，2019年上半年，沪深A股上市银行对环境、水利和公共设施行业投放贷款余额为4.09万亿元，同比增长14.58%；对体育、文化和娱乐行业投放贷款余额为668.24亿元，同比增长27.50%。

四　五大任务改革进展评估

（1）"去产能"实施进展评估。随着稳增长政策带动基础设施建设复兴，部分产能过剩行业供求关系开始逆转，少数行业如水泥行业仍在加快扩建新产能。从总产能情况看，水泥行业仍在增产，其他产能过剩行业相对萎缩。2019年10月末，全国水泥产量累计为19.07亿吨，同比增加了6.27%；全国铝材产量累计为0.42亿吨，与上年同期基本持平；全国粗钢产量累计为8.27亿吨，同比减少了3.27%；全国原煤产量累计为30.63亿

吨，同比减少了 4.70%；全国平板玻璃产量累计为 7.76 亿重量箱，同比减少了 2.02%。从新建产能情况看，煤炭行业投资有所萎缩，水泥行业加快扩张。2019 年前三季度，沪深 A 股煤炭行业上市公司在建工程项目资产合计为 1858.42 亿元，同比减少了 3.68%；水泥行业上市公司在建工程项目资产合计为 206.22 亿元，同比增加了 20.15%；钢铁行业上市公司在建工程项目资产合计为 1041.38 亿元，同比增加了 6.85%；铝材行业上市公司在建工程项目资产合计为 315.00 亿元，同比增加了 1.80%。

（2）"去库存"实施进展评估。一是上游资源品行业"去库存"评估。待售库存方面，2019 年上半年，沪深 A 股煤炭行业上市公司产成品存货占总资产比例为 1.47%，同比上升 0.17 个百分点；有色行业上市公司产成品存货占总资产比例为 5.92%，同比下降 0.08 个百分点。潜在库存方面，2019 年上半年，沪深 A 股煤炭行业上市公司原材料和在产品存货合计占总资产比例为 1.56%，同比上升 0.11 个百分点；有色行业上市公司原材料和在产品存货合计占总资产比例为 10.75%，同比下降 0.18 个百分点。二是中游工业品行业"去库存"评估。待售库存方面，2019 年上半年，沪深 A 股钢铁行业上市公司产成品存货占总资产比例为 4.10%，同比下降 0.07 个百分点；水泥行业上市公司产成品存货占总资产比例为 1.40%，同比下降 0.10 个百分点；化工行业上市公司产成品存货占总资产比例为 5.19%，基本与上年持平；工程机械行业上市公司产成品存货占总资产比例为 7.14%，同比下降 0.22 个百分点。潜在库存方面，2019 年上半年，沪深 A 股钢铁行业上市公司原材料和在产品存货合计占总资产比例为 9.01%，同比上升 0.41 个百分点；水泥行业上市公司原材料和在产品存货合计占总资产比例为 3.76%，同比上升 0.16 个百分点；化工行业上市公司原材料和在产品存货合计占总资产比例为 5.07%，同比上升 0.04 个百分点；工程机械行业上市公司原材料和在产品存货合计占总资产比例为 9.20%，同比上升 0.50 个百分点。三是下游消费品行业"去库存"评估。待售库存方面，2019 年上半年，沪深 A 股房地产行业上市公司产成品存货占总资产比例为 1.11%，同比下降 0.64 个百分点；汽车行业上市公司产成品存货占总资产比例为

6.08%，同比下降 0.41 个百分点；家电行业上市公司产成品存货占总资产比例为 7.50%，同比上升 0.94 个百分点；纺织服装行业上市公司产成品存货占总资产比例为 14.38%，同比上升 1.23 个百分点。潜在库存方面，2019 年上半年，沪深 A 股房地产行业上市公司原材料和在产品存货合计占总资产比例为 2.45%，同比下降 1.82 个百分点；汽车行业上市公司原材料和在产品存货合计占总资产比例为 5.02%，同比基本持平；家电行业上市公司原材料和在产品存货合计占总资产比例为 5.00%，同比下降了 0.14 个百分点；纺织服装行业上市公司原材料和在产品存货合计占总资产比例为 6.01%，同比上升 0.11 个百分点。

（3）"去杠杆"实施进展评估。一是国有企业杠杆率仍然偏高。2019 年第三季度末，沪深 A 股国有非金融上市公司负债率为 49.14%，比同期民营企业高出 8.93 个百分点。二是公用事业上市公司杠杆率偏高。2019 年第三季度末，沪深 A 股公用事业上市公司负债率为 55.53%，比同期非金融上市公司高出 11.86 个百分点。三是长期偿债能力保持稳定。2019 年第三季度末，沪深 A 股非金融行业上市公司已获利息倍数均值为 17.95 倍，同比略有增加。

（4）"降成本"实施进展评估。一是营业成本开始上升。2019 年前三季度，沪深 A 股非金融上市公司营业成本占营业收入比例为 70.16%，同比上升 0.03 个百分点。二是企业税负明显下降。2019 年前三季度，沪深 A 股非金融上市公司营业税金及附加占营业收入比例为 1.36%，同比下降 1.33 个百分点。三是劳动力成本明显下降。2019 年上半年，沪深 A 股非金融上市公司销售人员工资薪酬占营业收入比例为 1.58%，同比下降 0.91 个百分点；管理人员平均工资薪酬占营业收入比例为 3.35%，同比下降 2.56 个百分点。

（5）"补短板"实施进展评估。从固定资产投资看，2019 年第三季度末，沪深 A 股文化、体育和娱乐行业上市公司累计投资额为 358.78 亿元，同比增加了 24.14%；卫生和社会工作行业上市公司累计投资额为 88.96 亿元，同比减少了 0.67%；公用事业行业上市公司累计投资额为 1.52 万亿

元，同比增加了 26.00%；交通基础设施行业上市公司累计投资额为
2007.07 亿元，同比增加了 13.15%。从营业收入看，2019 年第三季度末，
沪深 A 股文化、体育和娱乐行业上市公司营业收入合计 1412.48 亿元，同比
减少了 1.46%；卫生和社会工作行业上市公司营业收入合计 317.84 亿元，
同比增加 16.73%；公用事业行业上市公司营业收入合计 1.00 万亿元，同
比增加了 12.73%；交通基础设施行业上市公司营业收入合计 2307.56 亿
元，同比增加了 13.26%。从税后净利润看，2019 年第三季度末，沪深 A 股
文化、体育和娱乐行业上市公司净利润合计 163.22 亿元，同比减少
22.18%；卫生和社会工作行业上市公司净利润合计 36.50 亿元，同比减少
32.39%；公用事业行业上市公司净利润合计 0.11 万亿元，同比增加
23.61%；交通基础设施行业上市公司净利润合计 652.11 亿元，同比增加
35.32%。

五　2020年展望

上市公司质量将稳步提升。2019 年 4 月 19 日，中央政治局会议提出要
以关键制度创新促进资本市场健康发展，科创板要真正落实以信息披露为核
心的证券发行注册制。2019 年 7 月 30 日，中央政治局会议指出科创板要坚
守定位，落实好以信息披露为核心的注册制，提高上市公司质量。2019 年
11 月，证监会印发《推动提高上市公司质量行动计划》，围绕信息披露有效
性、公司治理规范化、市场基础制度改革、退市常态化、化解风险隐患、提
升监管有效性、优化生态等七个方面部署 46 项具体任务。未来数年，上市
公司整体面貌将会出现较大改观。

资金脱虚返实仍有阻力。2019 年 12 月 12 日，中央经济工作会议定调
去杠杆工作暂告一段落，未来重点转向稳杠杆。货币政策层面，人民银行将
会继续投放便宜的长期负债，配合专项债和中长期信贷，或投放 PSL 支持
政策性银行服务基建项目融资。金融监管层面，市场普遍盛传资管新规将大
概率再度迎来边际放松。同时，国内消费降级叠加中美贸易摩擦导致出口需

求减少，将使得微观实体企业投资收益率延续下行态势。预计2020年政策力度将减弱，但仍有部分市场资金滞留在虚拟经济体系里。

经济结构调整速度将加快。一方面，混合所有制改革进展提速。2019年10月31日，国务院国资委印发《中央企业混合所有制改革操作指引》，鼓励中央企业下属子公司通过产权转让、增资扩股、首发上市、上市公司资产重组等方式，引入非公有资本、集体资本实施混合所有制改革。国家电网等中央企业宣布进一步加大混合所有制改革力度。另一方面，企业并购重组热情高涨。2019年10月18日，证监会发布《关于修改上市公司重大资产重组管理办法的决定》，主要内容包括取消重组上市认定标准中的"净利润"指标，将"累计首次原则"计算期间缩至36个月。政策松绑将会鼓励更多企业实施并购重组行为。

五大重点任务将加速推进。去产能方面，传统产能严重过剩行业去产能任务接近尾声，部分行业甚至加快扩建新增产能。去库存方面，一些行业已经完成去库存任务，部分企业开始补库存。去杠杆方面，阶段性任务已经实现，未来重心将是稳杠杆。降成本方面，随着个人所得税改革、小微企业普惠减税、深化增值税改革、降低社保费率等一系列政策落地，企业税费负担将继续减轻。补短板方面，随着政府支持引导民间投资补短板计划实施，更多社会资本将进入补短板领域。

B.17
2019年中国房地产市场及房地产金融运行分析及展望

崔玉 蔡真*

摘 要： 在坚持"房子是用来住的，不是用来炒的"政策定位之下，通过行政手段持续调控房地产市场已经使得长期形成的房价看涨预期在 2019 年第二季度开始完全转变。这体现在 2019 年一线城市房价持续企稳，二线城市房价涨幅回落，三线城市房价涨幅收窄，住房销售规模增长持续放缓，第二季度之后土地成交溢价率持续下降、土地流拍数量激增等多个方面。但依然有以下风险点值得关注：第一，三、四线城市的房价泡沫积聚；第二，三、四线城市住宅库存进入新一轮上升周期；第三，中小房企债务风险问题凸显。展望 2020 年，我们认为房地产市场运行态势发生实质性转变的概率较小，商品住房销售规模增速将会延续 2019 年的放缓趋势，商品住房价格涨幅将整体回落，部分城市可能会出现住房价格同比下降的情形，土地市场交易将趋于理性，金融机构对房企的信贷支持力度会产生更大分化，行业集中度会进一步提升。

关键词： 房地产市场 房地产金融 中小房企债务风险

---

* 崔玉，国家金融与发展实验室房地产金融研究中心研究员，主要研究方向为房地产市场、时间序列模型；蔡真，经济学博士，中国社会科学院金融研究所国际金融与国际经济研究室副主任，副研究员，国家金融与发展实验室房地产金融研究中心主任，主要研究方向为风险管理、房地产市场。

一 房地产市场运行情况

（一）政策环境

2019年中央重申要坚持"房子是用来住的，不是用来炒的"政策定位，落实房地产长效机制建设，并提出不将房地产作为短期刺激经济的手段。在部委层面，房地产调控政策着力于防范房地产金融风险。防范资金违规进入房地产市场成为央行和银保监会监管重点。对于个人住房信贷市场，监管政策重点在防范居民购房时利用消费贷、首付贷资金违规加杠杆，主要目标是控制住户部门杠杆率过快上涨；对于房地产开发企业融资市场，监管政策重点在整治房企融资乱象，主要通过加强对银行贷款、房地产信托、信用债、境外债领域风险的管控，防范资金直接或变相违规流入房地产企业。在地方政府层面，强调"夯实地方主体责任"，遵循"因城施策"原则，热点城市的限购、限贷、限售等行政性调控手段仍在持续。

（二）价格运行情况

从国家统计局公布的70个大中城市商品住宅销售数据来看：2019年1~10月，全国主要城市新建商品住宅和二手住宅销售价格月度环比涨幅明显回落，累计涨幅分别为6.12%和3.25%，同比上涨7.99%和4.24%（见图1左上图）。其中，新建商品住宅价格同比上涨超过10%的城市数量为24个；二手住宅价格同比上涨超过10%的城市数量为9个。分城市层级来看：2019年1~10月，一线城市新建商品住宅和二手住宅销售价格基本稳定，累计涨幅仅为3.23%和1.11%，同比上涨4.72%和0.47%（见图1右上图）；二线城市新建商品住宅和二手住宅销售价格累计涨幅分别为5.80%和2.53%，同比上涨7.60%和3.10%（见图1左下图）；三线城市新建商品住宅和二手住宅销售价格累计涨幅分别为6.58%和3.86%，同比上涨8.47%和5.11%（见图1右下图）。从10月房价指数来看，70个

大中城市中有 17 个城市新建商品住宅价格和 35 个城市二手住宅价格出现
环比下跌，房地产市场拐点可能已经悄然到来。目前来看，持续的房地产
调控政策使居民对房价上涨预期已完全转变，市场观望情绪浓厚。

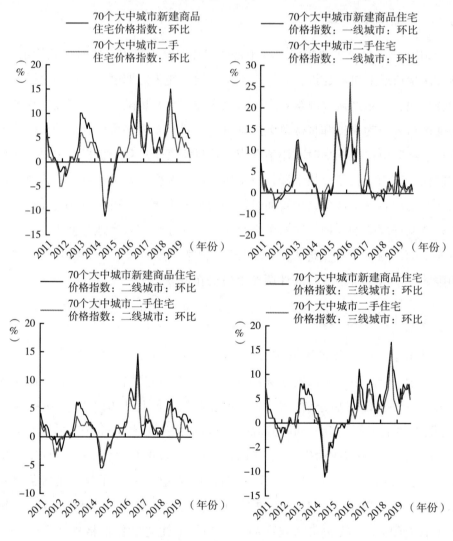

图 1　70 个大中城市房价走势（环比）

注：2019 年的数据截至 2019 年 10 月。
资料来源：国家统计局、Wind 数据库。

如果说住房购买需求既包括消费需求，又包括投资投机性需求，那么，住房租赁则是直观地反映了住房消费需求。因而，从住房租赁价格的变化可以窥见整个住房市场消费需求的动向。中原地产统计了四个一线城市和两个二线城市的住房租金变化数据，整体来看，2019 年 1～10 月六个城市租金价格基本保持平稳且略有下降，即使在六七月份高校毕业生住房租赁需求集中释放时期，六城市中除深圳、成都外其余城市未表现出明显的季节性上涨。2019 年北京住房租金水平延续了上年下半年以来的下跌趋势，1～10 月累计下降 2.00%，同比下降 3.92%；深圳租金累计下跌 1.91%，同比下降 1.91%；上海租金上涨 0.83%，租金水平与上年 10 月底持平；广州的租金水平小幅上升，累计上涨 0.59%，同比上涨 0.59%；成都受益于区域中心城市的定位，且周边缺乏强有力的竞争城市和人才新政等因素，住房租金水平从 2015 年开始一直呈上升态势（去除季节性波动），2019 年 1～10 月累计上涨 6.84%，同比上涨 6.28%；天津住房租金水平延续上一年下半年的持续下跌态势，累计下跌 3.18%，同比下降 3.18%（见图 2）。

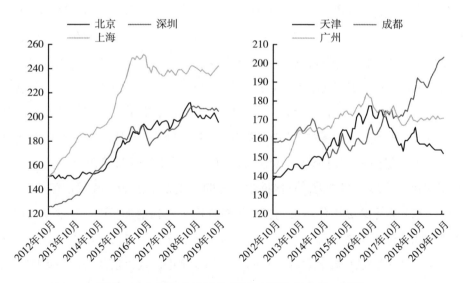

图2 六个城市住宅租金指数（2004 年 5 月 =100）

资料来源：中原地产、Wind 数据库。

上文考察的是住房价格的绝对水平，下文将计算一个相对指标——租金资本化率。租金资本化率＝每平方米住宅市场价格/每平方米住宅一年租金，其经济含义是一套住宅完全靠租金收回成本要多少年，租金资本化率也可以作为衡量房地产泡沫程度的指标。这一概念与租售比类似，但会更加直观；国际上通常认为合理的租售比为 1∶300，将其换算成租金资本化率为 25 年。① 图 3 反映了各层级城市近 10 年租金资本化率的变化情况，其走势可以清晰地反映出本轮房价泡沫的发酵过程：深圳于 2015 年下半年开始房价泡沫急剧膨胀；北京、上海紧随其后，上涨起始点为 2016 年 3 月；广州于 2016 年 9 月开始上涨；二线城市从 2016 年 3 月开始房价泡沫快速集聚；三线城市的上涨起点则始于 2016 年底。

2019 年 1～10 月，四座一线城市的租金资本化率呈稳中略升态势，主要原因是租金的绝对价格有所下降，带来租金资本化率的上升（见图 3 上图）。如果租金持续下降，未来一线城市房价出现下跌的概率极大。二线城市的租金资本化率开始企稳，截至 2019 年 10 月末，二线热点城市的租金资本化率为53.37 年，非热点城市的租金资本化率为 44.58 年（见图 3 左下图），同期一线城市平均租金资本化率为 58.79 年。三线城市方面，租金资本化率长期保持在 30 年左右的水平，但自 2015 年末中央实施去库存政策以来这一指标出现了飙涨。从 2015 年 12 月的 28.90 年上涨至 2019 年 10 月的 39.40 年，上涨了36.3%（见图 3 右下图）。这表明三线城市已经有了房价泡沫积聚的苗头，我们应该予以警惕。三线城市房价涨幅超过租金涨幅主要是棚改货币化安置导致的：通过棚改短期内释放大量居民刚性住房需求，通过货币化安置大幅提高了居民的住房购买能力，直接推动作为棚改主要地区的三线城市房价上涨；房价上涨导致三线城市住房市场投机投资性需求大幅增加，进一步推动房价的上涨和租金资本化率的不断上升。但从城市化规律看，三线城市无论是工业化成熟度，还是服务业集中度均远不如一、二线城市，且目前我国大多数的三线城市是人口净流出地区，在目前各省（区、市）棚改计划规模大幅下降、货币

---

① 蔡真：《房地产金融运行分析》，《中国经济报告》2018 年第 1 期。

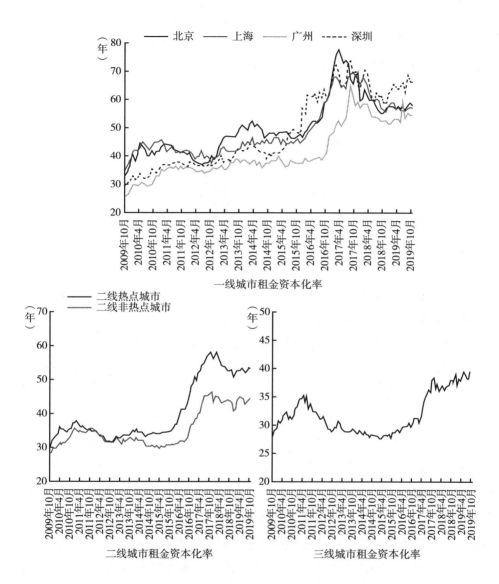

图3 分等级城市租金资本化率走势

资料来源：国家金融与发展实验室房地产金融中心监测数据（本报告监测的二线热点城市包括杭州、南京、苏州、武汉、成都、厦门、福州、西安、合肥，二线非热点城市包括天津、重庆、郑州、长沙、南宁、南昌、青岛、宁波，三线城市包括昆明、太原、兰州、乌鲁木齐、呼和浩特、湖州、泉州、常德、蚌埠）。

化安置政策逐步退出的背景下，这些三线城市的房价未来发生大幅度下跌的概率较大。这不仅给这些三线城市稳增长带来较大的负面影响，还可能会进一步引发该地区地方政府债务危机和财政危机。

（三）数量走势分析

从商品住宅销售数据来看，持续的房地产市场调控政策效果逐渐显现：2019年1~10月全国商品住宅销售面积为11.71亿平方米，同比增长1.5%，增速较上一年明显放缓；受第二季度以来房地产企业融资政策收紧影响，2019年1~10月商品住宅竣工面积仅为3.85亿平方米，同比下降5.5%，商品住宅竣工面积已经连续三年为负增长（见图4上图）。2019年1~10月，全国商品住宅销售额为10.89万亿元，同比上涨10.8%（见图4下图）。这意味着在持续的房地产调控政策下，我国商品住宅平均销售价格仍在上涨。但从同比增幅来看，已经处于历史较低区间，房地产的黄金时代可能已经结束。

从市场传导逻辑来看，土地市场的交易数据可以反映房地产开发企业对市场的预期。2019年1~10月，百城住宅类土地供应面积为2.51亿平方米，同比增加5.31%，增幅略有收窄；成交面积为2.05亿平方米，同比增加3.64%，增速显著回落；成交金额为2.61万亿元，同比增长23.94%，成交土地楼面均价同比上涨19.75%（见图5上图）。[①] 但第二季度房企融资政策再次全面收紧之后，5月以来土地流拍数量激增，土地成交溢价率出现持续下滑（见图5下图），成交土地楼面均价也从7月开始显著下降。这表明第二季度之后开发商对房地产市场的预期发生明显变化，拿地更趋理性，部分资产负债率较高的民营房地产企业已经暂缓拿地，调控政策成效较为显著。总体来看，2019年百城住宅类土地供应节奏整体略有放缓，成交面积增速显著回落，成交金额和土地楼面均价出现一定程度上涨，部分城市地方政府通过减少住宅类土地供应面积来稳住地价和房价的意图明显。

[①] 蔡真、崔玉：《2019房地产市场调控与变数》，财新网，http://opinion.caixin.com/2019-03-13/101391822.html，2020年1月8日。

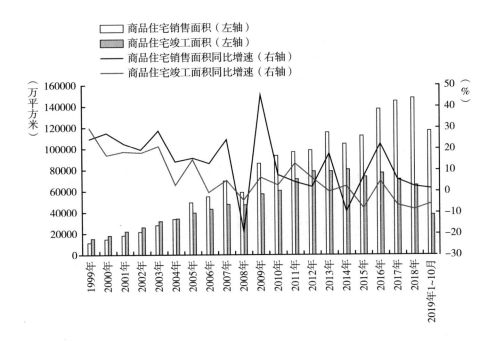

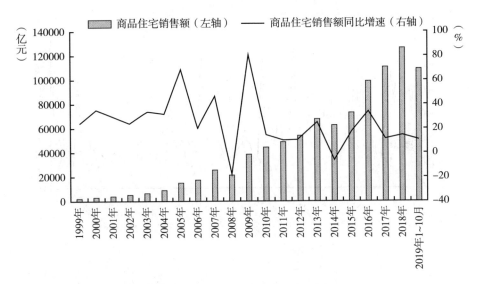

图4　商品住宅销售面积、竣工面积、销售额及其同比增速

资料来源：Wind数据库。

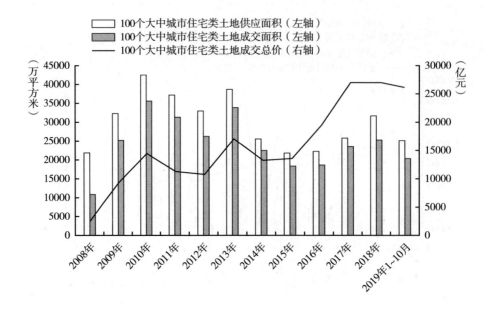

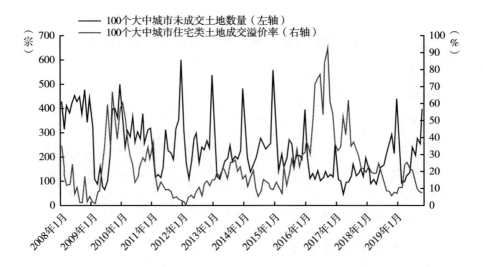

图5 100个大中城市土地交易情况

资料来源：Wind 数据库。

从房地产去库存情况来看，我们统计的 18 个城市平均住宅库存去化周期①由 2015 年 4 月的最高点 22.3 个月，下降到 2019 年 9 月底的 13.9 个月。截至 2019 年 9 月，一线城市住宅平均库存去化周期为 8.4 个月，二线城市平均为 10.2 个月，三线城市平均为 23.1 个月。总体来看，得益于中央的房地产去库存战略、各省区市的棚户区改造计划和部分城市的人才新政，目前一、二、三线城市的住宅库存去化周期相对于 2015 年 4 月高达 9.8 个月、17.3 个月和 39.7 个月，已经明显降低，二、三线城市的住宅库存问题已经得到显著缓解（见图6）。但从 2019 年前三季度数据来看，一、二线城市住宅库存去化周期仍处于合理区间，三线城市住宅库存去化周期却从 2018 年底的 18.8 个月上升至 2019 年第三季度末的 23.1 个月，去库存压力增大，

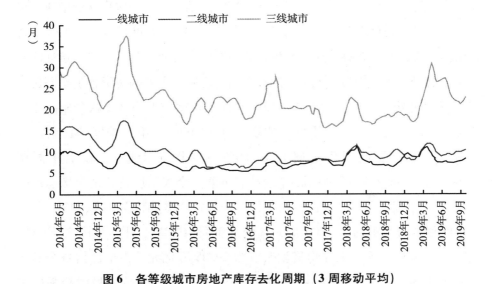

图6　各等级城市房地产库存去化周期（3 周移动平均）

注：图中的一线城市包括北京、上海、广州、深圳，二线城市包括杭州、南京、苏州、厦门、南昌、福州、南宁、青岛，三线城市包括泉州、莆田、东营、东莞、安庆、江阴。

资料来源：Wind 数据库。

---

① 住宅库存去化周期，是指待售商品房需要多长时间能够销售完。具体计算公式为：住宅库存去化周期 = 商品房可售套数/商品房成交套数，由于新建商品房市场波动较大，本报告采取 3 周移动平均的方式进行平滑处理。数据来源于 Wind 数据库。

我们需要警惕三线城市住宅库存进入新一轮上升周期。第三季度以来部分房地产企业加大了三线城市库存住宅降价促销力度，并明确表示将撤离三、四线城市住房市场，使库存去化周期较第一、二季度有所改善。但在房地产企业融资渠道全面收紧的政策背景下，库存积压将会给布局于三线城市的中小房企带来较大的资金链压力，部分资金周转能力较弱的房企可能会出现较大的债务风险。

二　房地产金融形势

（一）个人购房贷款情况

房价的上升和泡沫的形成离不开信贷的推动，个人购房贷款的增速与房价的上涨经常表现出互为因果的关系。从 2015 年下半年开始，个人购房贷款余额呈快速上升态势，这一变化趋势与同期房价变动几乎一致。挤泡沫亦是从去信贷杠杆开始的，本轮调控政策出台之后，个人购房贷款余额同比增速从 2017 年第二季度开始下降。2019 年前三季度个人购房贷款余额同比增速延续了这一走势，第一季度同比增速为 17.60%、第二季度同比增速为 17.30%、第三季度同比增速为 16.80%（见图 7 上图），较上年同期 20.00%、18.60% 和 17.90% 的增速略有下降，个人购房贷款余额增速已经连续 10 个季度回落。从居民新增中长期贷款月度增量数据来看，2019 年前三季度月平均增量约为 4600 亿元，较上年同期略有上升（见图 7 下图）。截至 2019 年 9 月底个人住房贷款余额为 29.05 万亿元，占全部信贷余额的比例达到 19.34%。总体来讲，2019 年个人住房信贷保持了稳中趋紧的态势。主要原因如下：一是限购、限贷政策直接抑制了住房信贷需求。二是目前我国住户部门债务收入比较高，商业银行出于监管部门要求和风险考虑，对个人购房贷款实行较为审慎的贷款标准。以此来合理管控个人购房贷款余额的增长，进而控制居民杠杆率过快增长。三是随着房地产调控政策效果的逐渐显现，我国住宅价格涨幅开始回落，这也在一定程度上降低了个人购房贷款的增速。

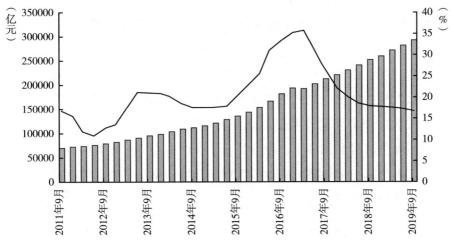

图7　个人购房贷款余额及居民新增中长期贷款情况

资料来源：中国人民银行、Wind 数据库。

　　从近几年全国首套、二套住房贷款平均利率变化趋势来看，自 2016 年 9 月 30 日开始的本轮房地产市场调控以来，住房贷款利率已步入上行周期；首套住房贷款平均利率从 2016 年 9 月的 4.44%（约为同期基准利率的九折左右），上升到 2018 年 11 月的 5.71%（约为同期基准利率上浮 16.53%）；二套住房贷款平均利率从 2016 年 9 月的 5.39%（约为同期基准利率上浮 10%），上升到 2018 年 11 月的 6.06%（约为同期基准利率上浮 23.67%）（见图 8）。全国住房贷款平均利率持续走高主要有两个方面原因：一方面是在房地产市场调控的大背景下，金融机构通过提高住房贷款利率来管控个人住房信贷规模的增长，以此贯彻和落实中央与各部委的房地产调控要求，然而首套房居住和消费属性明显，政策也存在一定"误伤"的成分；另一方面是在金融去杠杆和利率市场化背景下，金融机构资金成本和机会成本不断上升，金融机构更多地将其贷款额度用于其他利率水平更高的业务，导致个人住房贷款额度收紧。

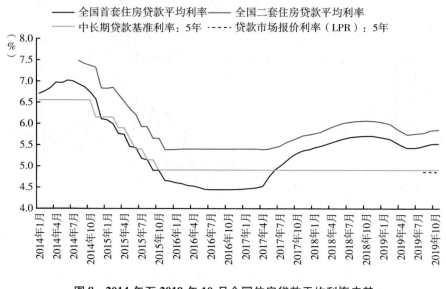

图 8　2014 年至 2019 年 10 月全国住房贷款平均利率走势

资料来源：融 360 房贷市场报告、中国人民银行、Wind 数据库。

2018 年下半年后，中美贸易摩擦加剧，经济下行压力增大，在这样的宏观经济背景下，央行实施多次降低存款准备金操作，货币市场宽松信号明显，资金流动性合理充裕。受此影响，南京、北京、广州、上海、深圳等住房市场热点城市陆续出现住房贷款利率下调的现象。2018 年 12 月，全国首套、二套住房贷款平均利率结束连续两年的上涨态势，出现环比下降，这一下行趋势延续至 2019 年 6 月，这期间房地产市场也出现了所谓的"小阳春"。但 2019 年第二季度中央关于房地产市场融资政策再次收紧之后，个人住房贷款利率再次连续小幅上升，2019 年 11 月首套、二套住房贷款平均利率分别为 5.53%（约为贷款市场报价利率〔LPR〕加 68 个基点①）和5.85%（约为贷款市场报价利率〔LPR〕加 100 个基点）（见图8）。为促进住房市场向"居住属性"回归，确保房地产市场稳定健康发展，对住房贷款执行差别化信贷政策仍将是未来房地产金融调控的方向。因此，为更好地向居民首次置业购买住房的合理需求提供金融支持，随着 LPR 定价机制的实施和 LPR 缓慢下行趋势的延续，未来 1 ~ 2 年整个房贷市场利率可能会小幅下降。其中，首套住房贷款利率将会呈现下调态势，这可以更加突出住房的居住属性，也是对过往调控"误伤"的修正；但二套房贷利率可能将保持平稳，至多小幅下降，这可以更好地通过差别化的信贷政策提高住房市场投资和投机成本，以此降低住房市场的投资需求。

（二）房地产开发企业融资情况

房地产业属于资金高度密集行业，无论是土地的购置还是住房的开发和建设均需要大量的资金，加上住房项目建设周期和销售周期较长，使得资金成为房地产开发企业赖以生存和发展的命脉。从央行公布的房地产企业贷款数据来看，截至 2019 年第三季度房地产开发贷款余额为 11.24 万亿

① 为推动利率市场化改革进程，2019 年 8 月 17 日央行发布公告，提出改革完善贷款市场报价利率（LPR）形成机制，通过将 LPR 报价银行数量增加到 18 家、报价频率改为每月一次、报价银行真正按照对最优客户执行的贷款利率报价、报价方式以公开市场操作利率加点形式报价、新增 5 年期以上的期限品种、推进各商业银行尽快以 LPR 作为新增贷款定价的基准利率等方式，促进贷款利率进一步市场化，提高利率传导效率，进而降低我国贷款实际利率水平，降低实体经济融资成本。2019 年 8 月 17 日央行发布公告，自 2019 年 10 月 8 日起商业银行新发放的商业性个人住房贷款利率以最近一个月相应期限的贷款市场报价利率为定价基准加点形成。其中，要求首套商业性个人住房贷款利率不得低于相应期限贷款市场报价利率，二套商业性个人住房贷款利率不得低于相应期限贷款市场报价利率加 60 个基点。

元，占全部信贷余额的比例为 7. 50%，同比增长 11. 7%，同比增速连续四个季度持续下降，但存量余额仍处于历史较高水平（见图 9）。房地产开发贷款相比其他融资渠道成本依然较低，从市场调研情况来看，目前商业银行房地产开发贷款利率主要在 6% ~ 8% 的区间，较上一年略有上升。对于综合实力较强、负债率较低的房企（主要为我国 TOP50 房企中经营风格较为稳健的房企），商业银行放贷意愿较高；相反，对于部分负债率较高或规模较小的民营房地产开发企业，商业银行已经基本暂停对它们的新增房地产开发贷款发放。

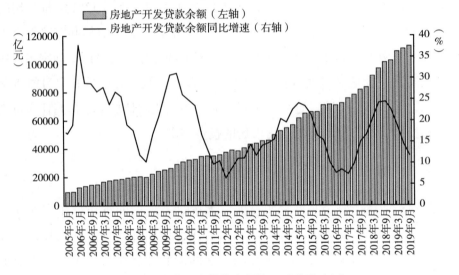

图9　房地产开发贷款余额情况（分季度）*

　　* 该指标 2013 年 12 月之前的数据，根据《中国货币政策执行报告》中的房产和地产开发贷款之和计算得出，自 2014 年 3 月起由于《中国货币政策执行报告》对房产开发贷款余额不再公布，继而根据《金融机构贷款投向报告》中的房产和地产开发的贷款之和计算得出。

　　资料来源：中国人民银行、Wind 数据库。

　　从投向房地产行业的信托资金余额来看，截至 2019 年第三季度房地产信托余额为 2. 78 万亿元，占全部信托资金比重为 15. 01%（见图 10 上图）；第一、二、三季度新增房地产信托资金分别为 2609. 59 亿元、3962. 66 亿元和 2307. 31 亿元，前三季度累计新增房地产信托资金 8879. 56 亿元（见图

10下图)。为落实中央"房住不炒"政策,银保监会于5月之后加强对房地产信托业务的监管并通过专项检查和多次窗口指导不断加码监管要求,严禁信托资金违规或变相违规流入房地产领域,重点整治为房地产项目进行前端融资、明股实债等违规行为,以此遏制房地产信托规模的过快增长和风险的过度积累。从2019年第三季度房地产信托数据来看,监管政策得到较好的落实,第三季度新增房地产信托资金环比下降41.77%。

从债券发行情况来看,2019年1~4月房地产开发企业境内债发行规模延续上一年的回暖态势,但5月之后发行量骤降,1~10月境内债发行总额为5276.61亿元,同比增长4.03%,增速大幅下降(见图11上图)。随着房地产开发企业进入还债高峰期,债券发行募集的资金主要用于借新还旧,不能用于拿地和房地产项目建设(住房租赁项目除外),净融资额出现大幅下降。境内债券融资政策收紧之后,更多房地产开发企业被迫转向境外发债融资,以此缓解资金压力。2019年1~10月境外债发行规模为603.28亿美元,同比增长53.26%,其中多家房地产企业境外债名义利率已经超过10%(见图11下图)。但为减少境外债融资对房地产宏观调控的影响和降低海外债的信用风险,国家发改委发文要求房地产企业发行境外债只能用于置换未来一年内到期的中长期境外债务。

总体而言,继前两年金融监管机构对商业银行表外业务、资管计划等非标融资进行强监管之后,2019年第二季度以来房地产企业最为倚重的开发贷、房地产信托、信用债等融资渠道也全面收紧,房企融资成本呈明显上升趋势。目前一、二线房地产市场交易趋冷的情形已经逐步扩散到三、四线城市,房企现行高周转模式难以持续,普遍出现资金压力较大的情况。未来部分资产负债率较高且资金周转能力较弱的中小房企可能会出现较大的债务风险。与个人投资者不同,房企的生产活动涉及上下游各类企业,在这样的背景下必须关注房企的流动性风险,尤其是中小房企的资金链问题。

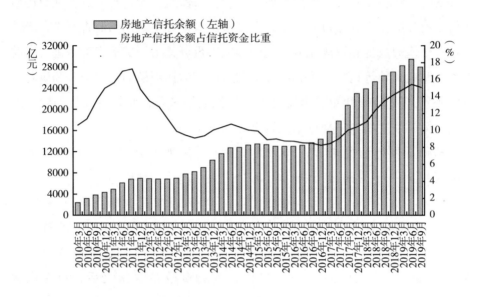

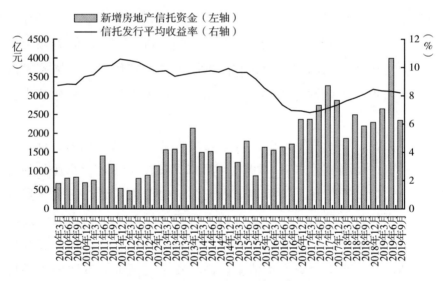

图10　房地产信托资金情况（分季度）

资料来源：中国信托业协会、用益信托网、Wind 数据库。

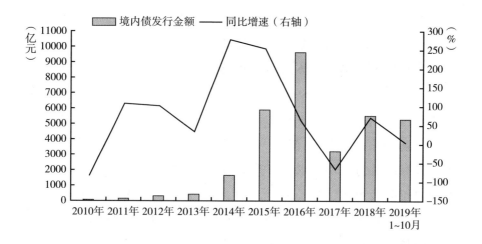

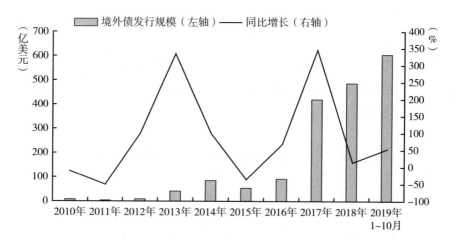

图11 房地产开发企业境内、境外债券发行及增速情况

资料来源：Wind 数据库。

三 房地产金融风险分析

（一）个人住房抵押贷款整体风险较小

近年来，我国房地产市场处于异常繁荣的时期，个人住房抵押贷款规模不断增长，但个人住房抵押贷款不良率长期较低。2018 年末我国商业银行个人住房抵押贷款不良率仅为 0.30%，远低于商业银行贷款 1.83% 的整体不良率，整体风险较小（见图 12）。究其原因包括三个方面：第一，我国实施较为审慎的住房信贷政策。银行要求居民购买首套住房的首付比例不得低于 30%（使用公积金贷款可以下调至 20%，部分住房不限购城市可以下调至 25%），购买二套住房首付比例不得低于 50%。较高的首付比例要求使住房贷款抵押物充足，抵御住房价格下跌风险能力较强。第二，银行对第一还款来源居民收入进行了风险控制。由于居民收入相对于企业收入现金流更加稳定，且这些年居民收入伴随着经济增长一直呈上升趋势，因此风险相对较小；再加之银行在放贷时要求居民月收入达到还款月供两倍以上，这一措施也很好地控制了风险。第三，我国房价呈持续上涨态势。我们可以将住房贷款看作银行卖给居民的关于房价的看涨期权，伴随着房价上涨抵押品价值也上升，在这样的情况下居民是没有违约动力的。正因如此，个人住房抵押贷款仍是金融机构的优质资产业务。

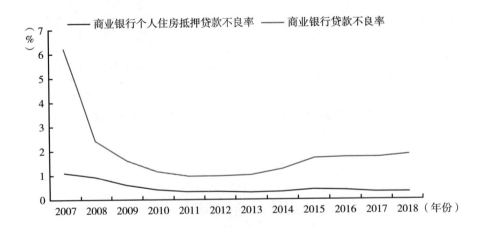

图 12 商业银行个人住房抵押贷款不良率

资料来源：央行《中国金融稳定报告》、Wind 数据库。

另外，我们还估算了一线和部分二线城市的新增住房贷款价值比（Loan to Value，LTV）[1]，该指标可以反映房价下跌可能对商业银行产生的影响程度。如果LTV的数值较低，说明购房者使用自有资金的比例比较高，则商业银行金融风险较低。一线城市方面，受金融去杠杆和住房信贷调控影响，2019年前三季度，北京的新增住房贷款价值比有所下降，平均新增住房贷款价值比为25.7%，属于较低水平，风险不大；深圳前三季度平均新增住房贷款价值比为64.2%，依然位于较高水平（见图13左上图）；上海的风险不大，2019年前三季度平均新增住房贷款价值比为27.0%；广州的新增住房贷款价值比在2018年下半年再次出现上涨，2019年第二季度以来开始回落，2019年前三季度为64.2%（见图13右上图）。二线城市方面，东部的南京、杭州和厦门杠杆的支撑作用较强，2018年初以来个人新增住房贷款价值比呈现波动上升趋势。2019年前三季度杭州平均新增住房贷款价值比为72.1%；南京平均新增住房贷款价值比为81.2%；厦门的新增贷款价值比一直维持较高水平，2019年前三季度平均新增住房贷款价值比为79.9%（见图13左下图）。中西部城市方面，杠杆的支撑作用较低。2019年前三季度郑州平均新增住房贷款价值比为34.7%；武汉和天津第一季度平均新增住房贷款价值比有所反弹，之后开始回落，前三季度平均新增住房贷款价值比分别为36.4%和32.6%，风险较小（见图13右下图）。

（二）房地产市场金融风险主要集中在房地产开发企业方面

房地产开发投资规模大、建设周期长、资金循环周期较长等特点决定了

---

[1] 住房贷款价值比（Loan to Value，LTV）指贷款占住宅价值的比重，反映了住房消费中使用杠杆的程度，具体计算公式为：住房贷款价值比＝贷款金额/住宅总价。在本报告中，我们使用的是新增住房贷款价值比（流量数据），而不是贷款余额与住宅总价值之比这一存量数据，其原因是我们难以估计住宅存量数据。公式中分子部分——新增住宅贷款金额根据月度余额之差求得，对于没有住户中长期贷款的情形，我们使用个人消费贷款近似表示，或使用全国住户中长期贷款占全国贷款余额比例这一系数与当地城市的贷款余额相乘的方式求得近似值，分子数据来源于Wind数据库；分母部分——新成交住宅总价，由于存在阴阳合同这一问题，我们通过抓取单价数据，再与各城市房地产管理局公布的住宅成交面积相乘，得到新成交住宅总价。

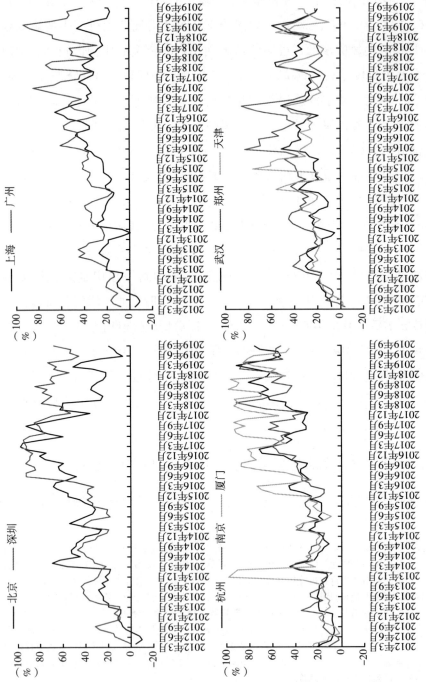

图13 一线和部分二线城市新增住房贷款价值比（3个月移动平均）

资料来源：国家金融与发展实验室房地产金融研究中心。

房地产开发企业仅靠自有资金和内源性融资无法支持住房项目开发，这就使得房地产开发企业在从事房地产开发、建设等投资活动的同时，必须不断地进行外源性资金融通活动。从具体融资方式来看，房地产开发企业主要融资渠道包括银行贷款、信托等非银行机构贷款、发行债券融资、股权融资、私募基金融资、海外融资、应付账款等商业信用融资等。总体来看，房地产开发企业融资方式复杂，不同渠道融资规模、融资难易程度和融资成本差距较大，且受房地产市场调控政策的影响较大。2019年以来，金融监管部门加大了对房地产金融风险的防范力度，第二季度以来央行和银保监会加大了对银行贷款、信托和债券融资（目前房地产企业三个最主要的融资渠道）的监管力度，进一步严控资金违规流入房地产市场。随着国内政策的收紧，房企的融资难度不断上升，资金压力越来越大。在强监管下，房地产市场金融风险主要集中在房地产开发企业的债务风险上。

衡量企业短期偿债能力最常用的财务指标是流动比率与速动比率，它们可以反映企业用可以快速转换为现金的流动资产偿还到期短期债务的能力，体现企业流动资产对短期负债的保障程度。从我国110家A股房地产开发企业流动比率、速动比率来看，2017年起均呈持续下降趋势，2019年第三季度分别是1.44、0.48（见图14）。一般企业流动比率应至少大于1，理想的流动比率为2左右；企业速动比率应至少大于0.5，理想的比率为1左右。虽然流动比率指标大于短期偿债能力的最低值要求，但小于指标理想的数值；速动比率数值小于经验值的最低要求。不断走低的流动比率和速动比率，意味着房企短期偿债能力在明显下降，短期偿债风险在积累，若未来住房销售状况出现大幅下滑，房地产开发企业的流动资产中占比较高的存货部分无法快速转换为现金，房地产开发企业很容易出现资金链紧张并导致短期债务违约。

资产负债率可以用来反映企业的债务水平和长期偿债能力，资产负债率越高意味着企业的债务水平越高，长期偿债能力越弱。我们统计了110家A股上市的房地产开发企业的加权平均资产负债率，考虑到我国新建住房大多实行预售制度，房地产开发企业负债中有较大部分为预收账款，传

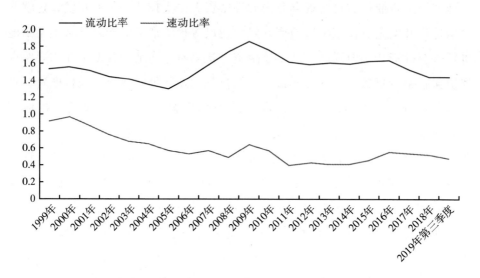

图 14 1999 年至 2019 年第三季度 A 股房地产开发企业流动比率、速动比率情况

资料来源：Wind 数据库。

统资产负债率不能较好地反映其真实负债水平，我们还统计了上市房地产开发企业扣除预收账款后的资产负债率。从加权平均资产负债率来看，二十年来 A 股上市房地产开发企业资产负债率，从 1998 年的 45.74% 上升到 2019 年第三季度的 80.82%。从加权平均扣除预收账款后资产负债率来看，从 1998 年的 41.92% 上升到 2019 年第三季度的 63.83%（见图 15）。从这两个指标来看，1998 年之后均呈现不断上升的趋势，且与一般企业相比，我国房地产开发企业反映资产负债率的指标长期处于较高水平，仅次于商业银行和非银行金融企业。这表明我国房地产开发企业整体处于长期高负债经营状态，虽然高负债经营可以给房地产开发企业带来较大的财务杠杆效应，最大化企业利润，但也隐含较大的财务风险。这意味着房地产开发企业杠杆率仍在不断提高，企业财务成本在不断增加，债务偿付压力不断增大，长期偿债能力不断下降，资金链断裂的风险也在不断提高。在房地产市场快速发展时期，宽松的融资环境，持续上涨的房地产价格、销售回款规模和利润规模，可以使得房地产企业资金链顺利地运转。但在目前房地产市场需求减弱、房地产融资渠道全面收紧的背景下，部分借助高杠杆激进扩张、负债率较高、债务结构不合理的房地产开发企业（尤其是中小型房地产开发企业）极易出现资金链断裂的情形，进而导致较为严重的债务违约风险。

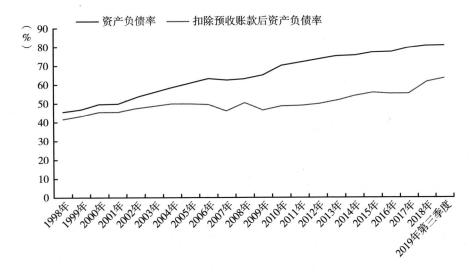

图15　1998年至2019年第三季度A股房地产开发企业平均资产负债率情况

资料来源：Wind数据库。

四　房地产市场运行展望

就政策环境来看，持续从紧的房地产调控政策，已经使得长期形成的房价看涨预期自2019年第二季度开始完全转变。这体现在2019年一线城市房价持续企稳，二线城市房价涨幅回落，三线城市房价涨幅收窄，住房销售规模增长持续放缓，第二季度之后土地成交溢价率持续下降、土地流拍数量激增等多个方面。从最近的中央经济工作会议来看，2020年房地产调控政策目标将以稳定房地产市场运行为主，发生根本性转向的概率较小，更大可能是延续目前的调控政策。但像过去三年这种密集出台或升级限购、限贷、限

售等行政性房地产调控政策的现象可能不会再出现。房企融资政策方面，防范资金违规进入房地产企业未来仍将是央行和银保监会监管的重点。

就房地产市场运行来看，我们认为2020年房地产市场运行态势发生实质性转变的概率较小。商品住房销售规模增速将会延续2019年的放缓趋势，商品住房价格涨幅将整体回落，部分城市可能会出现住房价格同比下降的情形，土地市场交易将趋于理性，土地溢价率保持低位，房地产开发企业在三、四线城市拿地倾向将明显下降。分城市层级来看：一线城市的房价可能会略有下降，租金价格保持基本稳定，租金资本化率可能会出现一定程度下降；二线城市的房价将会出现分化，房价涨幅将大幅回落，部分目前涨幅过大的热点城市可能会出现回调；三、四线城市的房价将难以保持目前火热的态势，房价迎来回调的概率增大，库存可能会重新抬升。

就房地产金融来看，为促进住房市场向"居住属性"回归，确保房地产市场稳定健康发展，个人购房贷款余额增速在2020年仍将继续保持缓慢下行趋势。随着LPR定价机制的实施和LPR缓慢下行趋势的延续，未来1~2年个人购房贷款利率可能会小幅下降。房企融资方面，就目前房企普遍出现资金压力较大的情况来看，国家可能会针对房地产企业融资问题有选择地略有放松。对于房企正常、合规的资金需求金融机构将会给予较为充分的满足，避免政策原因导致中小房企出现大规模破产问题，但房地产企业融资收紧的局面不会有根本的改变。未来具有国企、央企背景的房企或经营风格较为稳健的头部上市房企和中小房企获取信贷支持力度将产生更大分化。优质的国有或资产负债率较低的上市房企资金面甚至会略有改善，部分高杠杆经营的民营大型房企和中小房企融资仍较为困难，行业集中度可能会进一步提升。未来，加快资金回笼将是所有房企生存、发展的不二选择，国有企业的财务公司或融资平台可能会成为中小房企重要的融资来源。另外，受偏紧的信贷政策和趋向降温的房地产销售影响，2020年房地产投资增速可能会回落。

就潜在风险来看，2020年房地产市场有以下风险点值得关注：第一，三、四线城市的房价泡沫积聚；第二，三、四线城市住宅库存进入新一轮上升周期；第三，中小房企债务风险问题凸显，三、四线城市的房价泡沫积聚到一定程度如果破裂，会形成地方政府债务的偿债压力。一旦目前一、二线房地产市场交易趋冷的情形扩散到三、四线城市，房企现行高周转模式必将无法持续，其资金压力将会大增。在目前商业银行开发贷、房地产信托、信用债等融资渠道全面收紧的情况下，未来部分资产负债率较高且资金周转能力较弱的中小房企可能会出现较大的债务风险。与个人投资者不同，房企的生产活动涉及上下游各类企业，在这样的背景下我们必须关注房企的流动性风险，尤其是中小房企的资金链问题。

参考文献

［1］蔡真：《房地产金融运行分析》，《中国经济报告》2018 年第 1 期。

［2］蔡真、崔玉：《2019 房地产市场调控与变数》，财新网．http：//opinion.caixin. com/2019－03－13/101391822. html，2020 年 1 月 8 日。

［3］中国指数研究院：《2018 中国房地产市场形势总结》，《中国房地产》2019 年第 2 期。

Abstract

Annual Report on China's Financial Development (2020), as the annual report of Institute of Finance and Banking, Chinese Academy of Social Sciences, aims to summarize and analyze the various aspects of China's financial developments and practices during the period from October 2018 to September 2019, while making discussion and review on major financial events. The report consist of four parts. The General Report reviews China's macro financial situation and payment of balance in 2019. Two comprehensive reports address the development of China's financial industry and the operation of China's financial markets separately. Special reports investigate the hot issues in financial area. In addition, a brief outlook of the situation in 2020 is given in each chapter. The book can provide reference for regulators, financial institutions, and academic researchers. It's also an information resource on China's financial system for international institutions and researchers.

Keywords: Financial Reform; Financial Market; Financial Policy

Contents

Ⅰ　General Report

Abstract: China's economic growth fell quarter by quarter in 2019, and the downward pressure is still on the way. In terms of financial operation, the growth of money supply keeps appropriate growth, and the difference in growth rate between M1 and M2 decreases; the scale of social financing recovers; the loan structure of financial institution continuously improves; the asset quality of listed banks is tending towards stability overall, but continuously different internally; the progress in interest rate merger has accelerated; financial subsidiary is sailing; the stock index rebounds; the local government bond issuance begins to speed up, the CFETS RMB exchange rate index shakes downwards.

In 2020, the prudent and slightly loose macro financial environment is expected. The monetary policy will remain prudent; meanwhile, the structural monetary policy instrument will be increasing attention. Finst, support the infrastructure and private enterprise through the targeted easing; Second, support the real economy through targeted interest cuts under the background of PPI and CPI differentiation; Third, increased the targeted support for small and medium-size financial institutions.

Keywords: Macro-economy; Financial Condition; Monetary Policy

Abstract: In 2019, China's balance of payments (BOPs) tended to be basically balanced, and the net external financial claims showed a steady decline. The current account surplus increased steadily under the "stabilizing foreign trade" policy, and the capital and financial accounts remained basically stable and tended to balance under the "stabilizing foreign investment" policy. With the steady progress of capital market financial opening up, combined with RMB internationalization risk monitoring, the following four relationships should be paid attention to and dealt with: (1) The relationship between the complexity of currency competition among large countries and the internationalization of RMB under the international economic and trade frictions. (2) The relationship between the evolution of BOPs and the RMB internationalization under the sustainable structure of BOPs. (3) The relationship between RMB-denominated foreign currency in local currency and RMB internationalization under basically balanced BOPs, and (4) the relationship between cross-border short-term capital flows, exchange rates dynamics, and RMB Internationalization under the BOPs security. To prevent and mitigate financial opening risks, proceed from the BOPs security and RMB internationalization strategy, we must achieve BOPs security, RMB internationalization, the "Belt and Road" construction, and financial sector opening up forming a virtuous circle in the "new era".

Keywords: Balance of Payments; New Institutions of the Open Economy; RMB Internationalization

II　Development of China's Financial Industries

Abstract: Despite the downward pressure of macro economy, the operation of banking industry in China remained stable in 2019. The total assets and liabilities have maintained a medium to high growth. The profitability has declined, and the asset quality has deteriorated to a certain degree. However, other indicators such as capital adequacy ratio, liquidity ratio has remained healthy. In 2020, we expect that the high-yield assets for banking industry will be more scarce. The competition for deposits will be more intense. The risks in banking industry will increase and the asset quality will continue to deteriorate. Besides, we expect that the differentiation between high-quality banks and low-quality banks will be more obvious, and bank's organizational structure will be more and more complex.

Keywords: Non-performing Assets; Net Interest Margin; LPR; Opening

B. 4 Securities and Funds Industry in 2019 and Prospect in 2020

Yao Yun / 064

Abstract: As SSE STAR Market developed stably and China's capital market reform progressed deeply, A stock market in 2019 has shown a recovering tendency. With the smooth implement of various bull policies, brokerage business has shown periodically growing trend, so that its income and profit increase dramatically. As the capital market deepen its opening reform, fund business managed asset and income has expanded rapidly as well.

Keywords: Securities; Funds; Capital Market Reform

B. 5 Insurance Industry in 2019 and Prospect in 2020

Guo Jinlong, Wang Guihu / 077

Abstract: In 2019, China's premium income continued to maintain a rapid growth. The growth rate of life insurance premiums was relatively stable, and the

real economic capacity of insurance services was further enhanced. The China Banking and Insurance Regulatory Commission has been established for more than a year. The regulatory and industry integration effects are obvious. The insurance industry has significantly relaxed the threshold for foreign investment. The insurance industry has a multi-dimensional and accurate service for the real economy. With the gradual decline, property insurance companies have turned to non-car insurance and received widespread attention. The development of China's insurance market in the new period will have the following characteristics: first, China's insurance market will maintain a rapid development; second, regulators will continue to place strict control over risks; third, financial technologies such as blockchain, will have a profound impact on the development of the insurance industry; fourth, the way insurance industsy serves the real economy will be more diversified in the future; fifth, the integration of insurance and banking will continue to deepen, which may also bring cross-contagion risks.

Keywords: Insurance Industry Status; Risk Prevention and Control; Insurance Technology

B. 6　Trust Industry in 2019 and Prospect in 2020　*Yuan Zengting* / 095

Abstract: The operating cycle of China's trust industry has entered a downward phase lasting nearly two years. According to the latest figures for the third quarter of 2019, industry fiduciary assets under management have experienced seven consecutive quarters of decline, while risk assets have accelerated. Compared with two years ago, the current operating and regulatory environment of the trust industry has changed fundamentally, and the cyclical adjustment pattern has become clear. The combination of short-term opportunities and long-term challenges has exacerbated the volatility of the industry's operating conditions. For example, the stock market rebound in the first quarter of 2019 significantly improved the performance of trust companies' securities-related trust businesses and their inherent businesses. At the same time, real estate related trust business and bank-trust cooperation business have shown explosive growth. In the following two quarters, these favorable factors and influences began to fade, and the growth of risk assets began to accelerate. This shows that the industry risk factors have begun to show. The risk of a hard landing in the future should be guarded against.

Keywords: Trust; Real Estate; Bank-trust Cooperation

B. 7　Financial Lease Industry in 2019 and Prospect in 2020

He Haifeng, Yang Boqin / 110

Abstract: As the growth of economy getting slower leuarter by quarter in 2019, the credit risk in the market of Financial Leasing raised up, and the pressure of transforming in the operation of industry was getting bigger. Specially, the assets faced more risk because the increasing exposure of downstream customers' credit risk, and it was harder and harder for businesses to raise fund. As fund raising and market both got worse, the industry slowed down greatly, it encountered the biggest challenge for Financial Leasing in the last ten years. Businesses decreased input into projects while increased impairment calculation, the operating income and net profit fell obviously, some businesses even got into operational difficulties and liquidity crises. In last year, local financial regulatory authorities carried out an investigation and cleaned up over domestic pilot leasing and foreign leasing, so-called "shell enterprise", "lost contact Company" and "zombie companies" and those that broke law and registration were cleaned up totally. In future, the industry of Financial Leasing should stick to the origin, fulfill the special function of accommodation materials and raising fund, develop abilities and build up core competence.

Keywords: Financial Leasing; Clean-up and Rectification; Competence of Market

III State of China's Financial Markets

B. 8 Money Market in 2019 and Reform, Development

Li Gang / 130

Abstract: The money market operation was more stable in 2019. The trading volume continued to rise with less acceleration. From the perspective of market structure, financing area loosed for banks and the financing cost reduced for other financial institutions. As for the term structure, the proportion of overnight financing rose sharply with the volatility of the overnight rate declining.

Three new economic phenomena showed up in money market: 1) Under the condition of the financial supply-side reformation, the credit spreads of CDs of small and medium-sized banks significantly increased because of the trusteeship of the Baoshang Bank Limited. The maturities of CDs were prolonged and the trading activity decreased. 2) The bill rate experienced several cliff-like declines in 2019 H2 due to the regulation of real estate and the insufficient aggregated demand. 3) Rates of money market played a dual regulatory role in the reformation of deposit and loan rates. On the one hand, they regulated the financial market system through short-term fund rates and on the other hand, they regulated the credit system through medium and long-term interest rates such as MLF and LPR, which led to the reduction of financing costs in the substantial economy.

Keywords: Money Market; The Financial Supply-side Reformation; MLF; LPR

B. 9 Stock Market in 2019 and Prospect in 2020

Yin Zhongli, Zhang Yuncai and Yao Yun / 166

Abstract: In 2019, the stock market observes an overall rising trend with three major characteristics. First, stock price structurally differentiates. Blue chip prices in the broader market soar as they attract funds, while stock prices of poorly performed companies generally sink. Second, there is a rising trend of hype marketing of various concept stocks, giving rise to stocks with abnormal performance again. Their reappearance is related to changes in regulatory policies. Third, foreign investors have an increasing influence on the A-shares market, with the flow of funds in the cross-border market becoming an indicator of market trends.

The launch of the science and technology board is the most important event of the year. The overall performance of its first quarter is stable, but the newly offered shares is set at a high price, and the secondary market is seriously overpriced. With the increase in the number of companies listed on the science and technology board, stock price has fallen sharply. This trend is likely to continue in the future until price matches real value. The registration system implemented by the science and technology board has a profound impact on the A-share market.

In 2020, with stabilized RMB exchange rate and a rising demand for A-shares of foreign investors, blue chips would continue to receive attention. The market's risk-free rate of return would continue to decline, contributing to activity of the stock market. However, due to the expansion of the registration system, the shell value of stocks of poorly performed companies would continue to depreciate, and their equity pledge risk rises. Under the guidance of domestic industrial policies, leading technology stocks would become the focus of market attention.

Keywords: Stock Market; Stock Price Differentiation; Science and Technology Board; Registration System

B. 10　Debt Marker in 2019 and Prospect in 2020

Zhang Yuncai, Wang Zengwu / 187

Abstract: On the whole, in the year of 2019, China's primary bond market

improved further, and the secondary market is basically stable. The social financing environment improved, the pressure on corporate liquidity eased, and Non-financial corporate bonds, especially high-grade private corporate bond issuance as well as net financing increased. The risk-free interest rate fluctuated in the range of 3. 0% -3. 4%, and the term spread and credit spread remained basically stable. At the same time, with the changes in the economic and financial environment, the trend of structural differentiation in the bond market continued. The financing of high-grade private corporate bonds increased, but the issuance of low-and medium-grade private corporate bonds was still difficult; the issuance of interbank certificates of deposit and net financing have slowed down sharply; the liquidity risk, credit risk, and the normalization of bond defaults has also Differentiate the term spread and credit spread.

In 2020, the economy is expected to usher in a new round of weak recovery. Market liquidity will be reasonable and abundant, and social financing costs will fall. Therefore, the yield on 10-year government bonds will rise slightly, the term spread will widen, and the credit spread will generally slow down. However, China's debt problems will continue to ferment, and the trend of normalization of bond defaults will continue. So, it will still be difficult for low-grade bonds to issue. Also, the yield of low-grade bond is hard to decline.

Keywords: Risk-free Interest Rate; Term Spread; Credit Spread; Bond Default

B. 11　China's Derivative Product Market in 2019 and

　　　　Policy Suggestion

Ma Xiaoxu, Xie Xiaohui, Fu Rong, Fan Longji and Chen Qian / 211

Abstract: The year 2019, which is changing and forging ahead, has written a new chapter in the magnificent history of China's economy. In the past year, the global economic and political structure has undergone profound adjustments.

China's economy has actively responded to the complex situation of multiple challenges at home and abroad, and has pushed new steps of high-quality development. In 2019, China's futures market do not forget the original intention of serving real economy, keep in mind the mission of preventing and resolving major risks, thoroughly implement the requirements of the Party Central Committee and the State Council on comprehensively deepening the reform and opening-up of the capital market, closely follow the main line of supply-side structural reforms, increase opening up and inward opening, and focus on reinforcing weaknesses and strengthening capabilities. First, the launch of futures and options has been accelerated. In 2019, the number of listed products reaches a record high, greatly expanding the field of serving the real economy. Second, we optimize the futures trading and delivery system, steadily improve the quality of market operation, and effectively meet the needs of risk management in real industry. Third, the pilot program of "Insurance + Futures (Rights)" has been implemented in a comprehensive way, integrating with poverty alleviation and the rural revitalization strategy. Fourth, the market risk monitoring index system has been further improved, and the construction of China's Trade Repository for OTC derivatives has been continuously promoted. Fifth, the opening-up of specific varieties of the futures has been carried out smoothly and continuously, and the market attraction has been improved. Sixth, the positive and steady going out of the futures companies has achieved remarkable results, the overseas layout of futures exchanges has been gradually deepened, and the cross-border supervision and law enforcement and international cooperation have been strengthened.

Keywords: Futures and Derivatives; Real Economy; High Quality

Abstract: The international situation in 2019 is complex, and the global economic and financial risk has risen significantly. In this context, Chinese foreign

exchange management department made solid progress in reform and opening up, effectively prevented and controlled external shock risks, and created a good foreign exchange market environment for the smooth operation of the national economy. On this basis, China's balance of payments is basically balanced, cross-border capital flows remain stable, supply and demand in the foreign exchange market are basically balanced, and the scale of foreign exchange reserves is rising steadily. Firstly, this report outlines the general situation of China's international reserve assets in 2019, analyzes the changes and causes of the scale of foreign exchange reserves, and summarizes the current situation of foreign exchange reserve management; secondly, it summarizes the major foreign exchange management policies issued and implemented in 2019, analyzes the implementation and effects of cross-border capital flow risks, and combs the progress of infrastructure construction; thirdly, it analyzes the trend of RMB against US dollar and multilateral exchange rate, summarizes the foreign exchange market transactions, foreign exchange income and expenditure. Finally, it prospects the development of China's foreign exchange market in 2020.

Keywords: Foreign Exchange Market; Foreign Exchange Reserve; Foreign Exchange Management Policy; Exchange Rate

B. 13　China's Wealth Management Market in 2019 and Prospect

Wang Zengwu, Tang Jiawei / 236

Abstract: Since the implementation of the new regulations for asset management for more than one year, the wealth management market has constantly improved the regulatory rules for the subdivided industries. On November 22, 2019, in order to regulate the business development of insurance asset management products, China Banking and Insurance Regulatory Commission issued the Interim Measures for the management of insurance asset management products (Draft for comments), so far, the main bodies of the asset management industry have been in line with the new regulations for asset management. At the same time, the wealth management market also presents the characteristics of market structure adjustment, business transformation and technology upgrading. In the comments of this report, we start from the framework of the new regulations on asset management and various detailed rules, focus on the changes of products and services of financial institutions in the wealth management market, and take into account the combination of financial technology and wealth management to analyze the changes of the wealth management market in 2019. Looking forward to the future, the domestic wealth management market will gradually transform its products and services under the guidance of supervision. The next step is to upgrade its services, integrate resources with financial technology, improve the efficiency of products and services, and create differentiated services.

Keywords: Wealth Management; Financial Technology; Bank Financing

B. 14　China's Financial Infrastructure in 2019 and Prospect in 2020

Yin Zhentao, Kang Jiaqi / 247

Abstract: In 2019, the system of payment and liquidation industry has been improved gradually, and the business volume of Payment system grew steadily. The mode of Payment has kept innovative, and the Payment system has a strict supervision. The combine of online service and offline service was growing deeply, and the security of Payment system has improved continuously, and the demand market has been filled constantly. In 2019, the legal of system of credit market has established constantly, and Credit Market has improved gradually, and the awareness of credit in public was rising. In 2019, the anti-money laundering work has strengthened, and the system of anti-money laundering and counter-terrorist financing was established gradually. International cooperation was further deepened. In 2019, the protection work for financial consumption has achieved active progress, more protections laws continuously came out and the results of publicity and education was remarkable. In 2019, Securities Payment and Settlement run steadily, and many sections of it got a breakthrough progress. In

2019, Standardization of Finance has made an active progress, and standard specification has improved continually, the system of standardization has established gradually. In 2019, Financial Statistics Database has improved continuously and made a "financial brain" run effectively.

Keywords: Payment System; Credit Investigation; Standardization of Finance

Ⅳ Special Reports

B. 15 Development of China's FinTech in 2019 and

Prospect in 2020　　　　　　　*Dong Yun*, *Li Xin* / 263

Abstract: In 2019, there are several characteristics in the development of China's FinTech. First, with the gradual strengthening of FinTech plan by the Chinese government, the basic system and infrastructure for the development of FinTech continue to improve, and the development goals, roadmap and main line become clearer. Second, the risks of Internet Finance have been effectively controlled due to the work of special renovation. Third, commercial banks pay more attention to the new trend brought by the Internet, adhere to the innovation of business mechanism and development model, and emphasize the role of FinTech in the strategic transformation. Fourth, effective measures have been taken to meet the new challenges brought by Libra. Fifth, many institutions have begun to actively explore the Opening Banking, but the degree of opening is still low. Looking forward to the future, the supporting role of FinTech in China's financial development will be further revealed, and safety and compliance should be the lifeline of the innovation of FinTech in China.

Keywords: FinTech; Internet Finance; Blockchain; Open Banking

B. 16 Listed Companies in 2019 and Prospect in 2020

Xu Feng, *Guo Nan* / 277

Abstract: In past 2019, the profitability of Chinese listed firms continued to decline, the level of corporate governance improved slowly, the standard of information disclosure improved, the intention of innovation investment improved, and the sense of social responsibility has increased. Based on financial reports of listed firms, we evaluated the effectiveness of supply-side structural reform. Firstly, market capital remained in the virtual economic system, because real sector investment yield is low. Secondly, the results of economy structure adjustment show that: the effect of industrial structure upgrading has appeared, the enthusiasm for mergers and acquisitions has risen, the motive force for innovation investment has increased, and bank asset quality has improved. Finally, the results of the five major tasks show that: Capacity reduction is coming to an end, and enterprises have a strong incentive to increase production. Destocking is coming to an end, and inventory replenishment indifferent industries. Deleveraging is coming to an end, and stabilizing leverage becomes the focus. Tax burden and labor compensation costs are reduced. The return of weak industries investment is increasing, and the pace of making-up for shortcomings will accelerate.

Keywords: The Profitability of Chinese Listed Firms; Capital Recovery to Entity Enterprise; Supply-side Structural Reform

B. 17 Real Estate Market and Real Estate Finance in 2019 and Prospect in 2020

Cui Yu, *Cai Zhen* / 292

Abstract: With the government policy of "Houses are for living in and not for speculative investment", the housing market has been regulated by increasing administrative measures, which has completely changed the long-term expectation of house price rising in the second quarter of 2019. This change is reflected in

many aspects, for example, in 2019, the house prices in the first-tier cities remained stable; the housing price in the second-tier cities no longer continued to rise sharply; the rise of the house prices in the third-tier cities has been slowered; the housing sales growth has slowed down; land transaction price premium rates continue to drop after the second quarter of 2019; and the number of unsold land has increased significantly, etc.. However, there are still several risks that deserve attention: The first, the bubble of housing prices in third and fourth-tier cities is accumulating. The next, the housing inventory in third and fourth-tier cities has entered a new round of rising cycle. At last, the default risks of small and medium-size real estate enterprises is outstanding. Looking forward to next year, we believe that there will be no substantial change in the real estate market. The growth rate of housing sales may continue the slowdown trend in 2019. The growth rate of housing prices will fall back, and housing prices in some cities may experience a downward process. The land market will return to rationality. The financial support of financial institutions to real estate enterprises will have greater differentiation, and market concentration in the real estate industry will further increase.

Keywords: Real Estate Market; Real Estate Finance; Default Risks of Small and Medium-Sized Real Estate Enterprises

权威报告・一手数据・特色资源

皮书数据库
ANNUAL REPORT(YEARBOOK)
DATABASE

分析解读当下中国发展变迁的高端智库平台

所获荣誉

- 2019年，入围国家新闻出版署数字出版精品遴选推荐计划项目
- 2016年，入选"'十三五'国家重点电子出版物出版规划骨干工程"
- 2015年，荣获"搜索中国正能量 点赞2015""创新中国科技创新奖"
- 2013年，荣获"中国出版政府奖・网络出版物奖"提名奖
- 连续多年荣获中国数字出版博览会"数字出版・优秀品牌"奖

成为会员

通过网址www.pishu.com.cn访问皮书数据库网站或下载皮书数据库APP，进行手机号码验证或邮箱验证即可成为皮书数据库会员。

会员福利

- 已注册用户购书后可免费获赠100元皮书数据库充值卡。刮开充值卡涂层获取充值密码，登录并进入"会员中心"—"在线充值"—"充值卡充值"，充值成功即可购买和查看数据库内容。
- 会员福利最终解释权归社会科学文献出版社所有。

数据库服务热线：400-008-6695
数据库服务QQ：2475522410
数据库服务邮箱：database@ssap.cn
图书销售热线：010-59367070/7028
图书服务QQ：1265056568
图书服务邮箱：duzhe@ssap.cn

社会科学文献出版社 皮书系列
SOCIAL SCIENCES ACADEMIC PRESS (CHINA)
卡号：178778229653
密码：

S 基本子库
SUB DATABASE

中国社会发展数据库（下设 12 个子库）

整合国内外中国社会发展研究成果，汇聚独家统计数据、深度分析报告，涉及社会、人口、政治、教育、法律等 12 个领域，为了解中国社会发展动态、跟踪社会核心热点、分析社会发展趋势提供一站式资源搜索和数据服务。

中国经济发展数据库（下设 12 个子库）

围绕国内外中国经济发展主题研究报告、学术资讯、基础数据等资料构建，内容涵盖宏观经济、农业经济、工业经济、产业经济等 12 个重点经济领域，为实时掌控经济运行态势、把握经济发展规律、洞察经济形势、进行经济决策提供参考和依据。

中国行业发展数据库（下设 17 个子库）

以中国国民经济行业分类为依据，覆盖金融业、旅游、医疗卫生、交通运输、能源矿产等 100 多个行业，跟踪分析国民经济相关行业市场运行状况和政策导向，汇集行业发展前沿资讯，为投资、从业及各种经济决策提供理论基础和实践指导。

中国区域发展数据库（下设 6 个子库）

对中国特定区域内的经济、社会、文化等领域现状与发展情况进行深度分析和预测，研究层级至县及县以下行政区，涉及地区、区域经济体、城市、农村等不同维度，为地方经济社会宏观态势研究、发展经验研究、案例分析提供数据服务。

中国文化传媒数据库（下设 18 个子库）

汇聚文化传媒领域专家观点、热点资讯，梳理国内外中国文化发展相关学术研究成果、一手统计数据，涵盖文化产业、新闻传播、电影娱乐、文学艺术、群众文化等 18 个重点研究领域。为文化传媒研究提供相关数据、研究报告和综合分析服务。

世界经济与国际关系数据库（下设 6 个子库）

立足"皮书系列"世界经济、国际关系相关学术资源，整合世界经济、国际政治、世界文化与科技、全球性问题、国际组织与国际法、区域研究 6 大领域研究成果，为世界经济与国际关系研究提供全方位数据分析，为决策和形势研判提供参考。

法律声明

　　"皮书系列"（含蓝皮书、绿皮书、黄皮书）之品牌由社会科学文献出版社最早使用并持续至今，现已被中国图书市场所熟知。"皮书系列"的相关商标已在中华人民共和国国家工商行政管理总局商标局注册，如LOGO（▉）、皮书、Pishu、经济蓝皮书、社会蓝皮书等。"皮书系列"图书的注册商标专用权及封面设计、版式设计的著作权均为社会科学文献出版社所有。未经社会科学文献出版社书面授权许可，任何使用与"皮书系列"图书注册商标、封面设计、版式设计相同或者近似的文字、图形或其组合的行为均系侵权行为。

　　经作者授权，本书的专有出版权及信息网络传播权等为社会科学文献出版社享有。未经社会科学文献出版社书面授权许可，任何就本书内容的复制、发行或以数字形式进行网络传播的行为均系侵权行为。

　　社会科学文献出版社将通过法律途径追究上述侵权行为的法律责任，维护自身合法权益。

　　欢迎社会各界人士对侵犯社会科学文献出版社上述权利的侵权行为进行举报。电话：010-59367121，电子邮箱：fawubu@ssap.cn。

社会科学文献出版社